CODE

DES

PLACEMENTS FONCIERS

CODE

DES

PLACEMENTS FONCIERS

ACQUISITIONS D'IMMEUBLES

PRÊTS HYPOTHÉCAIRES

PAR

A.-A. GAUTHIER

Avocat à la Cour Impériale de Paris, Membre honoraire de la Chambre des Avoués
au Tribunal de la Seine, Conseil judiciaire du Crédit Foncier de France.

PARIS

IMPRIMERIE ET LIBRAIRIE ADMINISTRATIVES DE PAUL DUPONT
RUE DE GRENELLE-SAINT-HONORÉ, 45

—

1865

Mon père venait de terminer ce travail quand la douloureuse maladie, que sa force de caractère avait longtemps combattue, le cloua sur le lit de souffrances dont il ne s'est pas relevé. Le temps nécessaire aux soins de la publication lui était fatalement ravi ; il m'a chargé de le suppléer, et c'est avec un pieux respect que je viens aujourd'hui remplir ce devoir.

Tout autre qu'un fils serait mieux placé pour dire en quelle estime les hommes les plus versés dans la science du Droit avaient ses opinions comme jurisconsulte, le prix attaché à sa collaboration à l'un des recueils de jurisprudence les plus importants ; pour parler de ses nombreux travaux et de ses publications antérieures, notamment de son ouvrage sur la législation des théâtres, et de ce livre si consciencieux et si plein de savantes recherches, le *Traité de la Subrogation de personnes.*

Quant à moi, il m'est seulement permis, en vénérant la mémoire du meilleur des pères, d'assurer que le manuscrit, aujourd'hui sorti de l'impression, est intégralement tel qu'il me fut confié. Mon inviolable respect en est la garantie.

Cet ouvrage est le résumé des principes à l'application desquels mon père à consacré les dernières années de sa vie. Ses études persévérantes sur les questions qui se rattachent à la matière qu'il y a traitée, me font espérer qu'il pourra répondre au but que mon père s'est toujours proposé dans ses écrits : être u'ile.

Ernest GAUTHIER,

Docteur en droit, Juge au tribunal de Pontoise.

PRÉFACE.

La Propriété foncière formera toujours le plus sûr et le plus solide de tous les placements. Si les capitaux n'y rencontrent que rarement un revenu égal à celui que donnent ou que promettent certaines valeurs mobilières, ils y trouvent, en revanche, cet avantage incontestable que la Propriété immobilière n'est pas exposée aux mêmes risques ; qu'elle n'est pas atteinte par la dépréciation progressive de l'argent, et qu'elle acquiert, au contraire, une augmentation de valeur, en sens inverse de la perte que la marche du temps a toujours fait éprouver au numéraire. C'est un fait, d'ailleurs, démontré par l'expérience, que les petits-enfants d'un homme qui pouvait passer pour riche il y a un siècle, sont pauvres aujourd'hui avec le même capital et le même revenu, tandis que la même fortune en terre tend toujours, après deux ou trois générations, à donner à celui qui la possède, un accroissement de richesse plus ou moins considérable. Il est donc vrai de dire que les immeubles constituent l'emploi le plus propre à conserver et même à féconder le patrimoine des familles.

Et s'il faut, à cette occasion, aborder des considérations d'un ordre plus élevé, n'oublions pas que la société tout entière est intéressée à voir se développer le goût, déjà si naturel chez l'homme, de la propriété foncière, malgré la concurrence si regrettable que lui font, par le temps qui court, certaines valeurs de Bourse ou de spéculation et les séductions qu'elles offrent aux capitaux. Qui ne sait, en effet, qu'un des sentiments qui rattachent le plus fortement l'homme à la patrie, c'est la propriété du sol? Si ce sentiment est moins louable que l'amour désintéressé du pays, on ne peut contester néanmoins sa puissance, et tout en lui refusant ses sympathies, on ne saurait se refuser d'en tenir compte; et l'on ne saurait contester que la propriété est un gage de l'amour de l'ordre chez le propriétaire, et des efforts qu'il fera pour contribuer à le maintenir. Il y a donc toute espèce de raisons pour encourager les placements en immeubles.

Quant au prêt sur hypothèque, malgré les attaques nombreuses dirigées depuis quelque temps contre ce mode de placement, il est encore un de ceux qui font courir le moins de risques aux capitaux. Si parfois quelques prêteurs ont trouvé de fâcheuses déceptions là où ils croyaient avoir une sécurité complète, les dangers qui peuvent se rencontrer dans un contrat hypothécaire, dangers qu'on a singulièrement exagérés, sont bien loin d'égaler les périls dont sont menacés les capitaux qui, alléchés par un intérêt plus élevé, ou par un titre d'une transmission plus facile, vont chercher à la Bourse un emploi dans ces nombreuses valeurs créées chaque jour par la spéculation.

Il ne faut pas toutefois se le dissimuler, dans l'état actuel de notre législation sur la constitution de la propriété et sur le régime hypothécaire, même avec les améliorations qu'est venue réaliser, au moins pour l'avenir, la loi du 23 mars 1855, sur la transcription, les acquisitions d'immeubles et les placements hypothécaires soulèvent encore d'assez nombreuses difficultés qui nécessitent un examen sérieux et at-

tentif, et qui exigent beaucoup de précautions et de prudence. C'est à cette condition que ces placements conserve-
ront la faveur qu'ils méritent et qui se fait sentir surtout
dans les moments difficiles, où le crédit est ébranlé, où les
capitaux, plus défiants, abandonnent le commerce et les valeurs industrielles ; c'est au moyen de ces précautions qu'on
pourra dire, avec le plus éminent de nos jurisconsultes :
« que s'ils ne sont pas les plus commodes, ils remplissent
« du moins toutes les conditions de solidité et de sùreté dont
« manquent les autres spéculations (1). »

Les notaires chargés d'effectuer ces placements doivent
donc exiger la plus complète régularité dans les titres des
vendeurs ou des emprunteurs ; s'ils peuvent, en certaines
circonstances, se montrer moins sévères, ce n'est qu'autant
qu'il s'agirait de quelques annexes de peu d'importance,
relativement à l'ensemble de la propriété qui forme l'objet
de l'acquisition, ou sur laquelle doit reposer l'hypothèque
qui doit garantir un prêt.

Nous n'avons pas la prétention de faire un traité du contrat de vente ni un traité du contrat de prêt hypothécaire.
Le but de cet écrit est de rappeler les principales règles à
suivre dans l'examen du droit de propriété et de la capacité
du vendeur ou de l'emprunteur, et de signaler quelques-
uns des écueils dont on doit se préserver dans cet examen.

---

(1) M. Troplong, *des Priviléges et Hypothèques*, préface, page 24,
5ᵉ édition.

PREMIÈRE PARTIE

ACQUISITIONS D'IMMEUBLES

CHAPITRE PREMIER.

Principes qui régissent le contrat de vente d'immeubles.

1. Nous n'avons pas à exposer ici toutes les règles du contrat de vente. Ce n'est pas cette tâche que nous avons entreprise. Nous devons, pour ne pas sortir de notre sujet, nous renfermer dans un cadre plus modeste, en nous bornant à rappeler, d'une manière sommaire, celles de ces règles que doit toujours avoir présentes le rédacteur de l'acte de vente.

Elles sont relatives :

1° A ce qui est de l'essence du contrat de vente;
2° A la capacité réciproque des parties d'acheter ou de vendre;
3° Aux choses qui peuvent être vendues;
4° Aux obligations du vendeur;
5° Aux obligations de l'acheteur;
6° Aux différentes conventions qui peuvent modifier les obligations dont ils sont respectivement tenus, dans les termes du droit commun, et aux autres conditions particulières que les parties peuvent stipuler.

§ 1er — DE CE QUI EST DE L'ESSENCE DU CONTRAT DE VENTE.

2. Trois choses sont de l'essence du contrat de vente, savoir :

1° Le consentement des parties contractantes;
2° Une chose que l'on s'oblige à livrer;
3° Un prix que l'acquéreur s'oblige à payer.

Ce sont ces conditions que les docteurs ont résumées par ces trois mots : *Res, pretium, consensus.*

Le contrat de vente doit donc exprimer ces trois choses essentielles, sans la réunion desquelles la convention des parties pourrait constituer tout autre contrat, mais ne constituerait pas une vente.

I. — *Du Consentement.*

Consentement.

3. Le consentement est, dans la vente, comme dans tout autre contrat, la première condition de son existence. Le consentement doit être libre, exempt d'erreur, et porter sur la chose et sur le prix.

Il doit être donné par une partie capable de s'obliger (V. *infrà,* n°ˢ 18 et suiv., 78 et suiv.), et qui, indépendamment de cette capacité générale, n'est pas atteinte par une des causes d'incapacité relative, qui sont spéciales en matière de vente, et qui seront expliquées plus bas (n° 126).

4. Ce consentement peut résulter, comme dans les autres contrats qui sont de droit naturel et de droit des gens, tout aussi bien d'un acte sous seing privé que d'un acte authentique. La vente serait parfaite alors même que dans l'acte privé les parties se seraient réservé de faire rédiger leurs accords en actes publics et que cette réserve n'aurait jamais été réalisée (M. Troplong, *Vente,* n° 19.) (1). « La rédaction d'une vente passée en contrat public ne peut être réputée essentielle, disait M. Portalis, dans l'exposé des motifs du titre *de la Vente,* qu'autant qu'il aurait été déclaré par les parties que jusqu'à cette rédaction leur premier acte demeurerait dans les termes d'un simple projet. »

5. Mais pour que la vente sous seing privé puisse être opposée aux tiers, comme celle faite par acte authentique, il faut qu'elle soit enregistrée (C. Nap., art. 1328) et transcrite (L. 23 mars 1855, art. 1 et 3).

Promesse de vendre. Promesse d'acheter.

6. Nous ne parlerons ici de la *promesse de vendre* ou de la *promesse d'acheter,* que pour dire que lorsqu'elle est acceptée elle forme

---

(1) Bourges, 20 et 21 août 1841, et 17 mai 1842. P. t. 1, 1842, p. 193 et 762, et t. 1, 1843, p. 242.

un contrat unilatéral qui lie le promettant envers l'autre partie, tant que celle-ci ne s'est pas engagée, de son côté, soit à acheter, soit à vendre, encore bien que la chose et le prix soient bien déterminés dans la promesse. Ce n'est que le cas où les deux parties s'engagent réciproquement, l'une à vendre, l'autre à acheter, qu'a prévu l'article 1589 du Code Napoléon, d'après lequel la promesse de vente vaut vente lorsqu'il y a consentement réciproque des deux parties sur la chose et sur le prix. Toutefois si certains auteurs entendent cet article dans ce sens absolu que la simple promesse réciproque d'acheter et de vendre plus tard est immédiatement transformée par la loi en une vente actuelle, il en est d'autres qui se refusent à considérer la promesse de vendre plus tard comme constituant une vente dès à présent accomplie, et qui pensent que la promesse synallagmatique ne rend pas plus le futur acheteur propriétaire que la promesse unilatérale; qu'elle n'en diffère qu'en ce point qu'elle oblige le futur acheteur à acheter, comme elle oblige le futur vendeur à vendre; d'où il suivrait que tous les droits réels constitués par celui-ci, dans l'intervalle, seraient valables (1).

II. — *De la chose qui fait l'objet de la vente.*

7. Il faut d'abord que la chose vendue soit dans le commerce, c'est-à-dire qu'elle ne soit pas inaliénable, soit à raison de sa nature même, soit à raison des prohibitions de la loi. (V. *infrà*, n°ˢ 131 et suiv.)

8. Il faut ensuite que la chose vendue soit certaine et bien définie.

Il est donc très-important de désigner clairement l'immeuble qui fait l'objet de la vente. (V *infrà*, n°ˢ 276 et suiv.)

9. La vente comprend, de plein droit, les *accessoires* de la chose vendue et *tout ce qui est destiné à son usage perpétuel*, en un mot tout ce qui est désigné par ces mots : *appartenances et dépendances*, ce qu'il faut entendre, comme le dit l'art. 1615 C. Nap., de ce qui est pour le service perpétuel de l'immeuble et non pas pour son

---

1) Toullier, t. 9. n°ˢ 91 et 92; M. Troplong, *Vente*, t. 1, n°ˢ 130 et 131; Marcadé, sur l'art. 1589, n°ˢ 5 et suiv.

usage temporaire (1). En conséquence, ces accessoires ne peuvent en être exceptés que par une clause expresse.

---

(1) M. Troplong, *Vente*, t. 1, n° 323.

Ce savant auteur, en s'appuyant des décisions que lui ont fournies l'ancienne et la nouvelle jurisprudence et surtout le droit romain, a groupé ainsi qu'il suit, selon chaque nature d'immeubles, les différentes parties et accessoires qu'ils comprennent :

§ 1. *Une maison.* La vente d'une maison comprend les jardins renfermés dans les murs de clôture et qui ont leur entrée par la porte de la maison ; les écuries qui tiennent à l'édifice, qui n'en sont pas séparés; les digues faites en avant du bâtiment, pour le garantir du cours de la rivière ou des vagues de la mer ; la moitié du mur mitoyen; les cours et basses-cours et greniers ; les aisances pour dépôt de fumier et stationnement de charrettes dans les villages; les puits, les réservoirs d'eau, les fontaines.....; — les tuyaux qui servent à l'écoulement des eaux qui appartiennent à la maison vendue, suivant qu'ils ont une destination continue ou momentanée : l'on reconnaîtra, en prenant pour guide l'art 525 C. Nap., quand ils sont placés à perpétuelle demeure. — C'est aussi avec l'art. 525 qu'on se décidera pour les glaces d'un appartement, les statues et autres objets de ce genre dont les lois romaines font une longue énumération.—Sont aussi compris dans la vente les portes ou planches qui ferment la boutique, les barrières, les fenêtres et persiennes, les serrures, les clefs; le couvercle du puits, les cordes, les sceaux qui servent à puiser; l'artillerie du château; les ornements de la chapelle; ce qui a coutume d'être joint à la maison quoique distrait pour un certain temps; les canaux par lesquels s'écoulent les eaux de la maison, encore qu'ils se prolongent hors de l'édifice;— toutes les servitudes actives, les droits de prise d'eau, de passage, etc... — Mais on doit en exclure : 1° les poêles qui ne sont pas scellés dans le plancher ou dans la muraille, encore bien que l'extrême feuille du tuyau soit scellée à l'orifice du mur qui reçoit la fumée...; 2° les tuiles achetées pour couvrir le toit et qui n'ont pas été mises en œuvre, en un mot tout ce qui était destiné à être employé à l'amélioration ou à la réparation de l'édifice, mais qui n'a pas reçu sa destination; 3° les cuves, les tonneaux, tout le mobilier de la cave qui n'est pas scellé ou placé à perpétuelle destination.....

§ 2. *Une maison meublée.* La vente d'une maison meublée ne comprend que les meubles meublants. — Si la maison est vendue *avec tout ce qui s'y trouve*, tous les effets mobiliers seront compris dans l'aliénation, mais non pas l'argent comptant, les dettes actives et les droits dont les titres sont déposés dans la maison.

§ 3. *Un fonds de terre.* La vente d'un fonds de terre embrasse tout ce que le propriétaire a placé dans ce fonds pour son service et son exploitation (ar-

III.— *Du Prix de la vente.*

10. Le prix doit être une somme d'argent. Autrement, s'il consis tait en toute autre valeur il y aurait échange et non une vente.

Prix,

---

ticle 525), savoir : — les animaux attachés à la culture, mais non pas les animaux de basse-cour, les volailles, les chevaux de selle; les ustensiles aratoires ; les semences données aux colons ; les pigeons des colombiers; les lapins des garennes; les ruches à miel; les poissons des étangs, mais non pas ceux qui sont renfermés dans des réservoirs, plutôt pour les conserver que pour les faire multiplier; s'ils étaient destinés à multiplier ils feraient partie du vivier; — les pressoirs, chaudières, alambics, cuves, tonnes;— les ustensiles nécessaires à l'exploitation des forges, papeteries et autres usines; les pailles et engrais, ce qui ne doit s'entendre que des fumiers destinés à féconder les terres dépendant de la ferme achetée, mais non pas des fumiers que le vendeur avait réunis pour en faire commerce ; — les échalas servant à la vigne, encore bien qu'au moment de la vente ils fussent retirés des terres et déposés en faisceaux dans les lieux circonvoisins... ; mais ceci ne doit pas s'étendre aux échalas que le maître avait achetés avec l'intention de les faire servir à l'entretien de sa vigne et dont il n'avait pas encore fait usage ; — les fruits pendants, mais non les fruits détachés du sol et les bois coupés, ni les pierres, sable et minerai extraits des carrières ou mines, ni les charbons, ni le vin et autres choses semblables. — En un mot, la vente embrasse généralement tous les objets quelconques, même meubles, pourvu que le maître ait voulu les attacher à la ferme à perpétuelle demeure (art. 526).

M. Troplong examine ensuite la question de savoir si l'on doit considérer comme faisant partie d'un fonds les troupeaux de bœufs, vaches, moutons, porcs qui y ont été réunis par le propriétaire, et, après avoir cité un arrêt de la Cour de Riom, du 30 août 1820, qui a décidé qu'ils étaient virtuellement compris dans une adjudication sur saisie immobilière, mais dont les motifs lui semblent manquer de justesse, il adopte néanmoins cette solution, dont la véritable raison, dit-il, est que le plus souvent les troupeaux sont attachés à la ferme à perpétuelle demeure. Ce qui le prouve, ajoute cet éminent magistrat, c'est que des logements ordinairement fort vastes et fort dispendieux leur sont attribués; qu'à mesure qu'une tête disparaît elle est aussitôt remplacée par une autre; que la distribution des assolements et le genre de culture se règlent sur leur nombre et sur leur importance; enfin, qu'ils forment un produit précieux de l'immeuble, dont ils sont comme un accessoire ou plutôt une partie intégrante...

§ 8. La vente d'un moulin ou d'une usine que l'eau met en activité comprend nécessairement la prise d'eau, ainsi que le canal de main d'homme qui reçoit et conduit l'eau sous les roues..... — Telle est la règle, mais les circonstances de la vente peuvent la modifier. (M. Troplong, *loco cit.*)

11. On peut néanmoins assimiler à un prix en argent certaines denrées qui ont un cours bien connu et fixé par les mercuriales, telles que du blé, du seigle, etc., et qu'il a été d'usage de regarder comme l'équivalent d'une somme d'argent (1). Il peut également consister en une rente viagère.

Action en rescision pour lésion.

12. Le prix doit être sérieux. Cependant il n'est pas nécessaire qu'il représente d'une manière exacte la valeur de la chose vendue, ni qu'il ait été considéré par les parties comme en formant l'équivalent (2). Il suffit qu'il ne soit pas dérisoire, comme si l'on vendait un immeuble pour une pièce de monnaie, et qu'il ait été stipulé par le vendeur avec l'intention de l'exiger. Dans le cas où la vente aurait été faite à vil prix ou si ce prix était hors de proportion avec la valeur réelle de la chose, la loi ouvre au vendeur l'action en rescision pour lésion de plus des sept douzièmes (C. Nap., art 1674 et suiv.). Cette action a lieu lors même qu'il aurait expressément renoncé, dans le contrat, à la faculté de demander la rescision et qu'il aurait déclaré donner la plus-value (même art.). Elle n'est plus recevable après le délai de deux ans (art. 1676). Elle n'a jamais lieu en faveur de l'acheteur (art. 1683). Ajoutons que l'acheteur peut arrêter l'effet de la rescision en payant le supplément du juste prix, moins un dixième, avec l'intérêt du jour de la demande; que s'il préfère rendre l'immeuble il rend les fruits du jour de la demande, en recevant l'intérêt du prix qu'il a payé à partir de la même époque, ou du jour du payement s'il n'a touché aucuns fruits (art. 1681 et 1682).

Le mode et les conditions d'admission de la preuve de la lésion et la manière dont elle peut être faite sont réglés par les art. 1677 à 1680 du C. Nap.; nous n'avons pas à nous en occuper ici.

13. Le prix doit être certain, c'est-à-dire qu'il doit être déterminé par les parties. Il peut cependant être laissé à l'arbitrage d'un tiers (art. 1591 et 1592) (3). Il doit être payé au jour et au lieu réglés

---

(1) Marcadé, sur l'art. 1592, n° 1.

(2) Marcadé, sur l'art. 1592, n° 3; M. Troplong, *Vente*, n° 150. — V. néanmoins, en sens contraire, Zachariæ, t. 2. p. 487; M. Duvergier, *Vente*, n°ˢ 148 et 149; M. Duranton, t. 16, n° 100.

(3) Si les parties, au lieu de désigner les experts, ou d'en déférer la désigna-

par la vente (art. 1650). On fixe souvent, pour les ventes d'immeubles, l'époque du payement, soit du prix entier, soit d'une partie du prix, à l'expiration du temps présumé nécessaire pour l'accomplissement des formalités de transcription et de purge, .c'est-à-dire après un délai de trois ou quatre mois.

14. S'il n'a rien été réglé sur le lieu du payement, on décide généralement qu'il doit se faire au domicile de l'acheteur, selon la règle générale portée en l'art. 1247, C. Nap. Quant à la disposition de l'art. 1651, d'après laquelle l'acheteur doit payer au lieu et dans le temps où doit se faire la délivrance, cet article, d'après l'opinion la plus commune, ne s'applique qu'aux ventes au comptant, c'est-à-dire aux ventes mobilières (1).

Lieu de payement
du prix.

15. Les intérêts du prix d'un immeuble, comme de toute chose qui produit des fruits, sont dus de plein droit et sans stipulation (C. Nap., art. 1652). Il est d'usage que le contrat de vente fixe le taux de ces intérêts et l'époque à partir de laquelle ils seront dus, et qui est ordinairement celle convenue pour l'entrée en jouissance de l'acquéreur.

Intérêts.

16. Ce prix peut être stipulé payable entre les mains des créanciers du vendeur.

17. On verra plus tard (nos 32 et suiv.) dans quel cas les différences en plus ou en moins qui peuvent exister entre la contenance réelle de l'immeuble et celle indiquée au contrat, peuvent modifier le prix stipulé.

---

tion à la justice, conviennent de les désigner ultérieurement elles-mêmes, le contrat ne serait pas formé tant que cette désignation n'aurait pas eu lieu, puisqu'elles pourraient ne pas s'entendre pour la faire, ou s'y refuser. Il en serait de même si les experts nommés par elles venaient à mourir ou refusaient la mission, sans qu'il ait été stipulé que, dans les deux cas prévus, c'est-à-dire en cas de désaccord des parties, de refus ou d'empêchement des experts, ils seraient nommés ou remplacés par la justice. La vente serait donc non-avenue (Marcadé, sur l'art. 1592).

(1) Cass., 14 juin 1813; Limoges, 19 janvier 1828; — Toullier, t. 7, no 92; M. Duvergier, Vente, t. 1, no 417; M. Troplong, *Vente*, t. 2, no 601.

§ 2. — DE LA CAPACITÉ RÉCIPROQUE DES PARTIES D'ACHETER ET DE VENDRE.

Capacité.

18. L'art. 1584 du Code Nap. pose en principe que tous ceux auxquels la loi ne l'interdit pas peuvent acheter ou vendre.

19. L'incapacité peut être générale, c'est-à-dire ne s'appliquer au contrat de vente que comme à tout autre contrat et résulter de l'incapacité de contracter dont une personne est frappée.

20. Les incapacités peuvent n'exister que relativement au contrat de vente. C'est de ces incapacités seulement que s'occupe le Code au titre *de la Vente*.

21. Cette matière sera traitée au chapitre suivant (n°s 78 et suiv.) où nous nous occuperons de la capacité et de l'état civil du vendeur. Nous y passerons en revue les différentes causes d'incapacité, soit absolues, soit relatives.

§ 3. — DES CHOSES QUI PEUVENT ÊTRE VENDUES.

22. D'après l'art. 1598, C. Nap., les choses seules qui sont dans le commerce peuvent être vendues. Mais les lois ont apporté à la vente même des choses qui sont dans le commerce différentes prohibitions et restrictions.

23. Nous examinerons dans le chapitre troisième (n°s 131 et suiv.) quels sont les immeubles qui ne peuvent être vendus comme étant hors du commerce, et les autres biens dont l'aliénation est interdite ou ne peut avoir lieu que sous certaines conditions.

Vente de la chose d'autrui.

24. Rappelons ici la disposition de l'art. 1599 qui déclare nulle la vente de la chose d'autrui.

25. Le rédacteur du contrat de vente ne doit pas perdre de vue l'art. 1602 du Code Nap., d'après lequel le vendeur est tenu d'expliquer clairement ce à quoi il s'oblige. D'où la conséquence que tout pacte obscur et ambigu s'interprète contre lui. Le vendeur doit donc dire explicitement les conditions qu'il impose à l'aliénation (1).

26. Ce n'est pas cependant une raison pour que la vigilance de l'acquéreur soit moins active. « L'acheteur, dit M. Troplong, ne de-« vra pas s'en rapporter exclusivement à la protection dont l'envi-« ronne la loi ; il s'aidera lui-même par de soigneuses investigations; « il fera expertiser la chose pour en connaître la valeur ; il se fera « représenter les baux ; il prendra connaissance des titres pour « constater l'origine de la propriété et pour s'assurer si elle est ar-« rivée pure entre les mains de son vendeur ; il consultera les regis-« tres hypothécaires pour savoir à quoi s'en tenir sur les charges « dont elle est grevée depuis que le vendeur la possède ; il ne se « dessaisira du prix qu'autant qu'il sera sûr que des tiers n'auraient « pas droit à l'inquiéter... » (*Vente*, t. 1, n° 261.) (2).

---

(1) Cette règle ne s'applique que pour les clauses qui sont véritablement constitutives du contrat de vente, et ne saurait concerner les stipulations exceptionnelles et particulières que l'acheteur aurait voulu introduire dans le contrat et qui resteraient soumises à la règle de l'art. 1162 (M. Troplong, *Vente*, t. 1, n° 258; Marcadé, sur l'art. 1602). C'est ce qui a été bien expliqué devant le Corps législatif (Fenet, t. 14, p. 194).

(2) M. Troplong cite à ce propos (*loc. cit.*) un exemple frappant, à sa connaissance, du danger qu'il y a d'acheter sans prendre connaissance des baux et particulièrement des baux anciens. Un vendeur avait représenté un bail fait pendant plusieurs années moyennant un fermage de 1,800 fr... A l'expiration du bail et au moment de le renouveler, l'acquéreur apprit que le fermage ordinaire n'était que de 1.200 fr., et que si le bail courant, au moment de la vente, avait été porté à 1,800 fr., c'est qu'on avait réparti, sur les années de jouissance du fermier, une somme dont celui-ci était débiteur envers son propriétaire.

27. Le vendeur a deux obligations principales, celle de délivrer la chose qu'il vend et celle de la garantir.

I. — *De la Délivrance.*

Délivrance. 28. La délivrance est le transport de la chose vendue en la puissance et possession de l'acheteur (C. Nap., 1604). Elle est réputée faite lorsque le vendeur a remis soit les clefs, soit les titres de propriété (1605).

29. La chose doit être délivrée dans l'état où elle se trouve au moment de la vente (C. Nap., 1614), ce qui doit être compris dans ce sens que le vendeur ne peut, par son fait, changer l'état où se trouve l'immeuble vendu au jour du contrat. Mais l'acquéreur doit profiter des accroissements que l'immeuble a reçus naturellement, par exemple par l'effet des attérissements ou des alluvions, de même qu'il doit souffrir les détériorations accidentelles qui peuvent être survenues.

30. Il a droit également aux fruits, à partir du jour de la vente, à moins que le contrat n'ait fixé, comme on le fait souvent, une autre époque pour l'entrée en jouissance.

31. Le vendeur est tenu de délivrer la contenance telle qu'elle est portée au contrat.

32. Pas de difficulté possible lorsque l'immeuble est bien déterminé et que la vente est faite sans indication de contenance.

33. Mais si la vente a été faite avec indication de contenance, à tant la mesure, le vendeur est obligé de délivrer à l'acquéreur, si celui-ci l'exige, la quantité indiquée, et si la chose lui est impossible, ou si l'acquéreur ne l'exige pas, le vendeur est obligé de souffrir une diminution proportionnelle dans le prix énoncé, quelque minime que soit la différence en moins (art. 1617). Dans le cas où, au contraire, la contenance est plus grande que celle exprimée au contrat, l'acquéreur a le choix de fournir le supplément de prix ou de se désister du contrat, si l'excédant est d'un vingtième (art. 1618).

34. Ces dispositions des articles 1617 et 1618 du Code Napoléon supposent, comme on le voit, qu'il y a un prix fixé dans le contrat,

prix que le mesurage peut modifier (1). Elles supposent également
que l'immeuble forme un corps certain et est vendu comme tel avec
des limites indépendantes du mesurage à faire. La vente est alors
parfaite du jour même du contrat, puisque les parties sont d'accord
sur la chose vendue et que le prix est également déterminé, sauf la
différence en plus ou en moins dont elles auront à se tenir compte
après le mesurage. Il importe peu, dans cette hypothèse, que le contrat
exprime le prix total ou que ce prix total résulte du calcul à faire,
d'après la contenance indiquée et le prix de la mesure (2).

35. Mais si l'on vend une certaine quantité de terre, à prendre
dans tel champ, à tant la mesure, la chose vendue étant incertaine,
la vente est conditionnelle et reste imparfaite jusqu'à ce que le mesurage ait déterminé les parties du champ qui doivent être livrées à
l'acquéreur. Il en est de même, suivant M. Troplong, si un corps
certain, par exemple un pré ou un champ, est vendu à tant la mesure, sans indication de la contenance. Dans cette hypothèse, si la
chose vendue est certaine, le prix est absolument inconnu, et conséquemment la vente manque d'une des conditions nécessaires à sa perfection. L'immeuble vendu est donc aux risques du vendeur jusqu'à
ce que le mesurage ait rendu la vente parfaite (3).

---

(1) Marcadé soutient, contrairement à l'opinion de MM. Delvincourt, Troplong,
Duvergier et Zachariæ, que quand la différence est en plus, elle ne donne lieu à
une augmentation de prix qu'autant qu'elle est d'un vingtième au moins.
C'est, dit-il, ce qui résulte des termes des art. 1617 et 1618, dont le premier
accorde à l'acheteur la diminution du prix par cela seul qu'il y a déficit, sans
s'occuper de l'importance de ce déficit, tandis que le second n'admet d'augmentation que quand l'excédant est d'un vingtième, sauf à l'acquéreur à se désister du
contrat. Marcadé invoque encore, à l'appui de cette opinion, les travaux prépa_
ratoires du Code Napoléon et notamment le rapport du tribunat qui explique ainsi
les art. 1617 et 1618. — On peut répondre, toutefois, que l'art. 1618 n'exige une
différence de plus d'un vingtième que pour que l'acquéreur ait le droit de se
désister s'il trouve trop lourde la charge que lui impose le payement de la différence.

(2) MM. Troplong, *Vente*, t. 1, n° 329 ; Duvergier, *Vente*, t. 1, n° 287 ; Marcadé, sur l'art. 1618. — V. en sens contraire, M. Duranton, t. 16, n° 226.

(3) M. Troplong, *Vente*, n° 329 ; Marcadé, sur l'art. 1616. — V. en sens con-
raire, M. Duvergier, *Vente*, t. 1. n° 284.

36. Si la vente n'est pas faite à tant la mesure, l'expression de cette mesure ne donne lieu à aucun supplément de prix pour l'excédant, ni à aucune diminution de prix en faveur de l'acquéreur pour le *déficit*, qu'autant que la différence est d'un vingtième en plus ou en moins, eu égard à la valeur de la totalité des objets vendus, s'il n'y a stipulation contraire (art. 1619).

37. Comme on le voit, d'après les termes mêmes de cet article, ce n'est pas sur la contenance de l'immeuble, mais sur sa valeur, que se calcule la différence en plus ou en moins. Ainsi, dans le cas où la propriété vendue se compose de terres de plusieurs natures, il ne suffit pas, pour motiver une augmentation ou une diminution de prix, que la différence de contenance soit d'un vingtième, il faut encore que, d'après l'estimation des terres en plus ou en moins, d'après leur nature, proportionnellement à la valeur des autres terres, il y ait une différence d'un vingtième au moins dans la valeur totale (1).

38. Les mots *ou environ* ajoutés à l'expression de la contenance ne sont pas suffisants pour décharger le vendeur de cette garantie. Ils ne modifient en rien la pensée de la loi, qui se contente d'une indication approximative pourvu que la différence ne soit pas d'un vingtième.

Mais il en serait différemment s'il avait été formellement déclaré que le fonds est vendu sans aucune garantie de contenance (2).

39. Néanmoins, cette solution a été contestée. Pour prévenir toute difficulté, on devra donc, en pareil cas, dire que la vente est faite

----

(1) *Quid* si le contrat n'indique pas dans quelle proportion les différentes natures de terre entrent dans le prix total, et qu'il y ait impossibilité de le connaître? Dans cette hypothèse, la différence d'un vingtième dans la valeur sera censée exister par cela seul qu'elle existera dans la contenance totale. Zachariæ, t. 2, p. 513; Marcadé, sur l'art. 1622, n° 2. Ce dernier auteur combat les interprétations différentes données à cet article par M. Troplong (*Vente*, t. 1, n° 343) et par M. Duvergier (*Vente*, t. 1, n° 293).

(2) V. Paris, 9 juillet 1827, et Cass.. 18 nov. 1826; Bourges, 31 août 1831, Liége, 20 avril 1812. — V. néanmoins, en sens contraire, Paris, 16 juin 1807 et 12 juillet 1808.

sans aucune garantie de contenance , *alors même que la différence en plus ou en moins excéderait un vingtième.*

40. De même, il peut être dérogé, par une clause expresse, à l'article 1619, et le vendeur peut être soumis à indemniser l'acquéreur du *déficit*, quelque minime qu'il soit.

41. Observez que, dans le cas où il y a lieu à augmentation du prix, aux termes de l'article 1619, l'acquéreur a le choix, comme dans le cas de l'article 1618, ou de se désister du contrat, ou de fournir le supplément de prix ; qu'enfin dans tous les cas où l'acquéreur a le droit de se désister du contrat, le vendeur est tenu de lui restituer, outre le prix, s'il l'a reçu, les frais de ce contrat (art. 1621).

42. Comme conséquence de l'obligation dont est tenu le vendeur de faire la délivrance, il doit remettre à l'acquéreur les titres de propriété qui sont en sa possession, ainsi que les documents relatifs à l'immeuble vendu qui en indiquent la mouvance et en déterminent l'importance et l'étendue. Ces titres doivent être considérés comme des accessoires de l'objet vendu. Cette obligation est de droit, ainsi que l'a jugé la Cour de Paris, le 27 mai 1808. Néanmoins, le vendeur n'est tenu, dans les termes de droit, de livrer d'autres titres que ceux dont il est saisi ; mais il n'est pas obligé de lever des expéditions des actes qui peuvent exister chez les notaires ou dans les dépôts publics (1).

Pour prévenir toute contestation à cet égard, on devra, suivant l'usage adopté dans le notariat de Paris, désigner avec détail les titres qui devront être remis à l'acquéreur au moment du payement du prix.

II. *De la garantie.*

43. La seconde obligation du vendeur est celle relative à la garantie. Cette garantie a deux objets : 1° la possession paisible de la chose vendue ; 2° les défauts cachés de la chose ou les vices rédhibitoires (C. Nap., art. 1625).

Garantie.

---

(1) M. Troplong, *Vente*, n° 324.

Éviction.

44. Le vendeur doit donc garantir l'acquéreur de l'éviction qu'il souffre dans la totalité ou une partie de l'objet vendu, ou des charges telles que les servitudes prétendues sur cet objet, et *non déclarées lors de la vente* (1). Cette obligation est *de droit* et existe alors même que le contrat ne contiendrait aucune stipulation sur la garantie (C. Nap., art. 1626) (2).

45. Mais c'est un usage constant d'insérer dans les actes de vente une clause qui est devenue de style, relative à la garantie promise par le vendeur, *à raison de tous troubles, dons, douaires, dettes hypothécaires, évictions, aliénations, surenchères* (3) *et autres empêchements quelconques.*

46. L'éviction dont le vendeur est garant est celle qui à une cause antérieure à l'acquisition ou qui provient d'un fait qui lui est personnel. Il ne répond donc pas de celle qui provient d'un cas fortuit ou d'une force majeure (4).

Examen du droit de propriété du vendeur Établissement de propriété.

47. Mais il ne suffit pas, pour la sécurité de l'acquéreur, que la loi lui ait donné, en cas d'éviction soit totale soit partielle, un recours contre son vendeur. Il doit examiner par avance si le droit de propriété du vendeur est à l'abri de toute atteinte, en se faisant communiquer tous les titres de propriété, non-seulement dans la per-

---

(1) Il serait également garant de la non-existence des servitudes actives qu'il aurait déclarées.

(2) Il est néanmoins certains cas où la garantie n'est pas due, quand même elle serait positivement stipulée. M. Troplong en donne pour exemple celui où le mari a vendu le fonds dotal à un individu qui connaissait le vice de son acquisition (*Vente*, n° 432).

(3) Bien qu'il ait été jugé que le vendeur était de plein droit garant de la surenchère (Cass., 4 mai 1808) et que ce soit là l'opinion assez généralement adoptée (M. Troplong, *Vente*, t. 1, n°s 426 et suiv. et *Hypot.*, t. 4, n° 967; Pigeau *Procéd. civ.*, p. 429; M. Duranton, t. 16, n° 260), néanmoins, comme la question est controversée et qu'on fait d'ailleurs des distinctions, il est prudent de s'en expliquer dans les contrats.

(4) On range avec raison parmi les événements de force majeure, dit Marcadé (sur l'article 1629, n° 2), le fait du souverain, c'est-à-dire tout acte du pouvoir législatif ou du pouvoir exécutif ordonnant une disposition qui n'est pas la conséquence d'un droit préexistant.

sonne de ce vendeur, mais dans celle des précédents propriétaires. Le contrat de vente doit donc contenir l'*Etablissement de propriété*, c'est-à-dire l'analyse des titres des différentes transmissions successives, en remontant à trente ans au moins, et en énonçant les transcriptions et les formalités hypothécaires et de purge remplies sur chaque acquisition, ou au moins sur la dernière. L'établissement et la vérification du droit de propriété du vendeur, préalablement à l'acquisition, a une importance d'autant plus grande, que l'acquéreur qui aurait acheté sans demander au vendeur les justifications nécessaires à cet égard et qui s'en serait rapporté à lui, ne pourrait plus tard exiger ces justifications qui ne lui auraient pas été promises et se refuser au payement de son prix jusqu'à ce qu'elles fussent faites; qu'il ne pourrait le faire qu'autant qu'il serait troublé par une action soit hypothécaire, soit en revendication (C. Nap., art. 1653). Or, on ne peut voir un juste sujet de crainte dans cette circonstance que l'acquéreur ne se serait pas mis suffisamment en règle, si sa possession est paisible, et s'il ne s'est révélé, depuis le contrat, aucun fait nouveau qui puisse être considéré comme une menace d'éviction.

On doit donc avoir grand soin, si toutes les justifications nécessaires à l'appui de l'établissement de propriété n'ont pas été données lors du contrat, de faire obliger le vendeur à les fournir avant le payement du prix.

48. Il importe de faire connaître toutes les charges, les servitudes, les hypothèques et les baux dont l'immeuble vendu est grevé; car, si la possession de la chose est disputée à l'acquéreur par un tiers, s'il la trouve grevée d'un usufruit non déclaré, d'une servitude non apparente, d'une hypothèque ou d'un bail qu'on ne lui ait pas fait connaître, il a le droit de demander la résolution du contrat (art. 1638).

49. Le vendeur doit donc déclarer les hypothèques qui peuvent grever la propriété vendue et faire connaître son état civil, c'est-à-dire les circonstances personnelles qui peuvent réagir sur ses biens, et notamment les grever d'hypothèques légales. Il doit faire connaître s'il est ou a été marié, tuteur ou cotuteur et s'il est comptable de deniers publics.

50. La garantie des *vices rédhibitoires*, c'est-à-dire des défauts cachés qui sont tels que la chose achetée ne pourrait être employée

à l'usage auquel on la destine, ou qui diminuent tellement cet usage que l'acheteur ne l'aurait pas acquise ou n'en aurait donné qu'un moindre prix s'il les avait connus (art. 1641), bien qu'elle ait lieu principalement en matière de vente mobilière, et surtout pour les ventes d'animaux, existe aussi en matière de vente d'immeubles (1). Le vendeur en est tenu, lors même qu'il n'aurait pas connu ces vices, à moins que, dans ce cas, il n'ait stipulé qu'il ne sera tenu à aucune garantie (art. 1643). Mais il n'est pas tenu des vices apparents et dont l'acheteur a pu se convaincre par lui-même.

51. Comme vice caché d'une maison, on peut citer, à titre d'exemple, la putréfaction des poutres et sommiers qui soutiennent la presque totalité des planchers; car ces poutres et sommiers étant couverts et enveloppés entièrement par l'épaisseur des planchers et des plafonds se trouvent ainsi dérobés à tous les regards (2).

52. Indépendamment de la garantie relative aux défauts cachés et qui constitue la garantie *de droit*, il y a encore la garantie *de fait* qui n'existe qu'autant qu'elle est stipulée et qui est relative à certaines qualités qui ne sauraient être considérées comme essentielles, qui ne sont que secondaires, et qui n'ont rien d'assez considérable pour affecter la destination de la chose quand elles viennent à manquer.

53. De même que les parties peuvent, par des conventions particulières, ajouter à la garantie de droit et l'étendre à des faits qui, dans les termes du droit commun, ne sauraient la motiver (3), par exemple les faits de force majeure (4); de même elles peuvent en diminuer l'effet et convenir que le vendeur ne sera soumis à aucune garantie (C. Nap., 1637).

Néanmoins le vendeur reste toujours tenu de la garantie de tout

---

(1) M. Troplong, *Vente*, n° 548.

(2) Lyon, 5 août 1824.

(3) La condition de *fournir et faire valoir exempt de toutes charges et servitudes quelconques* est une clause extensive de la garantie.

(4) Mais, en pareil cas, il faut une stipulation bien formelle, et l'on ne saurait donner cette extension à la clause de garantie *de tous troubles et empêchements quelconques*, cette clause étant devenue banale et de style.

lait qui lui est personnel; toute convention contraire est nulle (C. Nap., art. 1628) (1).

54. En général la clause de non garantie met le vendeur à l'abri des dommages-intérêts, en cas d'éviction, mais elle ne l'autorise pas à retenir le prix. L'acquéreur évincé peut toujours le répéter. On décide néanmoins que si cette clause de non garantie accompagne la déclaration faite par le vendeur des causes d'éviction possible, ou même si l'acquéreur, lors de la vente, en avait connaissance de toute autre manière, de même que si la vente est faite *aux risques et périls* de l'acquéreur (2), le vendeur ne doit pas la restitution du prix (art. 1629). Il n'y a pas de doute possible, si la clause est conçue en ces termes : *sans garantie ni restitution de deniers.*

55. Les formules les plus usitées pour exonérer le vendeur de la garantie sont celles-ci : *sans garantie,* ou *sans garantie, excepté des faits et promesses du vendeur,* ou enfin *sous la garantie de ses faits et promesses seulement.*

56. Les formules suivantes : *tel que l'immeuble se poursuit et comporte ; — comme il se comporte ainsi que le vendeur en a joui avec ses droits et conditions ; — ainsi que l'immeuble se poursuit et comporte, et que l'acquéreur a dit bien connaître,* sont très-usitées. Mais leur portée est très-contestée : on peut soutenir que les deux premières ne suffisent pas pour mettre le vendeur à l'abri de toute garantie pour les servitudes non apparentes qui n'ont pas été déclarées. La troisième est plus extensive; mais il est douteux qu'elle

---

(1) C'est ce qu'on appelle *la garantie des faits et promesses.* Néanmoins, on décide généralement qu'il faut distinguer, parmi les faits personnels du vendeur, entre ceux antérieurs au contrat et ceux postérieurs, et que la garantie n'est due que pour les faits antérieurs à la vente et dont le vendeur n'aurait pas donné connaissance à l'acquéreur; mais que cette connaissance donnée à l'acquéreur équivaut à une clause de non garantie. Quant à la clause de non garantie pour les faits postérieurs, même quand elle s'appliquerait à un fait prévu et déterminé, elle serait essentiellement nulle (Pothier, *Vente,* n° 185 ; M. Troplong, *Vente,* n° 477 ; M. Duvergier, *Vente,* t. 1, n° 357 ; Zachariæ, t. 2, § 355, p. 524 ; Marcadé, sur l'article 1629, n° 5).

(2) Car, dans cette hypothèse, l'objet de la vente est moins la chose elle-même que le droit prétendu par le vendeur à cette chose.

affranchisse le vendeur de la garantie. Observons d'ailleurs que ces clauses sont presque toujours de style ; qu'elles se réfèrent, en général, à ce qui est apparent, et qu'à l'égard de la dernière, la connaissance que l'acheteur déclare avoir de l'immeuble ne peut s'appliquer qu'à l'état visible, et que la vue de cet immeuble n'a pu faire connaître à l'acquéreur les vices cachés et les servitudes non apparentes.

57. On peut douter également de l'efficacité de ces formules : *avec ses servitudes tant actives que passives*, ou *avec les mêmes droits et charges que le vendeur les possédait*, surtout s'il est établi que le vendeur connaissait ces servitudes qu'il n'a pas spécifiées, en se renfermant dans des généralités souvent parasites (1) et si les titres qui en contenaient l'énonciation n'ont été remis à l'acquéreur qu'après la passation du contrat. Telle est l'opinion de M. Troplong (2). Nous pensons néanmoins que si rien ne faisait soupçonner de la part du vendeur une réticence intentionnelle, si rien, en un mot, ne devait faire suspecter sa bonne foi, il serait affranchi de toute garantie par une clause bien expresse qui dirait, comme nous l'avons souvent vu faire, que l'acquéreur *supportera toutes les servitudes passives, apparentes ou non apparentes, qui pourraient grever l'immeuble, et s'en défendra à ses risques et périls, sans pouvoir exercer aucun recours contre le vendeur*. Observons encore avec M. Troplong (3) que la déclaration que l'acquéreur achète *à ses risques et périls* a beaucoup plus d'énergie que la clause de non garantie.

58. Nous n'avons pas à nous expliquer ici sur toutes les conséquences de l'éviction, soit totale, soit partielle, que souffre l'acquéreur, et de l'action en garantie qui lui appartient contre le vendeur, non plus que sur l'étendue des restitutions ou des dommages-intérêts qui lui sont dus suivant les différents cas. Nous renverrons, à cet égard, aux articles 1631 à 1638, 1640, 1644 à 1647 du Code Napoléon.

---

(1) *Hic sermo generalis captiosus est nec venditorem excusat*, dit Cujas, sur la loi 39, D. *De action. empt.*

(2) *Vente*, t. 1, n° 531.

(3) *Vente*, t. 2, n° 560.

§ V. — Des obligations de l'acheteur.

59. La principale obligation de l'acheteur est de payer le prix au jour et au lieu réglés par le contrat de vente (C. Nap., art. 1650). Payement du prix.

60. Néanmoins s'il est troublé ou a juste sujet de craindre d'être troublé par une action soit hypothécaire, soit en revendication, il peut suspendre le payement du prix jusqu'à ce que le vendeur ait fait cesser le trouble, si mieux n'aime celui-ci donner caution, ou à moins qu'il n'ait été stipulé que nonobstant le trouble l'acquéreur payera (art. 1653).

61. On a vu que le prix de la vente d'un immeuble produisait des intérêts de plein droit, comme étant la représentation des fruits.

62. Le payement du prix est garanti à la fois par le privilége que la loi donne au vendeur et par l'action résolutoire dont il sera question au paragraphe suivant (nᵒˢ 66, 68 et suiv.).

63. L'acquéreur doit supporter tous les frais du contrat de vente et autres accessoires à la vente, par exemple ceux de la quittance du prix, les frais de transcription, de purge légale, etc. (art. 1593) (1). Frais de contrat et autres accessoires à la vente.

§ VI. — Des conventions qui peuvent déroger aux règles générales établies par la loi.

64. Parmi les conventions qui sont d'un usage habituel dans le contrat de vente, il faut placer en première ligne, si la vente est faite par un homme marié, celle qui fait concourir la femme au contrat pour s'obliger solidairement avec lui, si elle est capable de s'o-

---

(1) La règle établie par l'article 1593 n'a pour objet que les rapports du vendeur et de l'acheteur. Mais le notaire qui a reçu le contrat a fait l'affaire des deux parties et a le droit d'exiger son payement de celle que bon lui semble. Cass., 26 juin 1820, 19 avril 1826, 10 nov. 1828 et 20 mai 1829.

bliger et si le régime matrimonial n'apporte aucune restriction à sa capacité. Nous renverrons à cet égard à ce qui sera dit (n°s 103, 145 et suiv.) à l'égard de la femme mariée sous le régime dotal et de certaines clauses insérées quelquefois dans les contrats de mariage, même en matière de communauté.

65. Cette obligation solidaire de la femme peut dispenser l'acquéreur de remplir à son égard les formalités de purge légale dont il sera question ci-après (n° 291).

66. La vente peut être pure et simple ou faite sous une condition suspensive ou résolutoire.

67. « Lorsque la condition est suspensive, dit M. Troplong (1), la « vente est bien parfaite, en ce sens que l'une des parties ne peut en « discéder sans le consentement de l'autre. Mais, sous d'autres rap- « ports, elle n'acquiert sa véritable perfection que par l'événement « de la condition... Tant que la condition est en suspens la propriété « n'est pas transférée et le vendeur reste toujours le maître de la « chose qui demeure à ses risques et périls. C'est lui qui jouit des « fruits... » Mais l'événement de la condition produit un effet rétroactif au jour du contrat, même à l'égard des tiers. Quand la condition manque, la vente est comme non avenue.

68. Quant à la condition résolutoire, elle ne suspend pas la vente qui doit recevoir immédiatement son exécution. Ce n'est qu'autant que la condition se vérifie que le contrat est résolu, et les choses sont alors remises au point où elles étaient avant la vente.

69. L'un des cas de résolution les plus fréquents est celui où l'acquéreur ne paye pas son prix. Cette résolution est même de droit et il n'est pas nécessaire qu'elle soit exprimée dans l'acte. Néanmoins si la condition résolutoire est tacite, la résolution ne s'opère pas de plein droit; elle doit être demandée en justice et il peut être accordé un délai à l'acquéreur suivant les circonstances (art. 1654 et 1655).

____

(1) *Vente*, n° 54.

Mais si la clause est expresse, la résolution a lieu de plein droit à l'expiration du terme fixé pour le payement et le juge ne peut accorder une prorogation de délai (art. 1656). C'est cette clause qu'on appelle *pacte commissoire*. Toutefois, même après le terme stipulé, l'acquéreur peut toujours payer tant qu'il n'a pas été mis en demeure par une sommation.

70. L'effet de la résolution est de remettre les choses au même état que si la vente n'avait pas eu lieu. L'acquéreur en abandonnant l'immeuble doit donc restituer les fruits perçus et payer les dommages-intérêts qui pourraient résulter des dégradations par lui commises. De son côté le vendeur doit remettre les sommes qu'il aurait reçues à valoir sur le prix ainsi que les intérêts qui représenteraient les fruits qui lui sont restitués (1).

71. Parmi les conditions résolutoires qui peuvent être insérées dans le contrat de vente, on distingue la clause de *réméré*, c'est-à-dire la faculté que se réserve le vendeur de reprendre la chose vendue, moyennant la restitution du prix principal, ainsi que des frais et loyaux coûts de la vente, des réparations nécessaires et de celles qui ont augmenté la valeur du fonds jusqu'à concurrence de cette augmentation (art. 1659 et 1673). Clause de réméré.

72. Cette faculté ne peut être stipulée pour un terme excédant cinq ans. Ce délai est de rigueur (art. 1660 à 1663). Les règles relatives à l'exercice du droit de réméré sont expliquées dans les articles 1664 et suivants du Code Napoléon.

73. Certains contrats de vente stipulent que l'acquéreur ne pourra pas aliéner avant la transcription, ou qu'il ne sera propriétaire qu'après avoir acquitté intégralement son prix.

74. Un grand nombre de modifications peuvent encore être faites à la vente. M. Troplong en fait connaître les principales : « Quelque-« fois, dit-il, il arrive que le vendeur excepte une chose de la vente et « la réserve pour lui ou pour un tiers. Quelquefois, au contraire, on

---

(1) Marcadé, sur l'article 1656, n° 4. — Cass., 23 juillet 1834.

« fait entrer dans l'aliénation des objets qui, sans stipulation expresse,
« n'y seraient pas compris. Dans d'autres circonstances le vendeur
« vend la chose *telle qu'il l'a possédée* ou bien dans l'état où elle se
« trouve et *comme elle se contient et se comporte.* Tantôt la conven-
« tion porte que la chose est aliénée *avec ses servitudes actives et pas-*
« *sives,* tantôt qu'elle est *exempte de toutes charges et servitudes* (1). »
(V. pour l'effet de ces dernières clauses relatives à la garantie, *supra,*
nᵒˢ 54, 55, 56 et 57.)

Faculté d'élire.   75. Mentionnons surtout la faculté d'élire, qui consiste dans le
droit réservé à l'acquéreur de désigner, dans un délai que la loi fiscale
a fixé à vingt-quatre heures, une personne inconnue du vendeur,
qui sera substituée à l'acquéreur, sans que cette substitution donne
lieu à un nouveau droit de mutation, qui devra fournir son acceptation dans ce délai, et qu'on appelle *command* (LL. 14 thᵒʳ an IV et
22 frim. an VII.). Cette faculté n'existe qu'autant qu'elle a été expressément réservée. Le délai de vingt-quatre heures, qui est de rigueur
à l'égard du fisc, peut varier entre les parties et être fixé à un espace
de temps plus ou moins long (2). Ce délai, qui résulte de la convention, peut même être opposé aux créanciers de l'acquéreur.

76. L'acceptation du command doit avoir lieu aux mêmes conditions que la vente. Autrement ce serait une nouvelle vente, et un second droit de mutation serait encouru.

77. Jusqu'à ce qu'il ait fait connaître son command, l'acquéreur
en nom est le véritable acquéreur, et c'est sur sa tête que réside la
propriété. Mais du moment qu'il a fait sa déclaration, il est réputé
n'avoir jamais été propriétaire, et il est déchargé de toute obligation (3). L'acquéreur peut élire plusieurs commands (4).

---

(1) *Vente,* t. 1, nᵒ 63.

(2) Toullier, t. 8, nᵒ 174; Merlin, *Rép.,* Vᵒ *Vente,* p. 523; M. Troplong, *Vente,*
nᵒ 69; Marcadé, sur l'article 1584.

(3) Merlin, *Rép.,* Vᵒ *Vente,* p. 521, 522; Toullier, t. 8, p. 255; M. Duranton,
t. 16, nᵒ 41; M. Troplong, *Vente,* nᵒ 65.

(4) Cass., 15 avril 1813.

CHAPITRE II.

Capacité des contractants. — Etat civil et situation hypothécaire du vendeur.

§ I. — CAPACITÉ.

78. L'une des conditions essentielles de la validité d'un contrat, Capacité. c'est la capacité des parties contractantes. Celui qui veut acheter ou vendre un immeuble doit donc, avant tout, s'enquérir de la capacité du vendeur ou de l'acquéreur. Il ne faut pas, en effet, oublier ce principe élémentaire, que nul n'est censé ignorer la condition de la personne avec laquelle il contracte, et n'est admissible à se prévaloir de cette ignorance, alors même que cette personne aurait pris, dans le contrat, une fausse qualité (1).

79. La doctrine et la jurisprudence ont quelquefois fait fléchir la règle en présence de l'erreur commune; par exemple, dans le cas où une femme dont le mari était absent s'était fait passer pour veuve et était parvenue à accréditer cette opinion dans le public (2). Mais plusieurs auteurs refusent d'admettre ce tempérament à la rigueur du droit (3).

80. Indépendamment de la capacité générale de s'obliger nécessaire pour toute espèce de contrat, il est des personnes qui ne peuvent valablement acquérir et aliéner que dans certains cas et sous certaines conditions.

81. Les personnes qui ne peuvent valablement acquérir ou aliéner ou qui ne le peuvent que sous certaines conditions sont :

1° Les mineurs;

2° Les interdits civilement;

---

(1) V. Cass., 15 nov. 1836 ; — Pothier, *Traité de la puissance du mari*, nos 53 et 54; Merlin, *Rép. de jurispr.*, V°. *Autorisation maritale*, sect. 7, n° 19; Toullier, t. 2, n° 622.

(2) Cass., 25 mars 1823 ; 15 juin 1824 et 18 janv. 1830 ; Agen, 18 nov. 1822 ; Grenoble, 23 déc. 1822; — Pothier, *op. cit.*, nos 28 et 54; Merlin, *loc. cit.*, section 7, nos 4 et 19, et V° *Mariage*, § 14 ; Toullier, t. 2, n° 623.

(3) Zachariæ, t. 3, p. 347; M. Vazeille, *Traité du Mariage*, t. 2, n° 313.

3° Les interdits par suite de condamnations criminelles ;

4° Les personnes placées sous l'assistance d'un conseil judiciaire ;

5° Les femmes mariées ;

6° Les faillis ;

7° Les héritiers présomptifs d'un absent ;

8° Les gérants, directeurs ou administrateurs d'une société civile ou commerciale ;

9° Les départements, les communes, les hospices, les établissements publics, les établissements de bienfaisance, les congrégations et communautés religieuses, chapitres, fabriques, cures, consistoires, etc.

82. Certaines précautions doivent en outre être prises quand il s'agit d'une acquisition à faire d'un étranger.

Incapacités relatives.

83. Il y a aussi, quant à la faculté de vendre ou d'acquérir, des incapacités relatives, c'est-à-dire qui n'existent qu'entre certaines personnes respectivement, telles que celles du mineur devenu majeur, relativement à tous traités avec le tuteur avant l'apurement régulier du compte de tutelle (C. Nap., 472); l'incapacité qui résulte pour les époux entre eux de l'article 1595 du Code Napoléon, d'après lequel le contrat de vente ne peut avoir lieu entre mari et femme que dans l'un des trois cas déterminés dans cet article ; enfin l'incapacité d'acquérir dont sont frappés, dans les cas prévus par les articles 1596, 1597 du Code Napoléon, et 711 du Code de procédure civil, les tuteurs, les mandataires, certains administrateurs et officiers publics, les magistrats et les parties saisies (V. *infra*, n° 126).

Interposition de personne.j

84. On devra porter la plus grande attention aux circonstances qui pourraient révéler ou faire craindre une *interposition de personne* pour cacher l'incapacité de celle qui est véritablement intéressée. La loi répute personnes interposées, en matière de dispositions entre-vifs ou testamentaires, les père et mère, les enfants et descendants et l'époux de la personne incapable C. Nap., art. 911 ; *v.* aussi art. 1100). En toute autre matière, les mêmes rapports de parenté et d'alliance de l'une des parties avec l'incapable pourraient faire présumer également qu'elle n'a fait que lui prêter son nom.

I. Mineur.— Mineur émancipé.— II. Interdit civilement.

85. Il est évident que le mineur ne peut, par lui-même, acquérir ou vendre, puisqu'il ne peut jamais contracter seul.

86. Quand il est représenté par son tuteur, sa capacité est plus ou moins étendue, suivant la nature des actes auxquels il est appelé à concourir.

Ainsi, le tuteur peut faire seul tous les actes d'administration. Mais s'il s'agit d'acquérir ou de vendre, il y a lieu de distinguer.

87. Le tuteur peut valablement acquérir des immeubles pour le mineur toutes les fois que celui-ci ayant un capital à placer, la somme est suffisante pour payer le prix d'acquisition. En effet, l'emploi des capitaux du mineur est l'un des actes de l'administration du tuteur, et l'emploi qui a lieu en acquisition d'immeubles est certainement l'un des plus sûrs. Aussi la plupart des auteurs décident-ils que le tuteur n'a pas même besoin en pareil cas de requérir l'autorisation du conseil de famille, alors surtout que le prix de l'immeuble n'excède pas la somme dont il doit être fait emploi dans l'intérêt du mineur (1), ou qu'un autre mode d'emploi n'a pas été prescrit par le conseil de famille, lors de l'entrée en exercice du tuteur, conformément à l'article 455 du Code Napoléon (2).

88. Quant au mineur émancipé, sa capacité pour acquérir des immeubles avec l'assistance de son curateur ne paraît pas douteuse (3). Mais il est difficile, en présence de l'article 482 du Code Napoléon, qui charge le curateur de surveiller l'emploi des capitaux du mineur, de lui reconnaître, comme certains auteurs (4), le droit de faire seul

----

(1) M. Demolombe, *Cours de Code Napoléon*, t. 7, n°s 669 et suiv.— V. en sens contraire, M. Taulier, *Théorie du Code civil*, t. 1, p. 66.

(2) Marcadé, t. 2, sur l'article 456, n° 2.

(3) M. Troplong, *Vente*, t. 1, n° 167 ; M. Demolombe, t. 8, n°s 291 et suiv. — Cet auteur semble admettre que le mineur émancipé pourrait faire seul et sans l'assistance de son curateur une acquisition dont le prix pourrait être payé avec les économies faites sur ses revenus.

(4) Zachariæ, t. 1, p. 265 ; Marcadé, t. 2, sur l'article 481, n° 2.

et sans cette assistance une acquisition immobilière. Il faut ajouter que l'article 484 ne lui permet aucun acte autre que ceux de pure administration sans l'accomplissement des formalités prescrites au mineur non émancipé.

89. La vente des immeubles du mineur, même du mineur émancipé, ne peut avoir lieu que pour cause d'une nécessité absolue ou d'un avantage évident (1), en vertu d'une délibération du conseil de famille, homologuée par le tribunal, sur les conclusions du procureur impérial (2). Elle doit avoir lieu publiquement, avec enchères, en présence du subrogé-tuteur, et après l'accomplissement des formalités prescrites par le Code Napoléon et par les lois sur la procédure civile (C. Nap., 457, 458, 459, 484; C. proc. civ., 953, 954 et suiv.).

90. Toutefois l'autorisation du conseil de famille et l'homologation du tribunal ne sont exigées que pour les aliénations *volontaires*, et non quand l'aliénation est *nécessaire*, c'est-à-dire : 1° lorsqu'un jugement a ordonné la licitation sur la provocation d'un copropriétaire par indivis (C. Nap., 460) ; 2° si l'expropriation forcée a été poursuivie par un créancier du mineur et après discussion de son mobilier (C. Nap., 2206 et 2207) ; 3° en cas d'expropriation pour cause d'utilité publique.

Interdit civilement.

91. L'interdit est frappé des mêmes incapacités que le mineur non émancipé, auquel il est assimilé (C. Nap., 509). Les lois sur la tutelle des mineurs s'appliquent à celle de l'interdit. Ses immeubles ne peuvent être vendus que dans les mêmes cas et avec les mêmes formalités.

92. Tout jugement qui prononce une interdiction où la nomination d'un conseil est inscrit sur des tableaux affichés dans la salle

---

(1) La nécessité de l'aliénation doit être justifiée par un compte sommaire constatant que les deniers, effets mobiliers et revenus du mineur sont insuffisants.

(2) L'homologation doit être demandée au tribunal du domicile du mineur, et non à celui de la situation des biens. V., pour le domicile de la tutelle, M. Demolombe, n° 250.

d'audience du tribunal de première instance et dans les études de notaires de l'arrondissement. On aura donc à consulter ces tableaux.

93. On devra, dans tous les cas, s'assurer que chacun des contractants jouit de toutes ses facultés intellectuelles, et ne pas perdre de vue qu'aux termes de l'article 503 du Code Napoléon, les actes même antérieurs à l'interdiction peuvent être annulés si la cause de l'interdiction existait *notoirement* à l'époque où ces actes ont été faits; car le consentement, qui forme la première condition de la validité des contrats, ne saurait exister de la part d'un homme en démence.

III.— *Interdit légalement.*

94. Celui qui est en état d'interdiction légale par suite de condamnations criminelles est frappé de la même incapacité que l'interdit pour cause de démence (C. pénal, art. 29).

95. Parmi les peines auxquelles est attachée l'interdiction des droits civils se trouvent comprises celles qui entraînaient autrefois la mort civile, aujourd'hui aboli par la loi du 31 mai 1854. Le bénéfice de cette loi s'applique même aux condamnés qui étaient morts civilement au moment de sa promulgation, mais seulement pour l'avenir et sauf les droits acquis à des tiers (1).

96. C'est une opinion assez répandue que la grâce, en laissant subsister les effets de la mort civile pour le passé (2), l'amnistie, en

Interdit
légalement.

---

(1) Les peines qui entraînent l'interdiction des droits civils sont : les travaux forcés à perpétuité (L. 31 mai 1854, les travaux forcés à temps, la détention, la réclusion (C. pén., 29), et la déportation (L. 8 juin 1850).

(2) Plusieurs auteurs pensent que la grâce pure et simple, c'est-à-dire celle qui se borne à faire remise de la condamnation, n'a pas pour effet de rendre *ipso facto* le condamné à la capacité civile. V. Proudhon, *Usufruit*, t. 4, n° 2023; M. Coin-Delisle, *Comm. sur l'article 32 C. Nap.*, n° 15; Marcadé, t. 1, p. 209, 2e éd.; Merlin, *Quest. de droit*, V° *Grâce*, §§ 1 et 2, 4e éd.;— Rouen, 23 avril 1845, P. t. 2, 1846, p. 419. — Selon cette opinion, le condamné ne pourrait rentrer dans la vie civile que par la réhabilitation.

C'est même une question fort controversée que celle de savoir si le Souverain peut, par sa volonté expresse, faire cesser les effets de la mort civile. V. pour n'effaçant la condamnation et ses effets que sauf les droits acquis à des tiers, ne détruisent pas les conséquences de la dévolution qui s'est opérée des biens du condamné au profit de ses héritiers naturels (1); la loi du 31 mai 1854 elle-même, en abolissant les effets de la mort civile pour l'avenir, respecte les droits acquis aux tiers. Il y aurait donc un danger à traiter avec celui qui a été frappé de mort civile et à se rendre acquéreur des biens qu'il possédait au jour de sa condamnation.

Mais depuis cette condamnation il a pu acquérir; car il n'était pas incapable de contracter, surtout lorsqu'il s'agit d'un contrat du droit des gens, et l'article 33 du Code Napoléon admet formellement qu'il a pu acquérir. Par la même raison il a pu également vendre les biens qu'il a acquis depuis cette condamnation. C'est ce qui semble d'autant moins douteux aujourd'hui que les effets de la mort civile sont abolis.

97. Les condamnations par contumace produisent également l'incapacité du condamné, les biens du contumax étant, à partir de l'exécution de l'arrêt, considérés comme biens d'absents (2).

IV. *Personnes soumises à un conseil judiciaire.*

Conseil judiciaire.   98. Le consentement du conseil judiciaire suffit pour valider soit

---

la négative un avis du Conseil d'État du 18 janv. 1823. Le système consacré par cet avis est adopté par MM. Demolombe, t. 1, p. 255, et Foucart, *Éléments de droit public*, n° 79, p. 104. 2e éd. — V. aussi M. Trolley, *Droit administratif*, t. 1, n° 209, p. 148.

(1) Cass., 1er fév. 1842, P. t. 1, 1842, p. 417. — V. Merlin, *Rép. de jurisp.*, V° *Abolition*; Toullier, t. 1, n° 291 ; M. Legraverend, *Traité de législ. crim.*, t. 2, p. 755, 765 et suiv. ; Rauter, *Droit crim.*, t. 2, n° 868; M. Morin, *Dict. de droit crim.*, V° *Amnistie*; M. Mangin, *Traité de l'action publique*, t. 2, p. 442 et 459.

(2) Si le condamné n'avait purgé la contumace qu'après les cinq ans, l'acquittement ou l'absolution qu'il aurait obtenue n'effacerait pas, pour le passé, les effets que la mort civile aurait produits dans l'intervalle écoulé depuis l'époque de l'expiration des cinq ans, jusqu'au jour de sa comparution en justice (C. Nap., 30; C. inst. crim., 476).— Mais, comme l'acquittement, l'amnistie survenue dans les cinq ans effacerait complétement les effets de la condamnation.

'acquisition, soit la vente, à l'égard de la personne à laquelle l'assistance de ce conseil a été imposée (C. Nap. art. 499).

V. *Femme mariée. — Femme séparée de corps ou de biens.*

99. La femme mariée ne peut, lors même qu'elle serait séparée de corps et de biens, aliéner ou acquérir sans l'autorisation de son mari, ou celle du tribunal, si le mari refuse, ou est dans l'impossibilité de la donner (C. Nap., art. 217, 218, 219) (1).

100. Il est essentiel que l'autorisation donnée à la femme pour contracter soit spéciale et pour une affaire déterminée. L'autorisation donnée, en termes généraux, d'aliéner ses immeubles serait insuffisante pour habiliter la femme (C. Nap., art. 223, 1538 et 1576) (2).

---

(1) Si la femme qui veut aliéner ou acquérir est mineure, il faut, pour la validité du contrat, qu'elle soit autorisée *comme mineure* et comme femme mariée. Ainsi, elle doit obtenir à la fois l'autorisation du conseil de famille, l'homologation du tribunal et l'autorisation du mari.

Le jugement d'autorisation doit être rendu en audience publique, bien que les débats doivent avoir lieu dans la chambre du conseil. C'est en ce sens que se prononce généralement la jurisprudence, quoiqu'un assez grand nombre d'auteurs professent une opinion contraire. V. Nimes, 8 fév. 1823 et 9 janv. 1828; Poitiers, 18 avril 1850, P. t. 2, 1850, p. 317; Cass., 5 juin 1850, P. t. 2, 1850, p. 318; Cass., 10 fév. 1851, P. t. 1, 1851. p. 377; Riom, 20 août 1851, P. t. 2 1853, p. 462 ; Cass., 1er mars 1858, P. 1859, p. 81; Cass., 4 mai 1863, P. 1863, p. 574.— V. conf. Marcadé, sur l'art. 218, no 2 ; Berriat Saint-Prix, *Cours de proc. civ.*, 5e éd., p. 666, note 12; M. Bertin, *Ch. du Conseil*, 2e éd., tome 2, p. 856; M. Boucher d'Argis, *Dict. de la taxe*, p. 61, Vo *Autoris. maritale*.

V. en sens contraire : Riom, 29 janv. 1829; Bordeaux, 27 fév. 1834; — Merlin, *Rép. de jurisp* , Vo *Autorisation maritale*, sect. 8, no 2 *bis*; Carré et Chauveau, *L. de la procéd.*, t. 6, quest. 2923; Fouquet, *Encyclop. du droit*, Vo *Autoris. de femme mariée*, no 82; Bioche, *Dict. de proc.*, Vo *Femme mariée*, no 170 ; M. Demolombe, t. 4, no 256; M. Rodière, *Cours de proc.*, t. 1, p. 264; M. Chardon, *Puiss. marit.*, no 295 ; Thomine-Desmazures, *Comment. C. proc.*, no 1008.

V. l'exposé des motifs de l'art. 862 C. proc. civ. par M. Berlier.

(2) Poitiers, 5 pluv. an XIII; Paris, 4 déc. 1813; Rouen, 28 déc. 1816 ; Cass.. 14 déc. 1840, P. t. 2, 1840, p. 764; Cass., 24 fév. 1841, P. t. 1, 1841, p. 543. Toutefois l'autorisation n'en serait pas moins spéciale, bien qu'elle fût comprise

101. Il en serait de même de la procuration donnée par la femme à son mari, ou de celle qu'elle aurait donnée à toute autre personne de contracter sous l'autorisation du mari (1).

102. L'autorisation de justice doit aussi être spéciale.

VI. *Femme dotale.*

103. La femme mariée sous le régime dotal n'est, à proprement parler, pas plus que la femme commune, frappée d'aucune incapacité personnelle. Elle peut, comme la femme mariée sous tout autre régime, contracter valablement, avec l'autorisation de son mari. C'est par suite de l'inaliénabilité des biens dotaux qu'elle ne peut les vendre ni les hypothéquer et que les obligations qu'elle contracte ne peuvent s'exécuter sur ses biens, ni entraîner d'une manière indirecte leur aliénation. Nous verrons plus loin quels sont les biens qui doivent être considérés comme dotaux et participer de l'inaliénabilité de la dot, et quelles sont les exceptions que reçoit cette inaliénabilité (V. nᵒˢ 145 et suiv.).

---

dans une procuration générale donnée par le mari à la femme pour ses affaires personnelles, et bien qu'elle s'appliquât à différents actes, si ces actes étaient spécialement désignés (Toullier, t. 2, nᵒ 644).

(1) Cass., 18 mars 1840, P. t. 1, 1840, p. 424. — M. Demolombe, t. 4, nᵒ 207.

Si, au contraire, il s'agit d'un mandat donné par le mari à la femme d'emprunter pour lui de telles personnes qu'elle jugerait convenable, ce mandat serait valable, alors même que la quotité des sommes à emprunter ne serait pas déterminée et que les noms des prêteurs ne seraient pas indiqués. Il faut distinguer, en effet, entre l'autorisation donnée par le mari à la femme, pour les affaires qui intéressent celle-ci, autorisation qui doit être spéciale pour chaque contrat, comme on vient de le voir, et le mandat qui a pour objet les affaires du mari et qui ne cesse pas d'être spécial, bien qu'il ait pour objet plusieurs affaires, ou toutes les affaires d'une certaine nature (C. Nap., 1987 et suiv.). — Cass., 6 déc. 1858, P. 1859, p. 506, et 6 fév. 1861, P. 1862, p. 321.

VII. *Femme d'un commerçant.*

104. Sous quelque régime qu'ait été formé le contrat de mariage, les biens qu'aurait acquis la femme pendant le mariage pourraient, en cas de faillite du mari, être réputés la propriété de celui-ci, et la vente que la femme en aurait consentie seule pourrait devenir sans effet, en vertu de la présomption légale consacrée par l'article 559 du Code de commerce, d'après laquelle les biens acquis par la femme dont le mari est en faillite appartiennent à celui-ci, sont réputés avoir été payés par lui, et doivent être réunis à la masse active, sauf à la femme à fournir la preuve du contraire (1), et sauf le cas où ces acquisitions auraient été faites pour lui servir de remploi, dans les termes de l'article 558. Il est donc prudent, en pareil cas, d'exiger le concours solidaire du mari à la vente.

Cette précaution est utile lors même que le mari ne serait pas commerçant, au moment de la vente, par un double motif : il peut, en effet, se livrer à des actes de commerce qui entraînent sa faillite ; puis, en l'absence même d'une faillite et de la présomption légale de l'article 559 du Code de commerce, les créanciers du mari pourraient prétendre que l'acquisition a été faite avec les ressources du mari, et que c'est en fraude de leurs droits qu'elle a été mise sous le nom de la femme. Il est vrai que, dans cette dernière hypothèse, le tiers de bonne foi auquel l'immeuble aurait été vendu serait fondé à soutenir que le prête-nom est réputé, en droit, avoir le mandat le plus illimité de celui qui a mis l'affaire sous son nom (2), et c'est ce qu'a jugé dans un cas analogue, en faveur du Crédit foncier de France, un arrêt de la Cour de Paris du 3 février 1855 (3). Mais c'est une contestation qu'il est bon de prévenir.

On devra, en faisant concourir le mari à la vente, vérifier sa situation à raison des hypothèques légales ou judiciaires dont il pourrait être grevé.

---

(1) Cette preuve doit être faite par acte authentique (Arg., art. 558).

(2) M. Troplong, *Du mandat*, n° 43.

(3) P. 1857, p. 751.

VIII. *Débiteur failli.*

105. Le jugement déclaratif de la faillite emporte de plein droit, à partir de sa date, dessaisissement pour le failli de l'administration de tous ses biens, même de ceux qui peuvent lui échoir tant qu'il est en faillite (C. de comm., art. 443). Il n'a donc pas la capacité nécessaire pour les vendre, tant qu'un concordat régulier, homologué par le tribunal, ne l'a pas rétabli à la tête de ses affaires.

106. S'il y a contrat d'union, la loi charge les syndics, exclusivement à tous autres, de poursuivre la vente des immeubles du failli, lorsqu'il n'y a pas eu de poursuites d'expropriation commencées antérieurement (C. de comm., art. 534 et 572).

107. Mais, dans l'intervalle qui s'écoule entre la déclaration de faillite et le concordat ou le contrat d'union, il y a, quand il s'agit d'un acte d'aliénation, incapacité, soit du failli, dont le droit de propriété est paralysé, bien que continuant toujours à résider sur sa tête, soit des syndics, qui, dans cet état transitoire, n'ont de pouvoirs que pour les actes d'administration (1).

De plus, tous actes, même à titre onéreux, passés après la cessation de payements et avant le jugement de déclaration de faillite, peuvent être annulés, si ceux qui ont contracté avec le failli ont eu connaissance de la cessation de ses payements (art. 447). Il importe donc de ne pas traiter avec un commerçant qu'on sait en retard de remplir ses engagements.

IX. *Héritiers présomptifs d'un absent.*

108. — Lorsqu'un individu est déclaré absent (C. Nap., art. 115), ses héritiers présomptifs, envoyés en possession provisoire, confor-

---

(1) Jugé en conséquence qu'en l'absence d'un concordat, et jusqu'au contrat d'union, un jugement ne peut autoriser valablement les syndics à faire procéder à la vente des immeubles du failli. Douai, 28 mai 1857, D. 1860, p. 1027.

mément à l'article 120 du Code Napoléon, n'ont que des pouvoirs
d'administration. Ils ne peuvent donc aliéner les immeubles de l'absent
(C. Nap., art. 128). Après l'envoi en possession définitif, prononcé
conformément à l'article 129, les héritiers qui ont obenu cet envoi
en possesion peuvent en disposer à leur gré, et par conséquent les
vendre (1).

X. *Sociétés civiles ou commerciales.*

109. En thèse générale, dans les sociétés autres que celles de
commerce, l'un des associés ne peut engager les autres, si ceux-ci ne
lui en ont conferé le pouvoir (C. Nap., art. 1862). A l'égard des sociétés commerciales en nom collectif, la loi donne bien à l'associé qui
contracte sous la raison sociale le droit d'engager solidairement ses
coassociés (C. comm., art. 22) ; mais il est de principe que le pouvoir du gérant d'une société commerciale, quelque étendu qu'il soit,
est limité aux actes d'administration, et ne lui donne le droit d'aliéner
que les choses faisant l'objet du commerce en vue duquel cette société a été formée, et non les immeubles dont cette société s'est rendue propriétaire pour les conserver (2). Il ne peut donc les vendre
qu'autant qu'il est investi d'un mandat spécial à cet effet (3).

110. On devra donc, en achetant un immeuble d'une société civile
ou d'une société commerciale en nom collectif, exiger le concours de
tous les associés à la vente, à moins que l'acte de société ne donne
expressément à l'un d'eux le droit de la consentir.

111. Si la société est en commandite ou dans la forme anonyme,
le gérant ou les administrateurs n'ont le droit de vendre les immeu-

---

(1) De Moly, *Traité des absents*, n° 667 ; Toullier, tome 1, n° 446 ; Bigot
de Préameneu, *Exposé des motifs* (Locré, *Lég. civ.*, t. 4, p. 175).

(2) Cass., 23 août 1836 ; M. Troplong, *Société*, n° 682.

(3) Cass., 21 avril 1841, P. t. 2, 1841, p. 381. — Il faut encore distinguer si
les pouvoirs du gérant résultent de l'acte de société même, ou s'ils lui ont été
conférés postérieurement. Dans ce dernier cas, cette autorisation est révocable,
comme tout autre mandat.

bles qu'autant que les statuts sociaux le leur confèrent. Il est même douteux qu'une assemblée générale d'actionnaires puisse, dans le silence des statuts, autoriser cette vente sans le consentement unanime de tous ceux qui font partie de la société ; car les délibérations de la majorité n'engagent la minorité qu'autant qu'il s'agit de mesures de simple administration et non de modifications à l'acte constitutif (1). Il a été décidé toutefois que l'assemblée générale pouvait autoriser un emprunt hypothécaire quand il était stipulé dans les statuts que cette assemblée représenterait tous les actionnaires (2). Il y aurait même raison de décider s'il s'agissait de vendre un immeuble social.

Alors même que les gérants auraient reçu du pacte social le droit de vendre les immeubles, on devra vérifier, avant de contracter, si des conditions particulières ne leur sont point imposées. Dans cette hypothèse, la vente ne peut avoir lieu qu'après l'accomplissement de ces conditions.

112. Souvent le pacte social donne à l'assemblée générale convoquée extraordinairement et délibérant à une majorité déterminée pour ce cas spécial le pouvoir de modifier les statuts. Dans cette hypothèse, les statuts ainsi modifiés pourront suppléer à l'insuffisance de l'acte primitif, en autorisant la vente des immeubles. C'est un moyen auquel on devra recourir toutes les fois que l'acte de société pourra laisser du doute sur la capacité des gérants et des administrateurs pour consentir cette vente.

113. Si la société est en liquidation, il faut distinguer si cette société est civile ou commerciale.

114. Dans le premier cas, les règles relatives à la liquidation et au partage des successions étant applicables (C. Nap., 1872), la vente des immeubles sociaux ne pourrait être effectuée que par tous les anciens associés copropriétaires, leurs héritiers ou représentants, si toutes les parties sont majeures, ou par voie de licitation, ainsi que nous l'expliquerons en nous occupant du cas où il s'agit d'un immeuble dépendant d'une succession (*infra*, n°s 199 et suiv.).

---

(1) Cass., 10 mars 1841, P. t. 1, 1841, p. 487.
(2) Cass., 7 mai 1844, P. t. 1, 1845, p. 131.

115. Si la société à liquider était une société de commerce, on devra vérifier les pouvoirs conférés au liquidateur, soit par l'acte social, en prévision de cette liquidation, soit par l'acte aux termes duquel les associés auraient choisi de concert ce liquidateur, soit enfin par le jugement qui l'aurait commis, faute par les associés de s'être entendus sur le choix. Dans tous les cas, le but de la liquidation étant la réalisation de l'actif social, on doit admettre que le liquidateur, en l'absence d'une clause contraire dans l'acte qui lui confère son mandat, a le droit de vendre les immeubles dont le prix est nécessaire pour payer les dettes de la société ou qui sont impartageables entre les associés. C'est en cela qu'il a des pouvoirs plus étendus que le gérant d'une société en activité. Mais, par la même raison, il ne peut acheter, et, sous ce rapport, ses pouvoirs sont plus restreints que ceux d'un gérant.

XI. *Communes, départements, hospices, établissements publics, établissements de bienfaisance, congrégations et communautés religieuses, évêchés, chapitres, fabriques, cures, consistoires, etc.*

116. Les communes sont placées, pour l'accomplissement des actes de leur vie civile, sous la tutelle administrative du Gouvernement.

Communes, départements.

117. La vente et l'échange des propriétés appartenant aux départements et aux communes ont lieu en vertu d'une délibération du conseil général, dans le premier cas, ou du conseil municipal, dans le second, approuvée par le préfet (L. 28 juillet 1837, art. 19 ; L. 10 mai 1838, art. 4 ; décr. 25 mars 1852 sur la décentralisation administrative, art. 1, tableau A 1° et 41°).

118. Les règles qui régissent la tutelle des communes sont également applicables aux hospices, aux établissements publics, aux établissements de bienfaisance, aux établissements ecclésiastiques, chapitres diocésains, fabriques, cures, consistoires, etc. Ces établissements ne peuvent, en conséquence, acquérir ou aliéner sans l'autorisation du Gouvernement (V. L. 2 janvier 1817, et, pour le mode d'autorisation, la loi du 18 juillet 1837, art. 21 ; une instruction du 8 février 1823 ; une instruction générale réglementaire du 30 novembre 1840, article 262, et, spécialement pour les chapitres, le dé-

Hospices, établissements publics, établissements de bienfaisance, congrégations, communautés, chapitres, fabriques, cures, consistoires.

cret du 6 novembre 1813, art. 38; pour les fabriques, la loi du 10 août 1791 et le décret du 30 décembre 1809; pour les cures, le décret du 6 novembre 1813; et, pour les consistoires, une circulaire du ministre de l'intérieur du 22 mai 1822).

119. D'après l'article 4 de la loi du 24 mai 1825, les congrégations religieuses ne peuvent aliéner leurs immeubles sans l'autorisation du Gouvernement. Il faut donc les placer, à l'égard des aliénations qu'elles voudraient faire, dans la même catégorie que les communes et les établissements publics (1).

120. Observons ici que l'autorisation du ministre de l'intérieur et des préfets donnée à l'établissement de certaines associations religieuses ou de bienfaisance est insuffisante pour leur conférer une existence légale, et que celles-là seulement qui ont été, en outre, reconnues comme établissements d'utilité publique, par une ordonnance royale ou un décret, sont aptes à faire les divers actes de la vie civile.

---

(1) Observez, toutefois, que les congrégations religieuses ne sont soumises à la tutelle administrative que dans certains cas déterminés et principalement pour ceux de leurs actes qui seraient de nature à accroître les biens de mainmorte et à dépouiller les familles, et qu'elles ont pleine liberté pour tout ce qui est acte de simple administration. Elles ne font pas partie, en effet, des services publics; l'État ne leur doit aucune subvention, et leur bonne ou mauvaise gestion n'a pas pour lui un intérêt aussi puissant et aussi direct que quand il s'agit d'établissements publics proprement dits (V. M. de Vuillefroy, *De l'administration du culte catholique*, p. 201, et un avis du comité de l'intérieur du conseil d'État, rapporté par cet auteur, *loc. cit.*).

Quant aux établissements d'*utilité publique*, qu'il faut distinguer des établissements *publics*, la tutelle administrative ne paraît pas leur être imposée. Quand une société savante ou littéraire ou une société de bienfaisance est reconnue comme établissement d'utilité publique, cette reconnaissance en fait désormais un être moral, une personne civile qui peut acquérir, posséder, plaider, en un mot, faire tous les actes de la vie civile, et rien n'autorise à croire qu'elle ne puisse les faire en pleine liberté, à cela près seulement qu'il lui faut l'autorisation du Gouvernement pour accepter les dons et legs, par application de l'article 910 C. Nap. — On pourrait donc soutenir qu'ils peuvent valablement aliéner, emprunter, hypothéquer, sans aucune autorisation, à moins que l'acte qui les constitue ne leur en impose la nécessité. — Néanmoins, dans l'usage, plusieurs établissements d'utilité publique ont cru nécessaire de demander et ont obtenu du Gouvernement l'autorisation d'emprunter.

121. Ainsi, d'après le dernier état de la jurisprudence, une communauté religieuse non autorisée ne peut, comme être moral, valablement acquérir, soit à titre gratuit, soit même à titre onéreux. Est nulle, en conséquence, l'acquisition faite par un des membres d'une telle communauté, même en son nom personnel, s'il est établi, ce qui est laissé à l'arbitraire du juge, qu'il n'a acquis, en réalité, que comme personne interposée, pour la communauté et non pour lui-même (1). Cette nullité, qui est d'ordre public, s'étend nécessairement au cas où les membres de la congrégation, pour donner une existence civile à leur association, se sont constitués en *société civile*, notamment sous forme de *société tontinière*, au moyen d'une clause qui, en cas de décès d'un ou de plusieurs des associés, attribue aux survivants la propriété de l'immeuble acquis en commun, à l'exclusion des héritiers des associés décédés.

XII. *Etrangers.*

122. Quand l'étranger contracte en France, quelle est la loi qui doit régir sa capacité, qui doit régler, par exemple, sa majorité? Quel sera ici l'effet de l'interdiction prononcée contre lui dans sa patrie, de la mort civile ou de la privation des droits civils qu'il y aura encourue; de ce qu'il y serait déclaré en faillite? Quelle serait la validité de l'engagement souscrit en France, par une femme étrangère, pour son mari, si la loi de son pays la plaçait sous l'empire du sénatus-consulte Velléien (2)?

Ce sont des questions vivement controversées, et qui partagent les auteurs et la jurisprudence.

123. La plupart des auteurs décident que la loi étrangère suit l'étranger en France pour y régir son état et sa capacité. D'après l'article 3 du Code Napoléon, disent-ils, les lois concernant l'état et la capacité des personnes régissent les Français, même résidant en pays

Etrangers,

---

(1) Cass., 15 déc. 1856, P. 1857, p. 1005; 9 nov. 1859, P. 1860, p. 139 et 28 mars 1859, P. 1860, p. 884 et 3 juin 1861, P. 1861, p. 1025; Toulouse, 4 avril, Orléans, 30 mai 1857, P. 1857, p. 1012 et Angers, 28 janv. 1863, S. 1863, 2. 250.

(2) On sait que ce sénatus-consulte déclarait nulle toute obligation qu'une femme contractait pour autrui.

ger; il doit y avoir réciprocité (1). On répond que l'article 3, qui statue en faveur des Français seuls, ne contient aucune disposition analogue en faveur des étrangers qui résident en France ; que, si la loi française suit le Français résidant en pays étranger pour veiller sur lui dans ses relations, soit avec ceux qui sont soumis à cette même loi, c'est-à-dire avec ses compatriotes résidant comme lui sur le sol étranger, soit même avec les étrangers, quand les traités internationaux les obligent de la prendre pour règle de la capacité du Français avec lequel ils contractent, il n'en est pas de même, en l'absence de traités, dans ses relations avec les citoyens d'un autre État, surtout si le contrat qu'il souscrit en pays étranger a pour objet des biens situés sur le territoire de ce pays. Le juge étranger, auquel la loi française ne peut commander, ne se croira pas lié par elle. Par la même raison, le juge français ne doit pas faire dépendre la validité de l'engagement contracté en France par un étranger envers un Français d'une loi étrangère que celui-ci n'était pas tenu de connaître, ou de faits accomplis sur un territoire étranger (2). Enfin, un dernier système, moins absolu, consiste à n'appliquer en France la loi personnelle étrangère qu'autant qu'un intérêt français, même privé, n'en serait pas lésé (3).

124. En présence de ces controverses, la prudence exige qu'avant

---

(1) Merlin, *Rép. de jurisp.*, V° *Loi*, § 6; M. Duranton, t. 1, p. 58, M. Fœlix, *Droit international privé*, p. 52, n° 31, et *Revue étrangère* du 30 mars 1840, n° 21; M. Demolombe, t. 1, n° 102. Toutefois, cet auteur pense que le Français serait admis à prouver, dans certains cas, que sa bonne foi a été trompée ; mais que la règle devrait être appliquée rigoureusement s'il s'agissait d'un contrat considérable, par exemple de ventes d'immeubles, d'emprunts, etc.

(2) Paris, 15 mars 1831; Cass., 17 juillet 1833 et 17 juin 1834; — M. Mailher de Chassat, *Traité des statuts*, n°s 56 et suiv., 234 et suiv. On ajoute à l'appui de cette opinion que, s'il faut consulter la loi du pays de la personne avec laquelle on traite, les relations civiles et commerciales n'offriront plus aucune sécurité. D'abord, comment s'assurer de la nationalité de chaque contractant? Puis quand on connaîtra la loi étrangère qui détermine sa capacité, les formalités qu'elle impose, il faudra encore consulter l'état de la jurisprudence qui en règle l'application.

(3) M. Valette, sur Proudhon, *Cours de droit français sur l'état des personnes*, t. 1, chap. V, sect. 3.

de contracter avec un étranger, on s'assure de sa capacité en consultant la loi de son pays.

125. Mais, la capacité personnelle de l'étranger une fois constatée, c'est la loi française qui détermine seule sous quelles conditions, dans quelles limites et dans quelle forme il peut disposer des immeubles qu'il possède en France et les aliéner (C. Nap., art. 3, 2e alinéa); car la loi qui n'établit l'incapacité de la personne qu'en vue des biens, de leur mode de transmission et de leur conservation, est un statut réel et, conséquemment, n'a d'empire que sur les biens situés sur le territoire qu'elle régit (1).

§ II. INCAPACITÉS RELATIVES.

126. Il est encore nécessaire de vérifier si les rapports qui existent entre le vendeur et l'acheteur ne produisent pas une incapacité relative. C'est ainsi que la loi ne permet la vente entre mari et femme que par exception, et dans les cas limitativement déterminés par l'article 1595 du Code Napoléon, c'est-à-dire: 1° celui où l'un des époux cède des biens à l'autre séparé judiciairement d'avec lui en payement de ses droits; 2° celui où la cession que la mari fait à sa femme, même non séparée, a une cause légitime (2), telle que le

Incapacités relatives.

---

(1) Ainsi, les lois qui règlent le droit de succession, la portion disponible, sont des statuts réels. Mais si la défense d'aliéner ou d'acquérir, de transmettre ou de recevoir, n'est que la conséquence et l'effet de l'incapacité de la personne, la loi est personnelle. Proudhon, *État des personnes*, t. 1, p. 91 et 93 ; Merlin. *Rép. de jurisp.*, Vo *Loi*, § 6, no 2 ; M. Duranton, t. 1, no 84 ; Marcadé, t. 1, p. 73 et 80 ; M. Demolombe, t. 1. nos 79 et 80.

(2) La disposition de l'article 1595 ne détermine pas les causes réputées légitimes de la cession que le mari peut faire à sa femme non séparée. Ainsi, la Cour de Paris a jugé, le 27 mai 1839 (P. t. 1, 1839, p. 586), que la vente était valable lorsqu'il était constant que la femme était créancière de son mari de sommes importantes, soit à raison de l'aliénation de ses propres, soit par suite d'engagements qu'il lui avait fait contracter. — Mais la vente pourrait être annulée s'il n'était pas justifié que la femme eût, au moment de la vente, aucune reprise à exercer; par exemple, si la femme n'avait qu'une créance paraphernale pour une très-faible somme, hors de toute proportion avec la valeur des biens vendus. Cass., 24 juin 1839, P. t. 2, 1839, p. 24. — De même doit être réputée sans cause légitime la vente

remploi de ses immeubles aliénés ou de deniers à elle appartenant, si ces immeubles ou deniers ne tombent pas en communauté ; 3° celui où la femme cède des biens à son mari, en payement d'une somme qu'elle lui aurait promise en dot, et lorsqu'il y a exclusion de communauté, sauf, dans ces trois cas, les droits des héritiers, s'il y a avantage indirect.

C'est ainsi encore que la loi défend de se rendre adjudicataires, sous peine de nullité, ni par eux-mêmes, ni par personnes interposées, aux tuteurs, des biens de ceux dont ils ont la tutelle (1); aux mandataires, des biens qu'ils sont chargés de vendre (2) ; aux administrateurs, de ceux des communes ou des établissements publics confiés à leurs soins ; aux officiers publics, des biens nationaux dont les ventes se font par leur ministère (art. 1596 C. Nap.). C'est ainsi encore que, d'après l'article 711 C. proc. civ., les avoués ne peuvent enchérir pour les membres du tribunal devant lequel se poursuit la vente, à

---

faite, avant le jugement de séparation de biens, par le mari à sa femme, pour le remploi de ses deniers dotaux, c'est-à-dire à une époque où la dot n'était pas exigible, et où le mari conservait encore l'administration : Caen, 4 janvier 1851, P. t. 2, 1853, p. 219; Cass., 23 nov. 1855, P. t. 1, 1856, p. 536. On devra donc vérifier les causes qui ont motivé la cession faite à la femme. Dans tous les cas, il est prudent, toutes les fois qu'elle est propriétaire par suite d'une cession ou d'une dation en payement que lui a faite son mari, d'exiger le concours solidaire de celui-ci à la vente.

(1) Cette prohibition s'applique au mari cotuteur des enfants mineurs de sa femme. S'applique-t-elle au subrogé tuteur? La question est controversée, et, bien qu'un dernier arrêt de la Cour de cassation du 21 décembre 1852 l'ait décidée négativement (P. t. 1, 1853, p. 297. V. en sens contraire, M. Mangin, *Des tutelles*, t. 2, n° 1187), il est prudent de ne pas acquérir une propriété qui appartenait à un mineur et qui a été acquise par le subrogé tuteur (Voir M. Troplong, qui distingue entre le cas d'une vente volontaire et celui d'une vente forcée, et décide que, dans le premier cas seulement, le subrogé tuteur ne peut acquérir. *Vente*, n° 187). — Selon certains auteurs, la prohibition serait applicable au curateur du mineur émancipé, au conseil judiciaire et au curateur à une succession vacante. La question peut s'élever encore pour le curateur au délaissement nommé en exécution de l'article 2174 C. Nap.

(2) Jugé que les syndics définitifs qui ont poursuivi la vente des immeubles du failli ne sont pas mandataires dans le sens de l'article 1596, et peuvent se rendre adjudicataires en leurs noms personnels. Cass.. 23 mars 1836.

peine de nullité de l'adjudication, et que l'avoué qui poursuit la vente sur saisie immobilière ne peut se rendre personnellement adjudicataire ou surenchérisseur; si quelques circonstances pouvaient faire soupçonner une interposition de personnes, on devrait s'abstenir (V. *supra*, n° 84).

§ III. ÉTAT CIVIL DU VENDEUR.

127. Le vendeur doit déclarer son état civil, c'est-à-dire, dans l'acception que l'usage a donnée à ces mots en cette matière, faire connaître les circonstances personnelles qui peuvent réagir sur ses biens, et notamment les grever d'hypothèques légales. Il doit donc déclarer s'il est ou a été marié, tuteur ou cotuteur, et s'il est comptable de deniers publics (1). Le notaire qui ne connaîtra pas par lui-même la position du vendeur devra se procurer tous les renseignements nécessaires pour vérifier et contrôler l'exactitude de ces déclarations.

État civil.

§ IV. MORALITÉ ET SOLVABILITÉ DU VENDEUR.

128. Il est impossible, dans l'état actuel de notre législation, de faire complétement abstraction de la personne du vendeur. Celui-ci peut, par exemple, n'être pas propriétaire de l'immeuble qu'il veut vendre. La loi nouvelle *sur la transcription* a bien, il est vrai, pour effet de protéger les tiers contre de pareilles fraudes, en subordonnant, à leur égard, l'efficacité de la vente ou de tous autres actes translatifs de droits réels à la publicité résultant de la transcription; mais comme cette disposition n'est pas applicable aux actes qui ont acquis date certaine et aux jugements rendus avant le 1er janvier 1856 (Loi du 23 mars 1855, art. 11), il en résulte que tous les actes consommés avant cette époque continuent d'être régis par la législation sous l'empire de laquelle ils ont été passés, et que la loi du

Moralité
et solvabilité.

----

(1) La déclaration que le vendeur n'est pas comptable de deniers publics n'a d'intérêt qu'autant qu'il ne serait pas propriétaire depuis plus de deux mois des immeubles offerts en vente (V. *infra*, n° 386).

23 mars 1855 ne portera ses fruits d'une manière complète que dans un avenir assez éloigné. Il pourrait donc arriver qu'un vendeur eût déjà vendu sa propriété avant le jour où cette loi est devenue exécutoire, sans que la vente ait été rendue publique par la transcription, et il sera presque toujours impossible de vérifier l'existence du contrat. D'autres fraudes assez nombreuses peuvent être pratiquées contre l'acquéreur, telles que des baux à vil prix, des payements de loyer par anticipation antérieurs au 1er janvier 1856 (1), sans compter la dépréciation qui peut résulter de certains abus de jouissance, de dégradations, de coupes de bois anticipées, de l'enlèvement des cheptels, du défaut de culture, etc.

129. Il importe donc qu'indépendamment des garanties matérielles, on trouve encore des garanties morales suffisantes dans la réputation de probité et de solvabilité du vendeur. On devra s'abstenir toutes les fois que sa position n'offrira pas de garantie. On devra surtout éviter d'avoir affaire à un vendeur connu comme peu loyal, à l'un de ces hommes habiles à se soustraire à l'exécution de leurs engagements à force de chicanes et d'artifices.

§ V. SITUATION HYPOTHÉCAIRE DU VENDEUR.

Situation hypothécaire.

130. Encore bien que l'acquéreur, en remplissant sur son contrat les formalités de transcription et de purge dont il sera parlé plus loin (n°s 290 et 291), puisse se mettre à l'abri de l'action hypothécaire des créanciers, et affranchir la propriété acquise des priviléges et hypothèques qui l'affectent, il lui importe néanmoins de connaître par avance la situation hypothécaire du vendeur. Dans le cas en effet où l'immeuble serait grevé, il pourrait, malgré les délais qu'il aurait stipulés avec son vendeur pour le payement du prix, être dans la né-

---

(1) D'après la loi du 23 mars 1855, les baux d'une durée de plus de dix-huit ans, et les quittances ou cessions d'une somme équivalente à trois années de loyers ou fermages non échus, doivent également être transcrits pour être opposables aux tiers; mais cette disposition, comme celle relative aux actes translatifs de propriété, ne doit pas s'appliquer aux actes ayant acquis date certaine avant le 1er janvier 1856.

cessité de le payer avant ces délais, et même, si les créances inscrites ou privilégiées excédaient le prix stipulé, il pourrait, à la suite des formalités de purge, être dépossédé par une surenchère. Il a donc intérêt à être fixé à cet égard avant de contracter, et il devra, dans tous les cas, exiger que le vendeur déclare, dans le contrat même, les priviléges et hypothèques, ainsi que toutes les autres charges qui pèsent sur la propriété vendue.

Du reste, nous renverrons à la seconde partie de notre travail où nous traiterons du prêt hypothécaire, l'examen des questions relatives aux priviléges et hypothèques qui peuvent exister sur un immenble et à leur effet. — (V. ci-après, 2ᵉ partie, chap. VI, nᵒˢ 362 et suiv.)

CHAPITRE III.

Des biens formant l'objet de la vente.

I.— *Biens qui ne peuvent être aliénés.*

131. Ne peuvent être aliénés en aucun cas :

1° Les immeubles dépendant du domaine public ;

2° Les immeubles formant la dotation de la couronne (L. 8 nov. 1814, 2 mars 1832 ; sén.-cons. 12-17 déc. 1852, art. 17);

3° Les biens affectés à des majorats (décr. 1er mars 1808, art. 40 et 41) qui ne sont pas devenus libres entre les mains de ceux qui en sont investis, aux termes des lois des 12 mai 1835 et 6 mai 1849. Les lettres patentes portant création de majorats, celles expédiées pour autoriser l'échange des biens qui y sont affectés et pour approuver le remploi des biens aliénés, ayant dû être transcrites sur le registre du conservateur des hypothèques, les intéressés ont sur ce point un moyen facile de vérification (1);

4° La vente d'un bien grevé de substitution est nulle à l'égard de l'appelé (C. Nap., art. 897, 1048 à 1074 ; L. 17 mai 1826 ; L. 7-11 mai 1849). Il faut observer encore ici que la substitution ne peut être opposée aux tiers qu'autant qu'elle a été rendue publique par la transcription (C. Nap., 1069, 1070 et 1071) (2);

5° Les biens saisis immobilièrement, à raison du dessaisissement qui s'opère par la transcription de la saisie immobilière à l'égard de la partie saisie, ne peuvent être valablement aliénés, à moins que l'acquéreur, avant le jour fixé pour l'adjudication, ne consigne une somme suffisante pour acquitter, en principal, intérêts et frais, ce qui

---

(1 et 2) La plupart des conservateurs ne mentionnent pas ces transcriptions dans les états d'inscriptions, à moins qu'ils n'en soient expressément requis. Les demandes d'états d'inscriptions devront donc contenir cette réquisition formelle toutes les fois que la position du vendeur pourra faire supposer l'existence d'un majorat ou d'une substitution.

4

est dû aux créanciers inscrits ainsi qu'au saisissant, et ne leur signifie l'acte de consignation (C. proc. civ., 686 et 687).

Prohibition d'aliéner.

132. La défense d'aliéner les biens donnés ou légués et de les hypothéquer est-elle obligatoire? En général, on décide que la défense *pure et simple* d'aliéner est nulle. Mais en est-il de même de la défense d'aliéner faite pour un certain temps seulement? La question est plus controversée. La Cour de cassation a décidé que la prohibition d'aliéner pendant la vie du donateur qui s'est réservé l'usufruit est valable et obligatoire (1); mais les Cours impériales sont partagées sur cette question ainsi que les auteurs.

II.— *Biens qui ne peuvent être aliénés que dans certains cas.*

133. Ne peuvent être valablement aliénés que dans certains cas et sous certaines conditions :

Biens de mineurs ou interdits.

1° Les biens des mineurs et des interdits (C. Nap., art. 457 et 509 ; V. *supra*, n°s 89 et suiv.);

Biens des absents.

2° Les biens des absents, tant que la possession n'en est déférée que provisoirement (C. Nap., art. 128) ;

Biens dotaux.

3° Les biens dotaux (C. Nap., art. 1558), dont nous nous occuperons dans un paragraphe particulier (*infra*, n°s 143 et suiv.);

Biens des communes et établissements publics.

4° Les biens des communes, des établissements publics, des hospices, congrégations et communautés religieuses, fabriques, cures, consistoires, et généralement tous les établissements placés sous la tutelle administrative du Gouvernement (V. *supra*, n°s 116 et suiv.).

III.— *Biens vendus à réméré ; biens donnés en antichrèse.*

Biens acquis à réméré.

134. Il est évident que le vendeur à réméré peut vendre son droit de rachat.

Quant à l'acquéreur à réméré, il est certain que, jusqu'à l'expiration

---

(1) Cass., 20 avril 1858, P. 1858, p. 1212. V. dans le sens de la validité de la clause : M. Troplong, *Donat. et testam.*, t. 1, n° 271; M. Duranton, t. 15, n° 360 ; M. Odier, *Contr. de mar.* , t. 3, n° 1098; Paris, 15 avril 1858, P. 1858, p. 612.

du délai qui a été fixé par le contrat pour l'exercice du réméré, et qui ne peut excéder cinq ans (C. Nap., 1660), il n'a qu'un droit résoluble, et que la vente qu'il aurait consentie s'évanouirait avec son droit de propriété.

Même après l'expiration du délai, on peut craindre que la convention ne constitue un contrat pignoratif et ne recèle un prêt usuraire déguisé sous la forme d'une vente à réméré. Les indices qui font reconnaître la simulation sont la vileté du prix, et surtout la relocation faite au vendeur qui reste en jouissance pendant la durée du réméré (1). Cette dernière circonstance, en ôtant au contrat le caractère d'une aliénation, a suffi plus d'une fois, aux yeux des juges, pour que la vente fût déclarée nulle (2). Ce n'est donc qu'avec beaucoup de circonspection, et en se rendant bien compte des circonstances dans lesquelles la vente à réméré a été faite, qu'on peut acheter un immeuble précédemment acquis à réméré, surtout si le délai n'est expiré que depuis peu de temps.

135. L'acquéreur est-il tenu de respecter l'antichrèse? Peut-on lui opposer le droit de l'antichrésiste? Il paraît juridique de décider, avec M. Troplong (3), que l'antichrèse ne confère au créancier aucun droit réel, et ne crée que des rapports personnels entre lui et le débiteur, qui resterait toujours investi du droit de propriété dans toute sa plénitude, et conserverait, au moins à l'égard des tiers, le droit de vendre l'immeuble, de le grever de droits réels et de l'hypothéquer; que, conséquemment, l'antichrèse ne peut être opposée à l'acquéreur, ni même au créancier hypothécaire postérieur au contrat d'antichrèse (4).

Biens donnés en antichrèse.

---

(1) Merlin, *Quest. de droit*, V° *Contrat pignoratif*, n° 3; M. Duvergier, *De la vente*, t. 2, n° 11; M. Troplong, *De la vente*, t. 2, n° 695; M. Chardon, *Du dol et de la fraude*, t. 3, n° 512.

(2) Cass., 22 mars 1810, 18 janv 1814 et 3 mars 1825; Rennes, 20 février 1816; Montpellier, 25 août 1809. — Mais cette circonstance seule ne suffirait pas, suivant un arrêt de la Cour de cassation du 23 déc. 1845 (P. t. 1, 1846, p. 182), pour faire dégénérer la vente en contrat pignoratif; il faut encore que la simulation et l'usure soient prouvées.

(3) *De l'antichrèse*, n°s 573 et 579, et *Hypothèques*, t. 3, n° 778.

(4) Liége, 14 juillet 1821; Rennes, 24 août 1827; Bastia, 9 mai 1838, P. t. 2, 1838, p. 297; Delvincourt, t. 3, p. 444, note.

Néanmoins les auteurs sont partagés sur ces questions, et la doctrine d'après laquelle le droit du créancier hypothécaire antérieur doit seul prévaloir sur celui de l'antichrésiste compte d'assez nombreux partisans (1). On pourrait même tirer induction, en faveur de cette opinion, de l'article 2 de la loi du 23 mars 1855, qui soumet l'antichrèse à la transcription. Or cette formalité serait inutile si l'antichrèse ne pouvait être opposée aux tiers qui ont acquis des droits sur l'immeuble.

Il est donc prudent de ne pas se rendre acquéreur d'un immeuble donné en antichrèse sans s'assurer que le créancier antichrésiste sera désintéressé.

§ II. — BIENS DE COMMUNAUTÉ. — PROPRES DE LA FEMME.

Biens de communauté.

136. Les biens de communauté, tant que cette communauté existe, sont réputés la propriété du mari, et conséquemment ils peuvent être valablement aliénés et hypothéqués par lui seul (C. Nap., 1421 (2). Mais à partir de la dissolution de la communauté par la séparation de biens ou de corps et de biens, ou par la mort de l'un des époux (3), si la femme ou ses héritiers acceptent la communauté, l'immeuble

---

(1) M. Proudhon, *De l'usufruit*, t. 1, n°s 90 et suiv.; Zachariæ, t. 3, § 438, et la note 9; M. Duranton, t. 18, n° 560; M. Charlemagne, *Encycl. du droit*, V° *Antichrèse*, n° 37. — V. dans le même sens: Toulouse, 22 juillet 1835.

(2) Pothier, *Communauté*, t. 1, n°s 469 et 470; Merlin. *Rép.*, V° *Communauté de biens*, § 5, n° 1. Il faut, bien entendu, que l'aliénation ait été faite sans fraude, par exemple qu'elle ne contienne pas une donation déguisée; car le mari ne peut pas disposer entre-vifs, à titre gratuit, des immeubles de la communauté, si ce n'est pour l'établissement des enfants communs (C. Nap., 1422). — V. Toullier, t. 12, n°s 310 et 311; Rolland de Villargues, *Rép.*, V° *Communauté*, n° 357.

(3) La mort civile, aujourd'hui abolie, avait pour effet, comme la mort naturelle, de dissoudre la communauté (C. Nap., 1441). — La dissolution de la communauté peut résulter encore de l'absence déclarée (C. Nap., 124). Mais cette dissolution n'est que provisoire jusqu'à l'envoi en possession définitive des héritiers présomptifs de l'absent (C. Nap., 129). M. Duranton, t. 14, n° 398; M. Troplong, *Contr. de mar.*, t. 2, n°s 1274 et suiv.

indivis entre le mari et la femme séparée de biens, ou entre l'époux survivant et les héritiers de l'autre époux, ne peut plus être aliéné que par tous les copropriétaires conjointement,· tant qu'il n'a pas été attribué à l'un d'eux par un partage régulier, dont la forme et les effets sont les mêmes qu'en matière de succession (V. *infra*, nᵒˢ 199 et suiv.). Il faut même observer que l'effet du jugement de séparation de biens remontant au jour de la demande (C. Nap., 1445), la vente faite par le mari, pendant l'instance en séparation, des biens de la communauté, serait susceptible d'être annulée (V. art. 271, C. Nap.) (1).

137. La renonciation de la femme ou de ses héritiers à la communauté rend le mari seul propriétaire de tous les biens qui la composent ; il peut, en conséquence, les vendre ou les hypothéquer (2). On doit, toutefois, rechercher, d'après l'inventaire, les autres docu-

Renonciation
à la communauté.

---

(1) La plupart des auteurs décident que l'effet rétroactif du jugement de séparation de biens peut être opposé aux tiers toutes les fois qu'il s'agit, non pas de mesures de simple administration, mais d'actes par lesquels le mari disposerait de l'actif de la communauté. Toullier, t. 13, nᵒˢ 100 et 101 ; Zachariæ, t. 3. § 516, p. 478 ; M. Troplong. *Contr. de mar.*, t. 2, nᵒˢ 1381 et 1389 ; M. Benoit, *De la dot*, t. 1, nᵒ 315. — V. Cass., 22 avril 1845, P. t. 1, 1845, p. 660 ; Colmar, 3 juillet 1846, P. t. 1, 1847, p. 438.

Les tiers sont avertis de la demande en séparation par la publicité prescrite par les articles 866 et suivants du Code de procédure civile.

(2) Il faut, pour ne pas s'exposer à voir contester le droit de propriété du mari, exiger qu'il justifie que les reprises de la femme ont été liquidées et qu'elle a été remplie de ses créances. Cette précaution était surtout utile en présence de la doctrine enseignée par M. Troplong (*Contr. de mar.*, t. 3, nᵒˢ 1635 et suiv., et 1829), et qu'avait consacrée la Cour de cassation, sur une question qui a eu un grand retentissement, en donnant à la femme, même en cas de renonciation, le droit d'exercer ses reprises sur tous les biens qui composent la communauté, à titre de propriétaire et par voie de prélèvement, et non pas seulement comme créancière (Cass., 15 fév. 1853, P. t. 1, 1853, p. 513 ; 11 avril 1854, P. t. 1, 1854, p. 246 ; 2 janv. et 8 mai 1855, P. t. 1, 1855, p. 119 et 351). Mais on sait que la Cour suprême, par un arrêt du 16 janv. 1858. ch. réunies (P. 1858, p. 5), est revenue sur cette jurisprudence, à laquelle avaient résisté presque toutes les Cours impériales, et qui avait soulevé de tous côtés les protestations les plus énergiques, et que depuis elle a constamment jugé que les reprises de la femme, soit qu'elle accepte, soit qu'elle renonce, ne s'exerçaient qu'à titre de simples

ments et les circonstances particulières ; si la renonciation ne pourrait pas être attaquée comme faite en fraude des droits des créanciers, soit de la femme, soit de ses héritiers, ou au moins comme leur portant préjudice (1) ; si, enfin, ces créanciers n'auraient pas intérêt à user de la faculté que leur donne l'article 1464 C. Nap., d'accepter communauté de leur chef.

138. On ne doit pas perdre de vue que la femme, après le décès du mari, ne conserve la faculté de renoncer à la communauté qu'autant qu'elle a fait inventaire dans les trois mois de ce décès (C. Nap., 1456) (2) ; que la femme séparée de corps qui n'a pas, dans les trois

---

créances, en concurrence avec les autres créanciers (Cass., 8 fév. 1858, P. 1858, p. 736; 3 et 24 août 1858, P. 1859, p. 372, et 1er déc. 1858, P. 1859, p. 895). V. dans ce dernier sens : Paris, 4 août 1855, P. t. 2, 1855, p. 16; Rouen, 22 juillet 1854; Bourges, 4 déc. 1854; Nancy, 25 janv. 1855, Dijon, 3 avril 1855, P. t. 1, 1855, p. 113, 266 et 352; — M. Pont, *Observations* insérées au *Journal du Palais* avec l'arrêt précité du 15 février 1853, avec un arrêt du 24 janvier 1854, et un arrêt de Paris du 8 avril de la même année cités plus bas ; M. Thorel Leblond, *Dissertation* insérée au journal *le Droit*, nos des 10 et 11 mai 1855; M. Valette, *Dissertation* insérée au même journal, no du 25 avril 1855; M. Delsol, *Code Nap. expliqué*, p 66 et 67.

V. en sens contraire: Cass., 24 janv. 1854 et Paris, 8 avril 1854, P. t. 1, 1854, p. 225 ; M. Jousselin, dans une dissertation qu'il a publiée sur cette question; M Devilleneuve, *Recueil des lois et arrêts*, 1858, 1, 145 et 2, 529 et suiv.

Il est vrai que la Cour de cassation a jugé le 6 novembre 1861 (P. 1862, p. 351) que la femme commune ou ses héritiers pouvaient, en cas d'acceptation de la communauté, à défaut d'argent comptant et de mobilier, exercer le prélèvement de ses reprises sur la part du mari dans les immeubles de la communauté, part qu'il a aliénée depuis la dissolution. Mais si ce principe est vrai à l'égard du mari ou de ses héritiers, il ne faut pas en conclure qu'elle puisse exercer ce prélèvement même lorsqu'elle se trouve en concours avec les créanciers du mari antérieurs à cette dissolution. V. conf. Cass., 3 et 24 août 1858, sept arrêts rendus en matière d'enregistrement, P. 1859, p. 372.

(1) On décide généralement qu'il n'est pas nécessaire que les créanciers prouvent l'intention frauduleuse, et qu'il suffit que la renonciation leur cause préjudice pour qu'ils soient fondés à la faire annuler ou à accepter de leur chef. — Toullier, t. 13, no 202; Zachariæ, t. 3, § 517, p. 493, note 27 ; M. Troplong, *Contr. de mar.*, t. 3, no 1585; M. Odier, *Contr. de mar.*, t. 3, no 473; MM. Rodière et Pont, *Contr. de mar.*, t. 1, no 893. — Du reste, ce droit n'appartient qu'aux créanciers antérieurs à la renonciation.

(2) La renonciation à la communauté, sans inventaire préalable, ne produit

mois et quarante jours après la séparation définitivement prononcée, accepté la communauté, est censée y avoir renoncé, à moins qu'étant encore dans les délais, elle n'en ait obtenu la prorogation en justice, contradictoirement avec le mari, ou lui dûment appelé (C. Nap., 1463); qu'enfin il faut, pour que la renonciation produise son effet, que la femme n'ait pas pris la qualité de commune dans un acte (C. Nap., 1455); qu'elle n'ait fait aucun acte d'immixtion, par exemple, en disposant des valeurs de la communauté, en payant les dettes (C. N., 1454), et qu'elle ne se soit pas rendue coupable de recélé (C. N., 1460) (1).

139. Les stipulations permises par les articles 1520, 1522 et 1525, C. N., soit que l'un des époux ou ses héritiers ne pourront prétendre qu'une certaine somme pour tout droit de communauté, soit que la totalité de la communauté appartiendra au survivant, ou à l'un d'eux seulement, sauf aux héritiers de l'autre à faire la reprise des apports et capitaux tombés dans la communauté du chef de leur auteur, produisent en faveur du survivant le même effet que produit en faveur du mari la renonciation de la femme. Elles rendent le survivant propriétaire de tous les biens composant la communauté, qui est ré-

---

aucun effet, suivant un arrêt de la Cour de cassation du 9 mars 1842, P. t. 1. 1842 p. 405. V. aussi Cass., 2 juillet 1838, P. t. 2, 1838, p. 20. — Toutefois plusieurs auteurs décident que l'inventaire n'est pas nécessaire quand la renonciation a été faite dans les trois mois; qu'il n'est indispensable que pour la femme qui veut conserver le droit de renoncer après ce délai. Toullier, t. 13, nº 130; Zachariæ, t. 3, § 517, p. 490; M. Troplong, *Contr. de mar.*, t. 3, nº 1537; M. Odier, *Cont. de mar.*, t. 1, nºs 458 et 459. — V. en sens contraire : Merlin, *Rép. de jurisp.*, Vº *Inventaire*, § 5, nº 3. — Mais l'inventaire doit être fait dans les trois mois, à peine de nullité de la renonciation faite postérieur. ment (Cass. 22 déc. 1829); et la femme ne saurait se faire relever de la déchéance sous prétexte d'erreur (Cass., 24 mars 1828), à moins que le retard ne soit pas de son fait et ne soit le résultat de la force majeure ou du dol pratiqué contre elle. Colmar, 28 fév. 1838, P. t. 2, 1838, p. 605; Cass., 5 déc. 1838, P. t. 2, 1838, p. 617.

(1) La femme qui reçoit le prix de la renonciation est censée accepter. On doit appliquer par analogie l'article 780 C. Nap., qui prévoit le même cas pour l'héritier. — La femme fait également acte de commune en transportant, avant partage, son droit à la communauté. Toullier, t. 13, nº 200 et suiv.

putée n'avoir jamais existé *ab initio*. Par suite de cet effet rétroactif de la clause, on doit appliquer ici la jurisprudence qui refuse à la femme renonçante le droit d'exercer ses reprises sur les biens de la communauté, à titre de propriétaire, et ne lui donne, à cet égard, qu'un droit de créance (V. *supra*, n° 137, note 2), et décider en conséquence que les héritiers du prédécédé n'ont également, à raison des apports de celui-ci et de ses autres reprises, aucun droit de propriété sur les biens de cette communauté et qu'ils ne peuvent agir que comme créanciers. C'est ce qu'a jugé un arrêt de la Cour de cassation du 7 avril 1862 rendu, il est vrai, en matière d'enregistrement (1).

Immeubles appartenant par indivis à la femme, acquis par le mari.
140. Le mari peut avoir acheté, seul et en son nom personnel, une portion ou la totalité d'un immeuble appartenant par indivis à la femme. Celle-ci a le choix, lors de la dissolution de la communauté, de retirer l'immeuble ou de l'abandonner à la communauté. Sans examiner ici la question controversée de savoir si, jusqu'au moment où la femme exerce le retrait d'indivision, l'immeuble doit être réputé un conquêt de communauté, ou si, au contraire, par l'effet rétroactif du retrait, la femme est réputée en avoir été propriétaire *ab initio*, il y aurait un danger sérieux à se rendre acquéreur de cet immeuble du mari seul, qui, dans tous les cas et dans l'hypothèse la plus favorable, n'aurait, comme chef de la communauté, qu'un droit de propriété résoluble.

Immeuble propre à la femme.
141. S'il s'agit de l'aliénation d'un immeuble propre à la femme, il est nécessaire que le contrat de mariage soit représenté. Une expédition entière de ce contrat devra toujours être exigée. Un extrait constatant que la femme est mariée sous un autre régime que le régime dotal serait insuffisant. On doit pouvoir en étudier toutes les clauses et vérifier si, lors même que la femme serait mariée en communauté, les époux n'auraient pas stipulé que les biens propres de la femme ne pourraient pas être aliénés ou hypothéqués, ou ne pourraient l'être que sous certaines conditions ; si enfin le contrat ne contiendrait pas des clauses restrictives de la capacité de la femme.

---

(1) P. 1862, p. 1094.

142. Quant à la stipulation que les propres de la femme ne pourront être aliénés qu'à la condition de remploi, cette condition diffère,
dans sa portée et dans ses effets, selon le régime de l'association
conjugale. Sous le régime dotal, comme on le verra bientôt, l'inaliénabilité de la dot étant, pour les tiers comme pour les époux eux-
mêmes, la règle fondamentale, la clause qui ne permet d'y déroger
que sous condition de remploi laisse subsister, vis-à-vis des tiers
aussi bien que du mari, le principe d'inaliénabilité, à défaut d'accomplissement de la condition; tandis que, sous le régime de la communauté, la dot de la femme étant aliénable, dans les termes du droit
commun, la simple condition de remploi est, d'après une jurisprudence aujourd'hui bien établie, une garantie contre le mari seul, sans
effet contre les tiers, à moins qu'une clause expresse du contrat de
mariage ne les rende responsables de ce remploi.

Condition
de remploi.

§ III. — BIENS DOTAUX.

143. La femme mariée sous le *régime dotal* ne peut aliéner ses
biens dotaux, à moins que le contrat de mariage ne lui en ait donné
la faculté (C. Nap., 1557).

Régime dotal.

144. Il faut observer que l'inaliénabilité de la dot subsiste même
après la séparation de biens.

I. — *Quels biens sont dotaux.*

145. Mais il ne suffit pas que la femme soit mariée sous le régime
dotal pour que ses biens soient dotaux. Il faut qu'elle se les soit constitués en dot ou qu'ils lui aient été donnés dans son contrat de mariage (C. Nap., 1541) (1). Tous les biens qui ne sont pas compris
dans cette constitution sont paraphernaux, et peuvent être vendus par

---

(1) Il faut observer que si le mariage a été contracté par un Français et une
étrangère, en pays étranger, et qu'il résulte des circonstances que les époux ont
entendu y fixer leur domicile, leur union, quant aux intérêts civils, est soumise,
à défaut de contrat de mariage, à la législation de ce pays, bien que la femme

la femme, avec le consentement du mari ou l'autorisation de justice (1). En effet, la dotalité n'est pas le droit commun, elle n'est que l'exception ; elle ne se présume donc pas, et, bien que la soumission au régime dotal et la constitution de dot ne soient point subordonnées à des termes sacramentels, la volonté des contractants, à cet égard, doit être exprimée d'une manière non équivoque (C. Nap., 1392). Ainsi la dotalité, à l'égard des biens que la femme ne s'est pas expressément constitués ne saurait s'induire, sous l'empire du

---

ait acquis, par le fait même de son mariage, la nationalité de son mari Conséquemment ils peuvent être considérés comme mariés de plein droit sous le régime dotal si, d'après la loi du pays où ils ont fixé leur domicile matrimonial, ce régime constitue le droit commun des époux mariés sans contrat. C'est là du moins ce qu'a décidé la Cour de cassation par arrêt du 11 juillet 1855 (P. t. 1, 1856, p. 321). — De plus, d'après ce même arrêt, si la loi du pays permet les pactes dotaux postérieurs au mariage, les époux peuvent, en pareil cas, se soumettre au régime dotal après la célébration du mariage.

On devra donc, avant de contracter avec une femme étrangère devenue Française par son mariage, et qui ne représentera pas de contrat, vérifier si les époux avaient leur domicile matrimonial en pays étranger, et, dans cette hypothèse, quelle est la législation de ce pays.

(1) Si une donation faite à la femme, sous la condition que les biens donnés participeront de la nature de biens dotaux, ne trouve pas son appui dans le contrat de mariage, c'est-à-dire si le contrat n'introduit pas la dotalité pour les biens présents et à venir. la condition doit être réputée non écrite, comme contraire à l'article 1543, d'après lequel la dot ne peut être constituée ni augmentée pendant le mariage (Merlin, *Rép.*, V° *Dot* § 2 n° 14 ; Toullier, t. 14, n° 63 ; M. Tessier, *De la dot*, t. 1, p. 47 ; M. Benoît, *De la dot*, t. 1, n°s 28 et 29 ; M. Troplong, *Contr. de mar.*, t. 4, n° 3058 ; M. Bellot des Minières, *Contr. de mar.*, t 4, p. 37 et suiv). Mais on peut, suivant une opinion assez générale, valablement imposer à la donation ou au legs fait à une femme mariée sous le régime dotal, même avec une constitution générale de ses biens présents et à venir, la condition que les biens donnés ou légués seront paraphernaux. Cass., 16 mars 1846, P. t. 1, 1847, p. 226 ; Aix, 16 juillet 1846. P. t. 2, 1846, p. 553 ; Nimes, 10 déc. 1856, P. 1857, p. 594 ; Proudhon, *Usufruit*, t. 1, n°s 285 et 286 ; Toullier, t. 12, n° 142 ; M. Duranton, t. 15, n° 490 ; Marcadé, sur l'article 1543, n° 3 ; Zachariæ, t. 3, § 534, *in fine*; M. Troplong, *Contr. de mar.*, t. 1, n°s 68 et 224, et t. 4, n° 3065 ; M. Tessier, *De la dot*, t. 1, p. 48, note 73 ; M. Bellot des Minières, *Contr. de mar.*, t. 4, p. 40. — Toutefois cette opinion est contestée par quelques auteurs. V. MM. Rodière et Pont, *Contr. de mar.*, t. 2, n° 411 ; M. Odier, *Contr. de mar.*, t. 3, n° 1102 ; M. Benoît, *Traité des paraphernaux*, t. 1, n° 88.

Code Napoléon, de certaines stipulations qui, sous l'ancien droit et dans certaines provinces, équivalaient à une clause de dotalité.

146. On peut citer comme exemples : en Dauphiné, l'obligation imposée au mari d'*assurer et reconnaître*, sur tous ses biens, ce qu'il reçoit pour sa femme ; en Saintonge, la déclaration que les époux se prennent avec tous leurs biens et droits (1). Si quelques arrêts ont vu dans ces clauses une soumission au régime dotal, c'est dans des espèces où les contrats de mariage étaient antérieurs au Code Napoléon,

De même la clause par laquelle la femme constitue son mari *son procureur général et irrévocable pour la recherche de tous ses droits présents et à venir, ou à l'effet de gérer et administrer ses biens*, ne soumet pas *nécessairement* les époux au régime dotal, ce mandat n'ayant rien d'incompatible avec le régime de la communauté (2).

147. Lorsque la femme mariée sous le régime dotal, avec stipulation que tout ce qui pourrait lui échoir pendant le mariage serait dotal, se rend adjudicataire, par voie de licitation, d'un immeuble dont elle n'était propriétaire que pour partie, par exemple d'un immeuble provenant d'une succession indivise entre elle et ses cohéritiers, l'immeuble entier est-il réputé dotal pour le tout, ou seulement dans la proportion correspondant à sa part comme copropriétaire ou comme héritière ?

148. Il faut distinguer : ou bien la constitution porte sur une universalité de biens, par exemple sur tous les biens présents et à venir ou tous les biens présents seulement, ou bien elle ne frappe que la part appartenant à la femme dans un immeuble indivis.

149. Dans la première hypothèse, l'immeuble sera dotal en totalité,

---

(1) Toutefois la déclaration que les époux se prennent avec leurs droits respectifs quelconques équivaut à une constitution de dot. quand ils ont stipulé le régime dotal. Toulouse, 12 juin 1860, P. 1861, p. 395.

(2) Cass., 10 mars 1858. P. 1859, p. 185.

Mais cette clause peut être considérée comme frappant de dotalité les biens présents et à venir, même sous le Code Napoléon, si le contrat stipule expressément le régime dotal. Grenoble, 4 mars 1848, P. t. 2, 1848, p. 617.

par application de l'article 883 du Code Napoléon, et par suite de la
fiction d'après laquelle la femme est censée avoir succédé seule et
immédiatement aux objets compris dans son lot. C'est ce qu'a jugé la
Cour de cassation, le 21 mars 1860 (1). Dans tous les cas, selon le
même arrêt, en supposant même que l'immeuble ne fût dotal que
pour partie, le prix de la revente qui en aurait été effectuée n'en serait pas moins dotal pour le tout, et conséquemment inaliénable,
comme compris dans cette universalité des biens à laquelle le contrat
de mariage avait étendu la dotalité.

150. Il en serait ainsi lors même que, d'après le contrat de mariage, les immeubles seuls étant réputés dotaux, la femme n'aurait
été remplie de sa part dans les valeurs mobilières de la succession
que par le prix de la licitation. Sans doute elle aurait pu, par l'événement du partage, recevoir dans son lot des valeurs mobilières pour
une partie de son émolument ; mais ce n'est pas là ce qui est arrivé ;
c'est un immeuble qui lui est échu par le résultat de la licitation ;
c'est donc un immeuble qu'elle a recueilli dans la succession, et
qui, dès lors, est dotal.

151. On devrait le décider quand bien même le prix de la licitation excéderait l'émolument de la femme. En vain dirait-on que c'est
là augmenter la dot pendant le mariage, contrairement à la défense
formelle de l'article 1543 du Code Napoléon. Tout ce qui en résultera,
c'est que la fortune dotale de la femme restera débitrice de la soulte,
soit envers ses cohéritiers, soit envers le mari, s'il en a fait l'avance ;
mais l'immeuble n'en sera pas moins dotal dans son intégrité, en
vertu des conventions matrimoniales qui veulent que la totalité des
biens de la femme soient dotaux.

152. Si la femme s'est constitué seulement la part qu'elle avait
dans un immeuble déterminé, il ne paraît pas douteux que la dotalité
ne doive alors être restreinte à cette part, alors même que la licitation
aurait rendu la femme propriétaire de la totalité. Dans ce dernier
cas, la question ne saurait se décider par l'article 883. Cet article
produira bien son effet, en ce sens que le droit de propriété de la

---

(1) P. 1860, p. 465.

femme à la totalité de l'immeuble remontera au jour où l'indivision a commencé, par exemple au jour de l'ouverture de la succession ; mais cela ne fera pas que l'immeuble devenu la propriété exclusive de la femme devienne également dotal dans son entier, quand le contrat de mariage avait limité la dotalité à une part déterminée, celle qu'elle avait dans cet immeuble au moment du contrat. Si, dans la première hypothèse, l'immeuble devient dotal pour le tout, ce n'est pas par l'effet immédiat de la licitation seule, mais en vertu de la clause du contrat de mariage qui soumet à la dotalité, sans limitation, tous les biens ou certains biens de la femme (1).

153. Que doit-on décider si le prix d'un immeuble acquis à titre de remploi est supérieur à la somme qui devait être remployée? L'immeuble est-il dotal pour la totalité, ou seulement jusqu'à concurrence de la somme dont le remploi devait être effectué, et paraphernal pour le surplus ? La plupart des auteurs décident, en matière d'échange, que l'excédant de valeur n'est pas dotal, et tirent argument de l'article 1543, d'après lequel la dot ne peut être augmentée pendant le mariage. Mais, lors même qu'on devrait, conformément à cette opinion, décider par analogie, dans l'hypothèse proposée, que l'immeuble n'est dotal que jusqu'à concurrence du remploi effectué, et est paraphernal pour le surplus, il serait impossible, dans tous les cas, de l'acheter valablement, à raison de l'espèce d'indivision où se trouve la femme avec elle-même, quant à la partie paraphernale et à celle frappée de dotalité.

154. L'immeuble acquis des deniers dotaux n'est pas dotal si la condition de remploi n'a pas été stipulée dans le contrat de mariage; il en est de même de l'immeuble donné en payement de la dot constituée en argent (C. Nap., 1553), et, selon une jurisprudence assez générale, de l'immeuble abandonné par le mari à sa femme, à la suite d'une séparation de biens judiciaire, pour la remplir de sa dot

---

(1) M. Troplong, *Contr. de mar.*, t. 4, nᵒˢ 3050 et 3482; MM. Rodière et Pont, *Contr. de mar.*, t. 2, nᵒ 395 ; Marcadé, sur l'article 1558, nᵒ 15; M. Tessier, *De la dot*, t. 1, p. 275 nᵒ 54, V. conf. Limoges, 22 juillet 1835 ; Amal., Rouen, 18 juin 1845, P. t. 1, 1846, p. 256. —V. en sens contraire M. Bellot des Minières, *Rég. dotal et commun. d'acquéts*, t. 2, nᵒˢ 1576 et suiv.

mobilière (1). Mais, en même temps, plusieurs arrêts ont consacré, comme une conséquence de l'inaliénabilité de la dot mobilière, un système de dotalité subsidiaire qui rend inaliénable, jusqu'à concurrence de la partie de la dot qu'il représente, le prix de l'immeuble payé avec les deniers dotaux de la femme, ou qu'elle a reçu à titre de dation en payement de sa dot (2). En pareil cas, l'en pourrait acquérir valablement cet immeuble. Toutefois, l'acquéreur pourrait-il en payer valablement le prix au mari, avec ou sans le concours de la femme, sans en exiger le remploi? Il paraît évident que, si le contrat de mariage prescrit le remploi des deniers dotaux, l'acquéreur serait responsable du défaut de remploi. Mais, si les conventions matrimoniales sont muettes sur ce point, il y a une difficulté sérieuse. Nous serions portés à croire que, du moment que l'immeuble n'est pas même dotal, et qu'il est de libre disposition dans les mains de la femme, le mari a le droit de toucher le prix et d'en disposer, puisqu'il aurait le droit de toucher la dot mobilière que ce prix représente. On peut même tirer un argument *a fortiori* en faveur de cette opinion du droit que la jurisprudence reconnaît au mari (V. *infra*, n° 159) de toucher, sans remploi, le prix de l'immeuble dotal dont le contrat de mariage a permis l'aliénation sans rien prescrire à cet égard (3).

___

(1) Riom, 8 août 1843, P. t. 1, 1846, p. 255; Montpellier, 21 février 1851 et 18 février 1853, P. t. 2, 1855, p. 470.

(2) Cass., 31 janv. 1842, P. t. 1, 1842, p. 276; Riom, 8 août 1843, précité; Montpellier, 21 février 1851, précité; Bordeaux, 14 mai, et Grenoble, 11 juillet 1857, P. 1858, p. 640 et 642; Cass., 1er déc. 1857, et Agen, 18 mai 1858, P. 1858, p. 896; M. Tessier, *De la dot*, t. 1, p. 266, note 410.

C'est dans cet ordre d'idées qu'un arrêt de la Cour de cassation du 11 mai 1859 (P. 1859, p. 917) décide qu'en cas de résolution, pour défaut de payement du prix d'une vente faite à des époux mariés sous le régime dotal, le vendeur auquel la femme séparée de biens avait payé une partie de ce prix de ses deniers dotaux n'est pas fondé à retenir, sur la somme ainsi reçue, les intérêts, dommages-intérêts et frais qui lui sont dus par suite de la résolution; il doit la restituer intégralement à la femme comme faisant partie de la dot mobilière.

V. dans un sens contraire aux solutions qui précèdent: Montpellier, 18 fév. 1853, P. t. 2, 1855, p. 470; M. Troplong, *Contr. de mar.*, t. 4, nos 3189 et suiv.; Marcadé, sur l'article 1553, n° 1.

(3) La jurisprudence s'est étudiée à concilier la conservation des capitaux do-

155. Les constructions faites sur le fonds dotal sont dotales, et conséquemment inaliénables comme le fonds auquel elles sont incorporées. En conséquence, la femme n'a pu valablement, en pareil cas, diviser l'immeuble en deux parties, savoir : le sol d'un côté et les bâtiments de l'autre, pour faire considérer comme paraphernale cette dernière partie, et faire autoriser ensuite par la justice l'échange du

---

taux de la femme avec les droits du mari, comme administrateur de la dot dans le sens le plus étendu du mot *administrer*, comme ayant conséquemment le droit de recevoir les capitaux mobiliers qui en font partie, de les placer pour le mieux, et même de les déplacer dans l'intérêt d'une bonne gestion (V. Cass. 12 août 1846, P. t. 2, 1846, p. 379; 29 août 1848, P. t. 2, 1848, p. 623; 18 fév. 1851, P. t. 1, 1852, p. 12; 26 août 1851, *ibid.*; 1er décembre 1851, P. t. 2, 1852, p. 513; 4 août 1856, P. t. 2, 1856, p. 561, et 6 déc. 1859, P. 1860, p. 174; Caen, 26 mars 1862, P. 1863, p. 672). En consultant ces différentes décisions, on verra que les magistrats ont toujours distingué entre le cas où le mari faisait bien, en réalité, acte d'administration en disposant d'un capital dotal, et ceux ou le fait constituerait une véritable aliénation. Il en serait ainsi, par exemple, toutes les fois qu'il serait constant que le mari, en cédant à un tiers une valeur dotale de sa femme, a surtout agi dans son intérêt et pour se libérer d'une dette envers ce tiers (V. Cass., 26 mars 1855, P. t. 2, 1855, p. 449). C'est ainsi encore que la Cour de cassation, par son arrêt du 31 janvier 1842 (*supra*) n'a pas permis que le prix de la revente faite par les époux d'un immeuble acquis avec les deniers dotaux de la femme pût être compensé par l'acquéreur avec la somme dont il était leur créancier, et que, par un dernier arrêt du 1er décembre 1857 (*supra*), elle a refusé, en pareille circonstance, à un créancier hypothécaire ayant la femme pour obligée le droit de se faire colloquer sur le prix, après la séparation de biens prononcée. Il est évident, en effet, qu'il n'y a pas là un acte d'administration, mais une aliénation de la dot, qui n'est permise ni à la femme ni au mari. C'est en pareil cas que, si les valeurs dotales n'ont pas été confondues dans la fortune du mari, et qu'elles se retrouvent *in specie*, elles ne peuvent être détournées de leur destination, celle de faire face aux charges du mariage, et qu'elles ne sauraient servir au payement des dettes des époux. On voit qu'il y a là, le plus souvent, une question de fait. — C'est surtout lorsque les deniers dotaux de la femme ont été placés au nom de celle-ci, après que l'administration du mari a cessé par la séparation de biens, lorsque, par exemple, ils sont représentés par un immeuble qu'elle a reçu à titre de dation en payement de la dot, que le système de la dotalité subsidiaire a paru le seul moyen de garantir la dot, puisque le mari n'en étant plus débiteur, la femme n'a plus même la garantie de son hypothèque légale. Toutefois cette doctrine est vivement combattue par M. Troplong (*Contr. de mar.*, t. 4, nos 3189 et suiv.) et par Marcadé (sur l'article 1553, no 1).

sol contre une portion indivise des bâtiments, de manière à rendre paraphernaux et le sol et le surplus des constructions (1).

156. Il faut observer que l'inaliénabilité de la dot subsiste même après la séparation de biens.

II. — *Exceptions à la règle de l'inaliénabilité.*

157. L'immeuble dotal peut être aliéné lorsque l'aliénation en est permise par le contrat de mariage (C. Nap., 1557) (2).

158. La faculté d'aliéner l'immeuble dotal résulte aussi de la loi, dans certains cas qu'elle détermine.

III.—*Exception résultant du contrat de mariage.—De la condition de remploi.*

159. Quand le contrat de mariage autorise l'aliénation, il est rare qu'il ne prescrive pas le remploi du prix (3). Mais, si le contrat est

---

(1) Cass., 29 août 1860, P. 1861, p. 482.

(2) La faculté stipulée, dans le contrat de mariage, de vendre les biens dotaux n'emporte pas celle de les échanger. Toulouse, 7 fév. 1832 ; Lyon, 9 juillet 1861, P. 1862, p. 875 ; — M. Taulier, *Théor. Cod. civ.*, t. 5, p. 392 ; M. Odier, *Contr. de mar.*, t. 2, nº 1207 ; Zachariæ, § 537, 4° ; — mais V. en sens contr. : Toulouse, 31 déc. 1822 ; M. Tessier, *De la dot.* t. 1, p. 388, note 514 ; MM. Rodière et Pont, *Contr. de mar.*, t. 2, nº 502.

Nous pensons que la première opinion est préférable, par la raison que, sous le régime dotal où la prohibition d'aliéner est la règle, toute clause qui déroge au principe d'inaliénabilité doit, comme toute exception, être interprétée d'une manière restrictive.

Il en est autrement de la faculté d'*aliéner* stipulée d'une manière générale ; elle comprend celle d'échanger. Cass., 25 avril 1831 ; Agen, 4 déc. 1854, P. t. 1, 1855, p. 420.

(3) Mais, si le contrat de mariage donne à la femme la faculté d'aliéner ses biens dotaux, sans formalité et sans obligation de remploi, la femme a par cela même le droit, suivant un arrêt de la Cour de cassation du 19 mars 1861 (P. 1862, p. 864), non-seulement de vendre à réméré ses immeubles dotaux, mais encore d'en employer le prix, à sa volonté, même à payer les dettes de son mari. Tou-

muet, si le remploi n'est pas stipulé, on doit présumer que la convention matrimoniale n'a pas entendu subordonner la validité de la vente ou du payement à cette condition. D'où il résulte que le prix de la vente est bien dotal en ce sens que la femme ne peut l'aliéner par des obligations qu'elle souscrirait, ou renoncer aux sûretés qui garantissent la restitution que lui en doit son mari, notamment à son hypothèque légale, mais que le mari a le droit de la toucher, sauf les droits de la femme ou de ses héritiers envers lesquels il en reste débiteur (1). Aussi a-t-il été jugé qu'en pareil cas l'acquéreur ne pouvait refuser de se libérer sous le prétexte que le remploi n'aurait pas eu lieu. En vain dirait-il que le remploi est de l'essence du régime dotal (2).

Toutefois, si un immeuble avait été acheté à titre de remploi, bien que le remploi ne fût pas exigé par le contrat de mariage, ne pourrait-on pas considérer comme dotal l'immeuble ainsi acquis ? Les auteurs et la Cour de cassation elle-même se sont prononcés pour la négative, alors même que le remploi aurait été accepté par la femme (3). « En présence de l'inflexibilité et de l'immutabilité du con- « trat de mariage, dit M. Troplong, aucune valeur n'est accordée à la « convention des époux qui, pendant le mariage, voudraient accorder « à l'immeuble le caractère dotal (4). » Cet éminent jurisconsulte refuse, en conséquence, toute efficacité aux emplois de deniers dotaux faits en dehors du contrat de mariage, et cela lors même que la volonté des époux déclarerait que l'immeuble est acheté pour entrer dans la dot proprement dite.

160. La Cour de cassation, en refusant également, en présence de l'article 1553 du Code Napoléon, de considérer comme dotal l'im-

---

tefois il en serait autrement si la vente à réméré déguisait un contrat pignoratif, par la raison que la faculté laissée à la femme dotale d'aliéner ses immeubles n'implique pas le droit de les hypothéquer ou de les donner en gage (V. Cass., 31 janv. 1837, P. t. 1, 1837, p. 347; Caen, 21 déc. 1837, P. t. 1, 1838, p. 657).

(1) Riom, 28 avril 1824 ; — M. Benoît, *De la dot*, t. 1, n⁰ 215.

(2) Rouen, 21 mars 1829 ; — M. Duranton, t. 15, n⁰ˢ 484 et 486.

(3) M. Tessier, *De la dot*, t. 1, n⁰ 48, p. 225; M. Troplong, *Cont. de mar.*, t. 4, n⁰ˢ 3181 et 3182

(4) *Ubi supra.*

meuble acquis des deniers dotaux, avec déclaration d'emploi acceptée par la femme, alors que le contrat de mariage ne prescrivait pas ce remploi, a décidé que cet immeuble appartenait à la société d'acquêts qui avait été stipulée, et que, par suite de la renonciation de la femme à cette communauté, il restait la propriété du mari (1).

Charge de remploi. 161. On décide généralement que, lorsque le contrat de mariage prescrit un remploi, sans préciser la nature des biens qui doivent en servir, ou même un remploi en immeubles, sans dire en quelle espèce d'immeubles, ce remploi ne doit pas nécessairement être effectué en immeubles *réels* ou *corporels*, et qu'il peut l'être valablement en immeubles fictifs, notamment en actions de la Banque de France immobilisées (2) et en rentes 3 p. 0/0 sur l'État (art. 46, L. du 2 juillet 1862) (3).

162. Mais on ne pourrait, suivant un arrêt de la Cour de Pau, du 5 mars 1859 (4), considérer comme un remploi valable l'emploi du prix provenant de l'aliénation au payement des dettes de la femme, même antérieures au mariage. Il faut, en pareil cas, que la vente et l'emploi aient lieu avec l'autorisation de la justice, et dans les formes prescrites par l'article 1558 du Code Napoléon.

163. Si un immeuble a été acquis par le cohéritier d'une femme dotale, par voie de licitation, on est d'accord pour décider que la

---

(1) Cass., 27 nov. 1823. Il est vrai que depuis la Cour suprème a jugé, mais en matière d'enregistrement, que bien que le contrat de mariage n'ait pas prescrit le remploi, il suffisait qu'un remploi eût été fait par le mari et accepté par la femme pour que celle-ci fût réputée propriétaire (Cass., 4 août 1835). Mais indépendamment des circonstances particulières de fait qui motivaient cette solution, on sait que, quand il s'agit d'enregistrement, le droit doit se percevoir sur la convention que l'acte constate, abstraction faite de la validité de cette convention. Or il ne s'agissait là que de la perception du droit.

(2) Rouen, 7 mai 1853, P. t. 2, 1854, p. 214; Riom, 10 janv. 1856, P. 1857, p. 671; Rouen, 21 juin 1856, P. 1857, p. 512.

Toutefois il appartient aux juges du fait, en vertu de leur droit souverain d'interprétation, et en se fondant sur l'intention des parties, de refuser, en pareil cas, un remploi autre qu'en immeubles corporels. Cass., 22 fév. 1859, P. 1859, p. 228.

(3) Paris, 27 mars 1863, P. 1863, p. 1137.

(4) P. 1859, p. 1033.

part de celle-ci, dans le prix de la licitation, est soumise au remploi (1). Ce n'est pas le cas d'appliquer la fiction de l'article 883 du Code Napoléon (2).

164. Le remploi pourrait être contesté si le prix de l'immeuble acquis dépassait, dans une forte proportion, la somme dont le remploi devait être effectué. L'article 1559 du Code Napoléon a bien prévu, lorsqu'il s'agit de l'échange des immeubles dotaux, le cas où la valeur des biens reçus en contre-échange serait inférieure à celle des immeubles donnés en échange par la femme, quand il dispose que l'échange ne peut avoir lieu que contre d'autres immeubles de même valeur pour les quatre cinquièmes au moins. Mais la loi n'a pas prévu le cas contraire, celui où ces immeubles seraient d'une valeur supérieure. Il est évident que, si la soulte ou la différence en plus due par la femme, soit en cas d'échange, soit en cas de remploi, est considérable, il peut y avoir là un véritable danger, et que, si cet excédant n'est pas payé, que la femme soit expropriée et que la vente ait lieu à un prix inférieur à son acquisition, elle peut perdre, dans cette différence, une partie importante de sa dot.

165. L'acquéreur doit surveiller le remploi. On décide même qu'il n'est pas affranchi de cette obligation par la consignation de son prix à la suite d'offres réelles faites à la charge de fournir un remploi, et par le jugement qui, en prononçant la validité de cette consignation, l'aurait déclaré valablement libéré (3). Autre chose est l'obligation de payer le prix, à laquelle l'acquéreur a satisfait par la consignation, autre chose l'obligation de surveiller l'emploi dont le contrat de mariage a fait la condition de la validité de l'aliénation.

166. La condition de remploi peut être accomplie pendant toute la durée du mariage, ou tout au moins avant la séparation de biens, et

---

(1) Rouen, 24 avril 1828; Paris, 9 juillet 1828; Cass., 23 août 1830; Cass., 10 mars 1856, P. 1857, p. 255; — Marcadé, sur l'article 1558, no 6; Zachariæ. t. 3. § 537 et note 59; M. Tessier, *De la dot*, no 483; M. Troplong. *Contr. de mar.*, t. 4, no 3485.

(2) Arrêt du 10 mars 1856, cité en la note qui précède.

(3) Cass., 12 mai 1857, P. 1858, p. 166; Bordeaux, 4 fév. 1830; Nimes, 11 juin 1856, P. 1857, p. 755.

l'acquéreur qui aurait payé sans remploi peut toujours empêcher la révocation de l'aliénation, en offrant de payer une seconde fois son prix pour effectuer un remploi valable (1). Jugé que l'acquéreur con serve encore cette faculté et peut empêcher l'action révocatoire même après la dissolution du mariage (2).

Remploi par anticipation. 167. Le remploi peut même être fait par anticipation. En effet, rien dans la loi n'interdit à la femme la faculté d'acheter un immeu ble en stipulant que le prix de son acquisition sera payé avec celui d'un immeuble dotal qu'elle se propose de vendre (3).

Néanmoins la question est controversée. Pour la validité du remploi, on dit que si l'on devait interdire à la femme la faculté de payer l'immeuble qu'elle acquiert, soit avec le prix de celui qu'elle se propose d'aliéner, soit avec le montant de créances certaines, liquides, mais non encore échues, ce serait le plus souvent rendre le remploi difficile et enlever à la femme l'occasion de faire une acquisition avantageuse (4). Mais il faut, en tous cas, pour la validité du remploi fait par anticipation, qu'il réunisse toutes les conditions exigées par la loi; qu'ainsi il soit bien expliqué au contrat que l'acquisition est faite pour opérer le remploi de tel immeuble déterminé qui sera prochainement vendu, et que l'acquisition sera payée des deniers à provenir de la vente projetée; qu'enfin l'origine des deniers soit bien constatée dans la quittance.

168. Mais il en serait tout autrement si l'on se contentait de déclarer que l'immeuble est acheté pour servir, par avance, à la femme, de remploi des immeubles dotaux qu'elle se propose d'aliéner sans

---

(1) Pau, 5 mars 1859, P. 1859, p. 1033.

(2) Cass., 20 juin 1853, P. t. 2. 1854, p. 326.

(3) Cass., 23 nov. 1826 et 5 déc. 1854, P. t. 2, 1855, p. 582; Angers, 5 fév. 1829; Paris, 6 mars 1847, P. t. 1, 1848, p. 448 et 20 nov. 1858, P. 1859, p. 75; — M. Troplong, *Contr. de mar.*, t. 2, no 1154; M. Bénech, *De l'emploi et du remploi*, p. 205; M. Rolland de Villargues, *Rép.*, V° *Remploi*, no 39; M. Glandaz, *Encyclop. du droit*, V° *Communauté conjugale*.

V. en sens contraire : Paris, 27 janv. 1820; Bourges, 1er fév. 1831 et 1er août 1838, P. t. 2, 1838, p. 507; Toullier, t. 12, no 370; M. Bellot des Minières, *Contr. de mar.*, t. 1, p. 521; M. Odier, *Contr. de mar.*, t. 1, no 326.

(4) Motifs de l'arrêt du 5 décembre 1854, cité en la note précédente.

déterminer ces immeubles, et surtout si le prix était payé par le mari, qui en serait remboursé plus tard avec le prix des ventes qui seraient effectuées. Ce mode de procéder pourrait favoriser la fraude, en permettant aux époux de vendre successivement les immeubles dotaux de la femme, et de présenter plusieurs fois la même acquisition comme formant le remploi effectué par avance de chacune de ces aliénations successives, puisque aucun lien ne rattacherait à l'une d'elles plutôt qu'à l'autre l'acquisition faite à titre de remploi anticipé.

169. L'acceptation de la femme est-elle nécessaire, sous le régime dotal comme sous le régime de la communauté, pour la validité du remploi? C'est encore une question controversée; mais la Cour de cassation s'est prononcée plusieurs fois pour l'affirmative (1). Il faut excepter le cas où il aurait été dérogé à cette règle, dans le contrat de mariage, par exemple, si la femme avait donné à son mari le mandat *exprès* d'effectuer tous remplois en son nom, en déterminant le mode de remploi (2).

Acceptation de remploi par la femme.

---

(1) Cass., 28 mars 1820; 15 mai 1839, P. t. 2, 1839, p. 341 et 2 mai 1859, P. 1859, p. 731; Paris, 6 mars 1847, P. t. 1, 1848, p. 448; — M. Duranton, t. 15, n° 429; Marcadé, sur l'article 1553 n° 3; Zachariæ, t. 3, § 536, note 10; M. Taulier, *Théor. Cod. civ.*, t. 5, p. 273; M. Troplong, *Cont. de mar.*, t. 4, n° 3198; M. Benech, *Emploi et remploi*, n°s 41 et 92; M. Seriziat, *Rég. dot.*, n° 117; M. Benoit, *De la dot*, t. 1, n° 110; M. Bellot des Minières, *Contr. de mar.*, t. 4, p. 76 et suiv.

V. en sens contr.: Merlin, *Rép.*, V° *Dot*, § 10; Toullier, t. 12, n° 364 et t. 14. n° 152; M. Tessier, *De la dot*, t. 1, p. 221 et note 389; M. Odier, *Contr. de mar.*, t. 3, n°s 1194 et 1272; M. Boileux, *Comment. Cod. Nap.*, sur l'article 1553, t. 5, n° 398; Rolland de Villargues, *Rép.*, V° *Remploi entre époux*, n° 67.

MM. Rodière et Pont (*Contr. de mar.*, t. 2, n° 555) pensent que l'acceptation n'est nécessaire que si, d'après le contrat de mariage, le concours de la femme est nécessaire pour l'aliénation.

(2) Si le contrat de mariage porte que la femme sera seule juge de la validité du remploi, cette clause doit s'entendre dans ce sens que la femme entend seulement se réserver la faculté de droit commun d'apprécier la valeur et la suffisance de l'équivalent qui lui serait offert en remplacement de ses immeubles aliénés; mais elle n'emporte de sa part aucune renonciation aux garanties inhérentes au régime dotal et on ne saurait en induire qu'elle mette à la charge de

170. La condition de remploi ne doit pas être confondue avec une clause assez fréquente dans les anciens pays de droit écrit, celle qui impose au mari l'obligation de *reconnaître et assurer* la dot ou le prix des biens dotaux que le contrat de mariage lui donne mandat de vendre. On peut dire que, par cette stipulation, le contrat de mariage autorise la conversion de la dot immobilière en dot mobilière ; qu'il ne se borne pas à permettre l'aliénation du fonds dotal, qu'il veut encore que la dot puisse changer de nature et que la transformation ait lieu par le seul fait de l'aliénation opérée par le mari. Mais n'a-t-il pas subordonné, en même temps, cette transformation à la condition que le mari donnerait des sûretés suffisantes? C'est là une interprétation du contrat, qui doit dépendre des expressions employées par les parties. Il en est de même quand la clause d'assurer. et reconnaître s'applique à la dot en argent. Quoi qu'il en soit, bien que les juges aient souvent considéré la condition d'assurer et reconnaître, d'une part, comme ne contenant pas l'obligation de remployer les deniers dotaux, de l'autre, comme ne devant pas réagir contre les tiers acquéreurs, mais engageant le mari seul (1), néanmoins il ne faut pas se dissimuler que le sens de la clause peut varier suivant l'esprit dominant dans certaines contrées et les vieilles traditions qui s'y sont perpétuées ; que, dès lors, son interprétation peut dépendre de la manière dont elle est rédigée et de l'ensemble des con-

---

la femme les causes d'éviction qui peuvent la menacer. Il est, en effet, de l'essence du remploi que l'immeuble qui en fait l'objet soit, entre les mains de la femme, à l'abri de tout péril d'éviction ou de tout trouble hypothécaire (Limoges, 14 janvier 1862, P. 1862, p. 783 ; M. Troplong, *Contr. de mar.*, t. 4, n° 3424).

(1) V. Cass., 1er août 1844, t. 2, 1844, p. 506 et le rapport de M. Troplong reproduit avec l'arrêt; Nimes, 26 mai 1851, P. t. 2, 1852, p. 545; Cass., 7 nov. 1854, P. t. 2, 1854, p. 561 ; M. Troplong, *Contr. de mar.*, t. 4, nos 3412 et suiv.

D'après les motifs d'un arrêt de la Cour de cassation du 25 fév. 1856 (P. 1857, p. 314), la clause d'un contrat de mariage portant que « la future épouse aura le droit d'aliéner ses immeubles dotaux sous l'autorisation de son mari, qui, pour en toucher le prix, sera tenu de fournir un remplacement, soit sur ses biens personnels, soit en acquisition de biens-fonds, soit au moyen d'un cautionnement. » ne soumet pas la faculté d'aliéner les immeubles dotaux à la nécessité du remploi ; mais elle impose au mari l'obligation de fournir des sûretés immobilières pour le cas où il voudrait toucher le prix de l'aliénation.

ventions matrimoniales. C'est ainsi que la Cour de Montpellier a jugé, le 13 mai 1831, que la femme pouvait, en vertu de cette clause, exercer son recours contre l'acquéreur, en cas d'insuffisance des biens du mari.

171. L'acquéreur doit donc, en pareille circonstance, pour payer valablement, exiger que des sûretés suffisantes soient données à la femme, telles qu'une hypothèque utile sur les biens du mari.

IV.— *Exceptions à la règle de l'inaliénabilité résultant de la loi.*

172. Nous avons dit que la loi avait établi plusieurs exceptions à la règle de l'inaliénabilité des immeubles dotaux. Nous allons les rappeler ici.

173. Les articles 1555 et 1556 du Code Napoléon permettent à la femme de *donner* ses biens dotaux, avec l'autorisation de son mari, pour l'établissement soit des enfants communs, soit des enfants qu'elle aurait eus d'un précédent mariage. Dans ce dernier cas, l'autorisation de la justice peut suppléer à celle du mari (1).

Aliénation du bien dotal pour l'établissement des enfants.

L'acquisition faite de l'enfant donataire du bien dotal serait donc valable si la donation elle-même présentait toutes les conditions nécessaires à sa validité, et sauf ce qu'a toujours de résoluble le droit de propriété résultant d'une donation, ainsi qu'on le verra plus tard, n°s 209 et suiv.

174. Par le mot *établissement* il ne faut pas entendre seulement un établissement par mariage, mais tout ce qui tend à assurer, d'une manière durable, l'état de l'enfant dans la société, à lui donner une existence indépendante, une industrie lucrative, comme l'acquisition d'une charge, d'un office et même les dépenses nécessaires pour son éducation professionnelle (2).

---

(1) Mais s'il s'agissait des enfants communs, le consentement du mari serait indispensable; les tribunaux n'auraient pas le droit de conférer l'autorisation.

(2) Cass., 9 avril 1838, t. 2, 1838, p. 73; Paris, 25 août 1845, P. t. 1, 1846, p. 276; Bordeaux, 22 juil. 1841, P. t. 2, 1841, p. 657; M. Troplong, *Contr. de mar.*, t. 4, n° 3350.

175. Toutefois il y a, sur ce dernier point, une appréciation qui est laissée à l'arbitraire des tribunaux dont les décisions ont plus d'une fois annulé des donations de biens dotaux qui avaient pour prétexte l'établissement des enfants (1). Cette dernière raison ne permet de traiter avec le donataire, en pareille circonstance, qu'avec une extrême circonspection.

176. La loi permet encore l'aliénation du bien dotal, avec l'autorisation de la justice, dans les cas suivants : 1° pour tirer de prison le mari ou la femme ; 2° pour fournir des aliments à la famille dans les cas prévus par les articles 203, 205 et 206 du Code Napoléon ; 3° pour payer les dettes de la femme ou de ceux qui ont constitué la dot, si ces dettes ont une date certaine antérieure au contrat de mariage ; 4° pour faire de grosses réparations indispensables pour la conservation de l'immeuble dotal ; 5° lorsque l'immeuble dotal est indivis avec des tiers et qu'il est reconnu impartageable (C. Nap., 1558.).

177. Observez avant tout que, dans ces différents cas, la vente de l'immeuble dotal ne peut avoir lieu qu'aux enchères publiques et dans les formes prescrites tant par l'article 1558 du Code Napoléon, que par le nouvel article 997 du Code de procédure civil (L. du 2 juin 1841) (2). Une acquisition à l'amiable, faite en pareil cas, serait donc essentiellement nulle.

178. En achetant à l'amiable de celui qui s'est rendu lui-même acquéreur du bien dotal dans un cas où la loi en permet l'aliénation, on doit avant tout vérifier si son acquisition est à l'abri de toute critique.

179. En dehors des cas déterminés d'une manière limitative par l'article 1558 du Code Napoléon et qu'on vient de rappeler, les tribunaux ne pourraient permettre valablement l'aliénation de l'immeuble dotal.

---

(1) V. notamment Cass., 27 juin 1859, P. 1860, p. 160.

Peut-on considérer comme moyen d'établissement l'exemption du service militaire ? La question est controversée et les cours impériales, comme les auteurs, ne sont pas d'accord.

(2) Le jugement qui autorise la femme à aliéner le bien dotal, quoique sur requête, doit être rendu en audience publique (Cod. proc. civ., 997). S'il était rendu en la chambre du conseil, la validité de la vente pourrait être contestée.

En conséquence l'autorisation que la justice aurait donnée à la femme de vendre l'immeuble dotal ne mettrait pas l'acquéreur à l'abri de l'action en révocation ou en nullité (1).

180. Ainsi, la disposition de cet article qui permet l'aliénation pour tirer le mari de prison n'est pas applicable au cas où il est seulement sous le coup de la contrainte par corps, sans être incarcéré. L'autorisation d'aliéner donnée par la justice, en pareille circonstance, ne couvrirait pas les tiers qui auraient contracté avec la femme (2).

Aliénation pour tirer le mari de prison.

Mais si le jugement qui autorise l'aliénation est motivé sur l'un de ces cas, la femme ne serait pas recevable à prouver la fausseté du

____

(1) Grenoble, 1er avril 1854, P. t. 2, 1854, p. 391; — Marcadé, sur l'article 1558, n° 6; Zachariæ, t. 3, § 537; MM. Rodière et Pont, *Contr. de mar.*, t. 2, n° 580; M. Troplong, *Contr. de mar.*, t. 4, n° 3496. — En sens contr. : M. Taulier, *Théorie du Code civil*, t. 5, p. 319.

Jugé néanmoins que la condamnation de la femme au payement des frais faits pour la conservation de la dot peut être exécutée sur ses biens dotaux (Toulouse, 20 mars 1833; Caen, 14 août 1837 et 6 juillet 1842, P. t. 1, 1838, p. 442, et t. 1, 1843, p. 245 et 246; Nimes, 5 avril 1838, P. t. 2, 1838, p. 286 et 18 avril 1860, P. 1861, p. 590; Grenoble, 10 mai 1852, P. t. 2. 1854, p. 598 et 14 mars 1860, P. 1860, p. 585; Montpellier, 9 nov. 1858, P. 1858, p. 1194; Cass., 2 fév. 1852, P. t. 2, 1852, p. 560 et 8 avril 1862, P. 1862, p. 1005; —M. Duranton, t. 15, n° 534; Proudhon, *Usufruit*, t. 3, n° 1779 et suiv.; M. Troplong, *Contr. de mar.*, n° 3334; M. Benoît, *De la dot*, t. 1, n° 237; M. Dutruc, *De la sép. de biens judic.*, n° 444 et 445; MM. Massé et Vergé sur Zachariæ, t. 4, § 670, p. 238, note 30). D'où il faudrait conclure que la femme pourrait être valablement autorisée à vendre ou à emprunter pour payer cette dette. — Mais la question est controversée. V. en sens contr.: Agen, 11 mai 1833; Cass., 28 fév. 1834 et 19 mars 1849, P. t. 1, 1849, p. 642; Limoges, 17 juin 1835; Rouen, 12 mars 1839, P. t. 2, 1839, p. 577; M. Tessier, *De la dot*, t. 1, p. 452 et 453, note 674.

(2) Cass., 25 avril 1842, P. t. 1, 1842, p. 611; Lyon, 2 mai 1833; Rouen, 16 janv. 1838, P. t. 1. 1841, p. 193; Paris, 27 janv. 1845, P. t. 1, 1845, p. 370;—Pothier, *Puissance maritale*, n° 38; Merlin, *Rép.*, V° *Dot*, p. 558; M. Duranton, t. 15, n° 509; M. Tessier, *De la Dot*, t. 1, p. 419; M. Benoît, t. 1, n° 227; Toullier, t. 14, n° 199. — Ce dernier auteur pense toutefois que si le mari était saisi et sur le point d'être conduit en prison, l'autorisation du tribunal ne pourrait être attaquée.

motif et l'aliénation faite au profit d'un acquéreur de bonne foi serait valable (1).

181. L'autorisation d'aliéner l'immeuble dotal, pour faire de grosses réparations, ne peut être valablement accordée qu'autant que ces réparations sont *indispensables* pour la conservation de l'immeuble. Il ne suffirait pas qu'elles fussent simplement utiles. Cette autorisation ne peut s'étendre à des constructions nouvelles, ni à des travaux d'amélioration, alors même qu'ils devraient augmenter la valeur de l'immeuble (2).

De plus il a été jugé que l'autorisation de justice doit être demandée et obtenue préalablement à l'exécution des travaux et qu'elle ne pourrait être valablement accordée pour payer une dépense déjà faite (3).

---

(1) Cass., 25 mai 1840, P. t. 2, 1840, p. 411; 22 août 1855, P. t. 2, 1856, p. 539 et 7 juillet 1857, P. 1858, p. 492; Lyon, 4 juin 1841, P. t. 2, 1841, p. 615; Rouen, 29 mai 1847, P. t. 2, 1848, p. 7; — Marcadé, sur l'article 1558 nº 6; MM. Rodière et Pont, *Contr. de mar.*, t. 2, nº 580; M. Troplong, *Contr. de mar.*, t. 4, nº 3495.

On a voulu induire de l'arrêt de Paris, du 27 janvier 1845, cité en la note qui précède, que l'aliénation du bien dotal consentie en vertu d'une autorisation judiciaire pour tirer le mari de prison, était nulle si la créance pour laquelle le mari avait été incarcéré était simulée et que cette nullité pouvait être demandée *même contre un tiers de bonne foi*. Mais si l'on se reporte à cet arrêt, on verra que le tiers n'était autre qu'un créancier subrogé dans la prétendue créance de celui qui avait exercé la contrainte par corps et au profit duquel la femme avait fait acte d'aliénation de ses droits dotaux et qui avait donné mainlevée de l'écrou. Il y a ici une nuance qu'il importe de bien saisir.

(2) La Cour de Rouen a jugé toutefois que l'autorisation était valable, dans ce cas, jusqu'à concurrence de la plus-value (Rouen, 15 avril 1842, P. t. 1, 1843, p. 276). Mais cette solution soulève plus d'une objection. — V. également Rouen, 2 avril 1832.

(3) Rouen, 12 mai 1842, P. t. 1, 1843, p. 277, et 17 mai 1844, P. t. 2, 1844, p. 129. — V. en sens contraire : M. Odier (*Contr. de mar.*, t. 3, nº 1299) et M. Troplong (*Contr. de mar.*, nº 3475), qui fait observer que l'arrêt de Rouen de 1844 a été rendu dans une espèce où les travaux étaient autres que des travaux de réparations indispensables, que la Cour s'est appuyée d'abord sur cet état de choses, et que, si elle ajoute, comme motifs de sa décision, que les réparations ne devaient pas être faites avant l'autorisation demandée et obtenue, on peut présumer que

182. On vient de voir que la femme dotale pouvait, sous l'autorisation de la justice, aliéner ses immeubles pour payer ses dettes antérieures au contrat de mariage. Cette disposition s'applique aux dettes dont sont grevés les immeubles qu'elle recueille pendant le mariage par succession, donation, legs ou autrement. Il suffit que les dettes soient antérieures au moment où la femme a recueilli ces biens, c'est-à-dire soit à la donation, soit à l'ouverture de la succession qui lui est échue (1). Nous renverrons sur ce point aux développements qui seront donnés, dans notre seconde partie, n° 305, à des questions analogues.

183. S'il s'agit d'une aliénation pour fournir des aliments à la famille, c'est au tribunal auquel l'autorisation est demandée qu'il appartient d'apprécier l'étendue des besoins et la mesure dans laquelle l'aliénation peut avoir lieu, eu égard à la position des parties et à la fortune de la femme. La décision de la justice suffira donc pour mettre à l'abri l'acquéreur de l'immeuble dont elle a autorisé la vente. On comprend toutefois ce qu'il y a d'arbitraire dans cette appréciation, et si, en présence de l'exagération de la somme accordée à la femme et d'autres circonstances, on devait supposer que les fonds ont une tout autre destination, il serait prudent de ne pas acquérir (2).

Il faut observer au surplus que le mot *aliments* s'entend ici non-seulement de la nourriture proprement dite, mais de tout ce qui est nécessaire aux besoins de la vie, comme le logement, l'habillement, les médicaments dans les maladies (3). Il a même été décidé, en ce

---

cette raison n'aurait pas suffi à elle seule, si la Cour s'était trouvée en présence de réparations véritablement urgentes et indispensables.

(1) Cass., 15 janv. 1823, Paris, 18 déc. 1849, P. t. 2, 1850, p. 287.

(2) Il en serait ainsi s'il résultait des termes mêmes du jugement d'autorisation qu'on a considéré comme dette d'aliments certaines dépenses faites dans l'intérêt d'une entreprise personnelle au mari, sous le prétexte que les résultats de ces dépenses devaient procurer à la famille des moyens d'existence (Cass., 7 juillet 1851, P. t. 2, 1851, p. 367.).—Mais jugé que la femme a pu être valablement autorisée par la justice à convertir la collocation faite à son profit sur les biens du mari, pour raison du prix d'un immeuble aliéné, en une jouissance viagère destinée à subvenir aux besoins de la vie commune (Cass., 23 déc. 1861, P. 1863, p. 433).

(3) Caen, 27 janv. 1843, P. t. 2. 1844, p. 164; Rouen, 26 août 1843. P. t. 2,

qui concerne les enfants, que ce mot comprenait les frais d'éducation et d'instruction aussi bien que ceux de nourriture (1).

Il a été jugé, enfin, que l'aliénation pouvait être autorisée, lors même qu'il s'agirait d'aliments consommés (2), et la Cour de Cassation a validé l'aliénation autorisée pour donner à une femme les moyens d'exploiter un fonds d'hôtel garni qui formait sa seule ressource pour pourvoir à l'entretien de ses enfants (3). Évidemment cette solution est tout à fait dans l'esprit de la loi et témoigne une fois de plus du point de vue élevé auquel la Cour suprême sait se placer pour l'interpréter. Il faut reconnaître toutefois que, dans des cas semblables, les circonstances particulières doivent exercer une grande influence sur la décision du juge qui peut tenir à des nuances fort délicates, qu'on pourrait craindre quelquefois, dans des espèces qui paraîtraient analogues, une appréciation différente et qu'il y aurait souvent incertitude sur le point de savoir si l'autorisation a bien été donnée dans l'un des cas prévus par l'article 1558, et si elle couvre suffisamment l'acquéreur.

184. On voit, d'après ce qui précède, que ce n'est qu'avec la plus grande circonspection qu'on peut se rendre acquéreur d'un immeuble dotal, même dans le cas où l'aliénation en est permise. On devra s'assurer, avant tout, de la parfaite sincérité des actes et de la moralité des parties contractantes.

Il est essentiel que les fonds provenant de l'aliénation reçoivent la destination qui l'a nécessitée. La plupart du temps les jugements rendus en exécution de l'article 1558 prescrivent les mesures nécessaires pour en assurer l'emploi (4). Même en l'absence d'une disposi-

---

1844, p. 17; Caen, 7 mars 1845, P. t. 1, 1846, p. 386; — Toullier, t. 2, nº 613; M. Duranton, t. 2, nº 408; M. Tessier, *De la dot,* t. 1, nº 630; Marcadé, sur l'article 1558, nº 2; MM. Rodière et Pont, *Contr. de mar.,* t. 2, nº 515; M. Troplong, *Contr. de mar.,* t. 4, nº 3149.

(1) Agen, 18 juin 1851, P. t. 2, 1852, p. 69; Nîmes, 15 mars 1852, P. t. 2, 1853, p. 661; — Marcadé et M. Troplong, *loc. cit.* en la note précédente.

(2) Agen, 13 juillet 1849, P. t. 2, 1850, p. 253 et 18 juin 1851 cité plus haut; Nîmes, 26 avril 1853, P. t. 1, 1856, p. 407; — MM. Rodière et Pont, t. 2, nº 515; M. Troplong, t. 4, nº 3450.

(3) Cass., 5 nov. 1855, P. t. 2, 1856, p. 40.

(4) Souvent le jugement qui autorise la vente commet un notaire à l'effet d'ef-

tion à cet égard, dans le jugement d'autorisation, il est prudent de surveiller cet emploi.

185. Observez que si le prix de la vente dépasse les besoins qui ont motivé l'autorisation d'aliéner, il doit être fait remploi de l'excédent au profit de la femme (C. Nap., 1558.).

186. La femme dont les immeubles dotaux ont été aliénés hors des cas d'exception où cette aliénation est permise par le contrat de mariage ou par la loi, a contre les tiers détenteurs une action en nullité, qui ne peut toutefois être intentée par elle qu'après la dissolution du mariage ou la séparation de biens, et à laquelle elle ne peut renoncer pendant le mariage. Mais, indépendamment de cette action révocatoire, elle peut, si elle le préfère, alors même qu'elle n'est pas séparée de biens, se faire colloquer, dans l'ordre ouvert sur les biens du mari, pour le prix de ses biens dotaux indûment aliénés (1). D'après l'opinion de la plupart des auteurs, cette option ne serait que provisoire, et c'est seulement après la dissolution du mariage que la femme aurait recouvré le droit de confirmer l'aliénation et de s'en tenir à la collocation qu'elle aurait obtenue contre son mari (2). Cependant un arrêt de la Cour de Cassation, du 3 mai 1853 (3), décide que l'option faite par la femme a pour effet de la rendre non recevable à intenter l'action en nullité (4).

---

fectuer lui-même cet emploi. Cette mesure a l'avantage de mettre à l'abri la responsabilité de l'acquéreur.

(1) Cass., 28 nov. 1838, P. t. 2, 1838, p. 553; 16 nov. 1847, P. t. 2, 1847, p. 738; 3 mai 1853, P. t. 1, 1856, p. 272; 2 mai 1855, P. t. 2, 1855, p. 598; — Merlin, *Quest. de dr.*, V° *Remploi*, § 9; Zachariæ, § 537 et note 15; MM. Rodière et Pont, *Contr. de mar.*, t. 2, n° 586; M. Troplong, *Hypoth.*, t. 2, n°ˢ 612 et suiv.; M. Odier, t. 3, n° 1334; M. Tessier, t. 2, n° 62.

(2) M. Troplong, *Hypoth.*, t. 2, n°ˢ 623 et suiv.; MM. Rodière et Pont, *Contr. de mar.*, t. 2, n° 586; MM. Aubry et Rau sur Zachariæ, *Dr. civ. franç.*, note 15 sur le § 537; M. Coulon, *Dial. ou quest. de droit*, Dial. 75, t. 2, p. 336.

(3) Arrêt cité plus haut, note 1.

(4) Jugé que la femme qui a été colloquée sur les biens du mari pour le prix de l'aliénation de ses biens dotaux et qui a été autorisée ensuite par la justice à convertir le montant de cette collocation en une jouissance viagère, destinée à subvenir à la vie commune, ne peut plus, après la dissolution du mariage, exercer l'action révocatoire et que son option est devenue définitive au

§ IV. — DES SERVITUDES QUI PEUVENT DÉPRÉCIER LES IMMEUBLES. —
SERVITUDES LÉGALES.

Servitudes et autres charges. Réserve domaniale.

187. Avant d'acquérir un immeuble, on devra s'assurer, par l'examen des titres, que la propriété n'est pas grevée de servitudes ou de charges de nature à la déprécier. Telle est la clause qu'on rencontre fréquemment dans les adjudications faites administrativement, et d'après laquelle l'adjudicataire est tenu d'abandonner sans indemnité tout le terrain nécessaire soit à l'ouverture des nouvelles routes ou voies publiques, soit à l'élargissement où à l'alignement de celles déjà établies, et à laquelle l'usage a donné le nom de *réserve domaniale* (1).

Servitudes militaires, etc.

188. On doit examiner encore si la propriété n'est pas située dans une zone de servitudes militaires ou dans le voisinage de bois ou forêts soumis au régime forestier, dans la distance prescrite par les articles 151 et suivants du Code forestier (2) (V. l'article 179 de l'ordonnance du 1er août 1827).

---

moyen de l'autorisation judiciaire qu'elle a obtenue de traiter sur la liquidation de ses reprises. Cass., 23 déc. 1861, P. 1863, p. 433.

(1) Cette clause n'a pas toujours la même portée, et ses effets varient suivant les termes dans lesquels elle est conçue. Tantôt l'acquéreur est assujetti à se conformer aux *alignements* qui lui seront donnés, tantôt on y prévoit le cas de nouveaux *percements* de rues, et parfois sa rédaction comprend non-seulement les *alignements* et *retranchements* résultant des plans déjà arrêtés, mais encore *ceux qui pourraient l'être à l'avenir.*

La clause portant que « l'adjudicataire sera tenu, dès qu'il en sera requis, *de « se conformer aux alignements arrêtés* par la commission des travaux publics, « et ce sans-indemnité, » doit être considérée comme se référant exclusivement à l'alignement qui devait être et qui a été définitivement arrêté par le ministre de l'intérieur, en exécution de l'arrêté du directoire exécutif du 13 germinal an v. Elle ne peut être étendue aux modifications que cet alignement a pu subir depuis, ou qu'il subirait ultérieurement. Son effet est épuisé dès qu'une fois l'acquéreur a été soumis à un premier alignement. C'est ce qu'a décidé, à plusieurs reprises, le conseil d'Etat (V. 27 juin 1850, 21 juillet 1853 et 24 février 1859.).

(2) D'après l'article 153 aucune construction de maisons ou fermes ne peut être effectuée sans l'autorisation du gouvernement, à la distance de 500 mètres des bois et forêts soumis au régime forestier autres que les bois et forêts appartenant aux communes et qui ont moins de 250 hectares, sous peine de démolition.

189. Une servitude analogue existe à l'égard des propriétés situées dans le voisinage des cimetières. Un décret du 7 mars 1808 porte que nul ne pourra, sans autorisation, élever aucune habitation ou creuser aucun puits, à moins de cent mètres des *nouveaux* cimetières transférés hors des communes (art. 1er) ; que les bâtiments existants ne pourront également être restaurés ou augmentés sans autorisation ; que les puits pourront être comblés (art 2.) (1).

— Cette disposition ne s'applique ni aux maisons qui existaient au moment de la promulgation de la loi (même article), ni à celles qui font partie de villes, villages ou hameaux formant une population agglomérée.

(1) Cette servitude n'a pas lieu quand il s'agit d'un cimetière maintenu encore dans le lieu qu'il occupait autrefois, mais seulement de ceux transférés hors des communes.

CHAPITRE IV.

Établissement du droit de propriété.

190. On a déjà fait observer que, d'après les lois qui ont régi la constitution de la propriété en France jusqu'au jour où la loi du 23 mars 1855 est devenue exécutoire, rien ne désignait au public, d'une manière entièrement certaine, le véritable propriétaire d'un immeuble, et qu'en traitant avec celui qui a toutes les apparences du droit de propriété, on ne pouvait pas être parfaitement sûr de traiter avec le véritable propriétaire (1).

La loi nouvelle sur la transcription, en soumettant les actes translatifs ou constitutifs de la propriété, de ses démembrements et de ses charges, à la nécessité de la transcription, pour leur validité à l'égard des tiers, a voulu qu'à l'avenir *la publicité fût la base de l'établissement de la propriété.*

Mais c'est ce qu'elle ne pouvait faire d'une manière absolue, sans porter une trop grave atteinte aux principes sur lesquels repose toute notre législation sur la propriété. Il était impossible de ne pas laisser subsister certaines causes qui peuvent entraîner la dépossession du propriétaire apparent ou même la résolution du droit du véritable propriétaire, telles que les actions en nullité ou en rescision des contrats, dans les cas déterminés par le Code Napoléon. D'ailleurs, comme on l'a vu plus haut, cette loi n'est applicable qu'aux actes faits depuis le 1er janvier 1856.

191. Il importe donc que le droit de propriété soit établi avec le plus de certitude possible dans la personne du vendeur et de ses auteurs.

192. Il faut que ce droit ne soit pas sujet à résolution.

---

(1) Rapport de M. Ad. de Belleyme au Corps législatif, au nom de la commission chargée d'examiner le projet de loi sur la transcription.

193. La propriété peut être acquise :

1° Par succession ;

2° Par donation entre vifs ;

3° Par testament ;

4° Par achat ;

5° Par échange ;

6° Par la possession et la prescription.

I. — *Succession , partage.*

Qualités d'héritiers.

194. Le vendeur auquel le bien est échu par·succession doit justifier de sa qualité d'héritier, soit par un extrait de l'*intitulé de l'inventaire* fait après le décès de son auteur, soit, à défaut d'inventaire, par un acte de notoriété contenant les indications qu'aurait données l'inventaire lui-même sur la personne des héritiers et sur les dispositions universelles ou à titre universel faites par le défunt (V. *infra*, nᵒˢ 237 et suiv.).

Héritier apparent.

195. Si la succession a été recueillie par un parent d'un degré éloigné, il peut arriver que, plus tard, un autre parent du même degré ou d'un degré plus rapproché se fasse connaître et vienne exer·cer l'action en pétition d'hérédité (1). Dans cette hypothèse, on pourrait craindre que le droit de l'acquéreur ne s'évanouît avec le droit de propriété du vendeur, si la validité des aliénations faites par l'héritier apparent et des hypothèques qu'il a consenties n'était pas reconnue. Les auteurs ne sont pas d'accord sur cette question, et bien

---

(1) Selon un arrêt de la Cour de cassation du 29 janvier 1862 (P. 1863, p. 5), l'action en pétition d'hérédité se prescrit par trente ans au profit des héritiers qui antérieurement ont accepté la succession depuis moins de trente ans, leur acceptation étant réputée remonter au jour de l'ouverture de la succession. Mais cette doctrine est combattue par plusieurs auteurs, notamment par M. Demolombe, qui soutient que la présomption d'acceptation de l'héritier qui n'a pas renoncé dans les trente ans, à partir de l'ouverture de la succession, ou au moins du jour où il a connu sa vocation, rend sans effet l'acceptation et la prise de possession de l'hérédité par un autre successible, alors que cette possession n'a pas duré elle-même trente ans (*Successions*, nᵒ 312). V. C. Nap., art. 777 et 780.

que la jurisprudence paraisse fixée dans le sens de la validité (1), les circonstances qui pourraient faire craindre la survenance d'autres héritiers pourront être un motif de s'abstenir.

196. S'il y a des héritiers qui aient renoncé à la succession, on peut craindre que cette renonciation ne soit attaquée par les créanciers comme faite en fraude de leurs droits (Code Nap., 788.) (2). Il

Renonciation.

---

(1) V. pour la validité des aliénations trois arrêts de la Cour de cassation du même jour 16 janvier 1843, P. t. 1, 1843, p. 331, 334 et 337; Paris, 8 janv. 1833 et 28 janv. 1848, P. t. 1, 1848, p. 585; Bourges, 16 juin 1837 et 24 août 1843, P. t. 2, 1840, p. 304 et t. 2, 1844, p. 518; Toulouse, 21 déc. 1839, P. t. 1, 1840, p. 515; Aix, 22 déc. 1843, P. t. 1, 1844, p. 729; Rouen, 30 janv. 1844, P. t. 2, 1844, p. 428; Caen, 20 mars 1855, P. 1857, p. 295; Merlin, *Rép. de jurisp.*, V° *Succession*; Chabot, *Success.*, art. 724; Malpel, *Success.*, p. 110; Zachariæ, § 616, et MM. Aubry et Rau sur Zachariæ, *ibid.*, note 31; M. Demante, *Cours anal. C. Nap.*, t. 1, n°s 176 *bis* et suiv.; M. Demolombe, *Success.*, t. 2, n°s 241-250.

V. en sens contraire, c'est-à-dire dire pour la nullité des aliénations : Poitiers, 16 avril 1832; Orléans, 27 mai 1836, P. t. 2, 1837, p. 310; Montpellier, 9 mai 1838, P. t. 2, 1838, p. 445; Rennes, 12 août 1844, P. t. 2 1844, p. 405; —Toullier, t. 9, p. 541; M. Duranton, t. 1, n°s 557 et suiv.; M Grenier, *Hypoth.*, t. 1, p. 101; M. Troplong, *Hypoth.*, t. 2, n° 468, et *Vente*, t. 2, n° 960.

La question se présenterait encore si le vendeur, au lieu de posséder comme héritier, avait acheté de l'héritier apparent. — En ce qui touche les aliénations, on distingue entre la vente de l'hérédité entière et l'aliénation d'objets particuliers. On est généralement d'accord pour décider que si l'hérédité entière a été vendue par l'héritier apparent, l'acquéreur, malgré sa bonne foi, peut être évincé par le véritable héritier. La question est plus controversée s'il s'agit d'un ou de plusieurs immeubles déterminés.

(2) Ce droit n'appartient qu'aux créanciers dont le titre est antérieur à la renonciation. En effet, en thèse générale, un créancier ne peut attaquer comme frauduleux les actes faits par son débiteur antérieurement à son titre de créance. Paris, 6 juin 1826; Colmar, 20 mai 1836; Toulouse, 1er déc. 1837, P. t. 2, 1838, p. 83; Riom, 9 août 1843, S. 44. 2. 15; — Toullier, t. 6, n° 351; Zachariæ, § 313, t. 2, p. 343. —Mais il n'est pas nécessaire que les créances soient exigibles. Proudhon, *Usufruit*, t. 4, n° 2415.

Jugé que la renonciation est réputée faite au préjudice des créanciers de l'héritier par cela seul qu'il était sous le coup de leurs poursuites : Bourges, 19 déc. 1821. — Cette solution est conforme à l'opinion de M. Chardon, *Dol et fraude*, t. 2, n°s 264 et 265.

Il faut observer, dans tous les cas, que la renonciation n'est annulée qu'en faveur des créanciers et seulement jusqu'à concurrence de leurs créances, et non en faveur de l'héritier qui a renoncé (C. Nap., 788).

suffit même, d'après la doctrine, qu'il y ait préjudice pour eux, alors même que l'intention frauduleuse ne serait pas établie, pour qu'ils aient le droit d'accepter du chef de leur débiteur (1). La renonciation pourrait encore être annulée si le renonçant avait déjà fait acte d'héritier. Enfin, il arrive souvent que la renonciation n'est qu'une forme employée pour réaliser une véritable cession de droits successifs au profit des cohéritiers du renonçant qui reçoit, en exécution de conventions secrètes, le prix de sa renonciation. — L'article 780 C. Nap. a prévu le cas où la renonciation, même gratuite, est faite par l'un des héritiers au profit d'un ou de plusieurs de ses cohéritiers, et le cas où celui qui renonce au profit de tous les autres héritiers indistinctement reçoit le prix de sa renonciation. Dans cette double hypothèse, la loi considère la renonciation comme une cession emportant, de la part de l'héritier qui l'a faite, acceptation de la succession (2). — Il faut donc appliquer, en pareil cas, pour déterminer les effets de la renonciation, les principes qui régissent les cessions de droits successifs (V. *infra*, nᵒˢ 200 et suiv.).

En tout cas, on devra, toutes les fois que le droit exclusif du vendeur à la propriété des immeubles vendus résultera de la renoncia-

---

(1) Paris, 13 fév. 1826 ; — M. Chardon, *Dol et fraude*, t. 2, nᵒˢ 264 et 265 ; M. Duranton, t. 6, nᵒ 111 ; Marcadé, sur l'article 733, nᵒ 1.

(2) La renonciation ne peut être opposée aux tiers qu'autant qu'elle a été faite au greffe du tribunal (C. Nap., 784). Mais on décide généralement que la renonciation qui est la conséquence d'une convention entre cohéritiers est valable entre eux, bien qu'elle n'ait pas été faite au greffe et qu'elle n'est frappée de nullité qu'à l'égard des tiers (Cass., 11 août 1825, 6 nov. 1827, 17 juin 1846 et 15 nov. 1858, P. t. 2, 1846, p. 92 et 1859, p. 844 ; — M. Vazeille, *Successions*, sur l'article 784, nᵒ 2 ; Zachariæ, t. 4, § 613, p. 283 ; MM. Championnière et Rigaud, *Enregistr.*, t. 1, nᵒ 517 ; Marcadé, sur l'article 784.).— Si la renonciation gratuite n'est faite qu'au profit de certains héritiers, plusieurs auteurs pensent qu'elle doit être faite dans la forme des donations (V. notamment M. Demolombe, t. 14, nᵒ 442 *bis*). Jugé que la renonciation à un legs, comme la renonciation à une succession, doit être faite au greffe du tribunal, et qu'une renonciation par acte notarié ne serait obligatoire qu'autant que, se liant à une convention, elle formerait une des clauses du contrat (Bordeaux, 4 avril 1855, P. 1857, p. 107). Dans tous les cas où elle n'est pas faite au greffe, elle doit être acceptée par les autres héritiers. Autrement, si l'acte qui la constate était unilatéral, l'héritier renonçant pourrait soutenir qu'il a le droit de la révoquer.

tion faite par ses cohéritiers, vérifier si l'état de la succession et les charges qui la grèvent justifient la sincérité de cette renonciation. L'attention devra être éveillée surtout quand la renonciation n'aura été faite que longtemps après l'ouverture de la succession, ou quand elle émanera d'une personne qui n'aurait pas eu la capacité nécessaire pour faire ostensiblement une cession de ses droits (V. *infra*, n° 204.)

197. S'il s'agit d'une succession irrégulière, c'est-à-dire de celle qui, à défaut d'héritiers au degré successible, est dévolue à l'enfant naturel, à défaut d'enfant naturel au conjoint survivant, et, à défaut de celui-ci, à l'Etat, on devra s'assurer que les formalités prescrites en pareil cas par l'article 770 du Code Napoléon à l'héritier irrégulier ont été remplies, et qu'il a obtenu l'envoi en possession. Successions irrégulières.

198. Si le droit de l'héritier résulte d'une adoption, on devra vérifier si les formes prescrites par les articles 353 et suivants du Code Napoléon ont été suivies, en observant que le défaut d'inscription de l'arrêt d'adoption, dans les trois mois de sa date, sur le registre de l'état civil du lieu du domicile de l'adoptant, entraîne la nullité de l'adoption. Adoption.

Il faut encore observer 1° que les auteurs et les arrêts sont partagés sur la validité de l'adoption de l'enfant naturel par le père ou la mère qui l'a reconnu (1) ; 2° que l'arrêt d'adoption n'a pas l'au-

---

(1) Toutefois la jurisprudence semble, quant à présent, fixée dans le sens favorable à l'adoption, depuis que la Cour de cassation, par un arrêt du 1er avril 1846 (P. t. 2, 1846, p. 570), abandonnant le système contraire qu'elle avait adopté le 16 mars 1843 (P. t. 1, 1843, p. 539), est revenue à l'opinion consacrée précédemment par son arrêt du 28 avril 1841 (P. t. 1, 1841, p. 737). Un arrêt de la Cour de Paris, du 13 mai 1854, rendu en audience solennelle, s'est également prononcé pour la validité de l'adoption de l'enfant naturel (P. t. 1, 1855, p. 59). — C'est aussi dans ce sens que la presque totalité des Cours d'appel avaient décidé la question. V. Paris, 9 nov. 1807 et 13 mai 1825 ; Grenoble, 28 mars 1808 et 10 mars 1825 ; Rouen, 12 mai 1808 et 27 mars 1809 ; Caen, 18 fév. 1811 ; Agen, 10 avril 1811 ; Douai, 13 février, 1er mai et 30 août 1821 ; Angers, 29 juin 1824 et 28 mars 1828; Bordeaux, 1er février 1826 ; Rennes, 14 février. 21 mars 1828, 30 mars 1835 et 19 août 1844, P. t. 2, 1844, p. 336 ; Poitiers, 17 mai 1828 ; Orléans, 4 mai 1832; Lyon, 6 février 1833 ; Toulouse, 2 juin 1835 ; Riom, 14

torité de la chose jugée à l'égard des héritiers de l'adoptant, qui peuvent toujours demander la nullité de l'adoption par voie d'action principale (1), et que cette action ne se prescrit que par trente ans (2).

199. Si le vendeur n'est pas seul héritier, il doit justifier du partage qui lui attribue la propriété qu'il veut vendre (3).

On s'assurera que le partage a été fait entre tous les héritiers (4),

---

mai 1838, P. t. 1, 1838, p. 584; Limoges, 4 juin 1840, P. t. 2, 1840, p. 773; Dijon, 30 mars 1844, P. t. 2, 1844, p. 27; Cass., 3 juin 1861, P. 1862, p. 199. Le même arrêt décide que l'adoption est permise à celui qui a des enfants naturels reconnus. — V. encore, pour la validité de l'adoption : Grenier, *Adoption*, n° 35 ; Proudhon, *De l'état des personnes*, t. 2, p. 138 ; M. Duranton, t. 3, n° 293 ; Zachariœ, § 556 ; M. Taulier, *Théorie du C. Nap.*, t. 1, p. 460 ; M. Richefort, *État des familles*, t. 2, n° 292.

V. contre l'adoption des enfants naturels : Paris, 15 germ. an XII ; Nimes, 18 flor. et 3 prair. an XII et 30 déc. 1810 ; Besançon, 1er pluv. an XIII ; Paris, 1er mai 1826 ; Bourges, 22 mai 1830 ; Angers, 21 août 1839, P. t. 2, 1839, p. 234 ; — Loiseau, *Appendice au traité des enfants naturels*, p. 345 et suiv. ; Delvincourt, t. 1, p. 95, note 1; Chabot, *Successions*, t. 2, p. 121, n° 34 ; Toullier, t. 2, n° 988 ; M. Favard de Langlade, *Rép.*, V° *Adoption*, sect. 2, § 1, n° 4 ; Merlin, *Rép. de jurisp.*, 4e éd., V° *Adoption*, § 4; Marcadé, sur l'article 343, n° 4 ; M. Demolombe, t. 6, n° 52 ; M. Demante, *Cours de Code Nap.* t. 2, n° 50 *bis;* M. Odilon Barrot, *Encyclop. du droit*, V° *Adoption*, n° 36 ; M. Pont, *Revue de législ.*, t. 17, p. 750 ; M. Magnin, *Minorité*, t. 1, n° 262 ; M. Poujol, *Success.*, sur l'article 957, n° 12 ; M. Riffé, *De l'adoption*, n° 57 ; M. Boileux, *Comment. C. Nap.*, sur l'article 343; M. Benech, *De l'illégalité de l'adoption des enfants naturels.*

(1) Cass., 22 nov. 1825 et 24 août 1831 ; Paris, 26 avr. 1830 et 13 mai 1854, P. t. 1, 1855, p. 59 ; Merlin, *Quest. de droit*, V° *Adoption*, § 10 ; Toullier, t. 2, n° 1039 ; M. Duranton, t. 3, n° 329 ; Zachariœ, § 558 ; M. Demolombe, t. 6, n° 186. — L'arrêt d'adoption constitue en effet un acte de juridiction volontaire.

(2) Il semble même que cette prescription ne doit courir que du jour du décès de l'adoptant à l'égard des collatéraux, qui ne sont pas recevables à intenter l'action en nullité pendant sa vie, ainsi que le décide un arrêt de la Cour de Grenoble du 22 mars 1843 (P. t. 2, 1843, p. 342).

(3) On décide généralement qu'il n'y a de partage valable et définitif que celui qui est constaté par écrit. Riom, 10 mai 1855, P. 1857, p. 13; Bastia, 2 fév. 1857, P. 1857, p. 611.

(4) Sur le mode de constatation des qualités d'héritiers, V. *supra* n° 194.

et en outre dans le cas où ils ne sont pas tous présents (1), où, s'il y a parmi eux des mineurs, même émancipés, ou des interdits, que le partage a été fait en justice, conformément aux règles prescrites par les articles 819 et suivants du Code Napoléon et 966 et suivants du Code de procédure civile (2), et l'on devra se faire représenter le jugement d'homologation rendu conformément à l'article 981 du même code et vérifier s'il a acquis l'autorité de la chose jugée (V. *infra*, n° 267) (3).

Il importe surtout, en cas de minorité ou d'interdiction d'un des copartageants, que les lots aient été tirés au sort. Le tirage des lots est une formalité essentielle à laquelle il ne peut être dérogé sous aucun prétexte, et le partage fait par voie d'attribution n'aurait, à l'égard de l'incapable, que le caractère d'un partage provisionnel (C. Nap., 466, 834, 840) (4).

Si l'un des cohéritiers est grevé de substitution, les mêmes for-

---

(1) Le notaire commis par le tribunal pour représenter un présumé absent n'a pas qualité pour procéder, au nom de celui-ci, à un partage amiable. Pigeau, t. 2, p. 671 ; Carré, sur l'article 985 C. proc. civ. ; Rolland de Villargues, *Rép. du notariat*, V° *Partage de succession*, n° 8.

(2) On s'assurera notamment que chacun des mineurs ayant des intérêts opposés a été pourvu d'un tuteur spécial (C. proc. civ., 968). Si le père, tuteur légal, figure en son nom dans un partage où son fils mineur est intéressé, c'est par le subrogé tuteur que ce mineur doit être représenté; mais celui-ci doit être pourvu d'un subrogé tuteur spécial.

(3) Les jugements homologatifs de la liquidation d'une succession sont susceptibles d'appel, alors même qu'aucune contestation n'a été élevée par la partie qui interjette appel bien qu'ils ne soient pas susceptibles d'opposition. Paris, 15 juin 1837, 10 août 1838, P. t. 2, 1838, p. 126 et 127, et 23 juillet 1840, P. t. 2, 1840, p. 689. — Il en est ainsi lors même que le jugement d'homologation a été rendu sur la requête collective des intéressés.

(4) Ce n'est qu'autant que les intéressés sont majeurs que le partage peut, de leur consentement, être fait par attribution. Cass., 10 mai 1827, 27 fév. 1838, P. t. 1, 1838, p 504 ; 19 mars 1844, P. t. 1, 1844, p. 723 ; 26 avril 1847, P. t. 1, 1847, p. 687, et 27 mars 1850, P. t. 2, 1850, p. 535. La jurisprudence des Cours impériales est également fixée dans ce sens. — V. conf. Toullier, t. 4, n° 428 ; Favard de Langlade, *Rép.*, V° *Partage*, sect. 2, § 2, art 3, n° 5 ; Chabot de l'Allier, sur l'article 834, n°s 4 et 5; M. Vazeille, *Successions*, sur l'article 834 ; M. Malpel, *Success.*, n° 289. — V. cependant : Cass., 11 août 1808 ; Toulouse, 23 nov. 1832 ; Caen, 13 nov. 1845 et 20 août 1847, P. t. 1, 1846, p. 380 et t. 1, 1848, p. 72.

malités sont indispensables lors même que tous les appelés existant actuellement seraient majeurs (1).

<table><tr><td>Cession des
droits successifs.</td><td>200. La cession des droits successifs faite par un héritier à ses cohéritiers est considérée comme un partage et produit les mêmes effets, quand elle fait cesser l'indivision à l'égard de tous les héritiers. En conséquence, le cédant est réputé n'avoir jamais été propriétaire des valeurs acquises par ses cohéritiers (C. Nap., art. 883), et l'acte de cession n'est pas sujet à transcription (2). Mais il en serait autrement si la cession n'étant pas faite à tous les cohéritiers du cédant, elle ne faisait pas cesser l'indivision à l'égard de tous. Elle aurait alors le caractère et les effets d'une vente (3).</td></tr></table>

---

(1) La charge de restituer ne pouvant être valablement imposée qu'au profit de tous les enfants nés et à naître, sans distinction, il faut décider que, du vivant du grevé, le partage ne peut avoir lieu à l'amiable, même quand tous les appelés existant actuellement seraient majeurs, et qu'il doit être procédé en justice, en présence du tuteur, à la restitution. Pigeau, t. 2, p. 707 ; Carré, sur l'article 985 ; M. Rolland de Villargues, *Rép. du notariat*, V° *Partage de succession*, n° 60.

(2) Cass., 13 fév. 1838, P. t. 1, 1838, p. 425. — Favard de Langlade, *Rép.*, V° *Partage de succession*, sect. 3, § 1 ; Toullier, t. 4, n° 562 ; M. Duranton, t. 16, n° 483 ; Zachariæ, t. 4, § 625, p. 398 et suiv.; M. Duvergier, *Vente*, t. 2, nos 144 et 145 ; Marcadé, sur l'article 883, n° 3.

Cette règle a lieu quelle que soit la nature du droit de propriété (Cass., 24 juin 1837 et 20 déc. 1848, P. t. 1, 1837, p. 124, et t. 1, 1849 p. 343); par conséquent entre communistes comme entre cohéritiers (Cass., 28 avril 1840, P. t. 2, 1840, p. 191 ;—Grenoble, 28 août 1847, P. t. 1, 1848, p. 688; Douai, 2 mai 1848, P. t. 1, 1850, p. 400 ; Lyon, 8 fév. 1835 et 14 fév. 1853, P. t. 2, 1853, p. 546). Elle s'applique à tout acte qui a pour effet de faire cesser l'indivision, qu'il emprunte la forme d'une vente d'immeubles, d'une cession de droits successifs ou de tout autre contrat (Paris, 16 avril 1821 ; Lyon, 8 février 1835 ; Grenoble, 12 mars 1849, P. t. 1, 1850, p. 139 ; Besançon, 12 mai 1853, P. t. 1, 1853, p. 543 ; — Zachariæ, t. 4, § 625, p. 398 ; Marcadé, sur l'article 883, n° 2).

(3) On applique ce principe, même au cas d'une adjudication sur licitation, quand cette adjudication, faite à plusieurs des copropriétaires conjointement, laisse subsister l'indivision entre eux. De nombreux arrêts décident que l'adjudication n'a pas alors le caractère et les effets d'un partage. V. notamment : Cass., 18 mars 1827, 6 et 16 nov. 1832, 13 août 1838, 3 déc. 1839, 19 janv. 1841, 6 mai 1844, 13 déc. 1852 et 18 mai 1858, P. t. 2, 1838, p. 350, t. 2, 1839, p. 608, t. 1,

201. Une cession de droits successifs ne comprend pas la part échue au cédant depuis la cession par voie d'accroissement.

202. La femme mariée sous le régime dotal peut-elle procéder au partage *amiable* des biens qui lui appartiennent par indivis? Quel-

Partage
des biens dotaux.

1841, p. 530, t. 2, 1844, p. 411, t. 1, 1853, p. 105, 1858, p. 679 ; — M. Duranton, t. 20, n° 123; Zachariæ, t. 4, § 625, p. 599, note 8; Marcadé, sur l'article 883, n° 4.

Mais V. en sens contraire : Cass., 25 juin 1809 ; Paris, 11 janv. 1828 et 24 avril 1837 , P. t. 1, 1837, p. 526 ; Montpellier, 19 juillet 1808 ; Riom, 15 mars 1830; — M. Duvergier, *Vente*, t. 2, n°s 147 et suiv. ; M. Rolland de Villargues, *Rép.*, V° *Licitation*, n°s 19 et suiv.; MM. Championnière et Rigaud, *Traité des droits d'enreg.*, t. 3, n°s 2734 et suiv.

Mais si plus tard l'un des copropriétaires qui ont acheté conjointement achète encore les parts de ses coacquéreurs, ce dernier acte fait remonter son droit de propriété au jour où l'indivision a commencé et il y a lieu à l'application de l'article 883. En conséquence, si la première acquisition avait laissé subsister les hypothèques qui existaient sur l'un des copropriétaires originaires, ce ne pouvait être qu'en subordonnant l'effet de ces hypothèques aux éventualités de l'acte qui ferait cesser plus tard l'indivision (Cass., 29 mars 1854, P. t. 2, 1854, p. 113), et, dans ce cas, il importe peu que les précédentes cessions n'aient pas été transcrites. — Le tiers acquéreur d'une portion indivise qui devient ensuite adjudicataire sur licitation de la totalité ou qui acquiert les autres parts peut-il invoquer l'article 883 ? La Cour de cassation distingue entre les matières de droit commun et les matières d'enregistrement, et si, par de nombreux arrêts, elle a décidé constamment que la fiction consacrée par cet article n'a lieu, au point de vue de l'enregistrement, qu'autant que l'origine du droit des différents propriétaires remonte à un titre commun (Cass., 21 janv. 1840, 19 déc. 1845, 11 fév. 1846, 9 nov. 1847, 26 janv. et 18 déc. 1848, 11 fév. 1849 et 21 juillet 1858, P. t. 1, 1842, p. 411, t. 1, 1846, p. 186 et 283, t. 2, 1847, p. 533, t. 1, 1848, p. 462, t. 1, 1849, p. 342, t. 1, 1850, p. 163, et 1859, p. 495), elle a jugé que, dans les matières de droit commun, la fiction de l'article 883 C. Nap. reprend tout son empire, qu'en conséquence l'adjudication sur licitation prononcée au profit du cessionnaire de la part indivise d'un des cohéritiers équivaut à un partage, comme si elle avait eu lieu au profit de ce cohéritier lui-même (Cass., 22 fév. et 6 nov 1827 et 27 janv. 1857, P. 1858, p. 406.—Conf. Paris, 12 fév. 1841, P. t. 1, 1841, p. 319).

La cession à titre gratuit de droits successifs entre cohéritiers pourrait-elle être assimilée à un partage, si elle faisait cesser l'indivision, d'une manière absolue, à l'égard de tous ces cohéritiers ? MM. Championnière et Rigaud (*Traité des droits d'enregist.* t. 3, n° 2723) décident négativement la question, par la raison que le partage est essentiellement un acte à titre onéreux.

ques auteurs, considérant le partage comme une aliénation, décident la négative (1). Mais si le partage avait ce caractère, d'après la loi romaine qui le considérait comme une acquisition que faisait chacun des copartageants des parts qui appartenaient aux autres avant le partage, il en est tout autrement sous notre législation, d'après laquelle chacun des copartageants est censé avoir succédé seul et immédiatement aux objets compris dans son lot, et n'avoir jamais eu la propriété des autres (C. Nap., 883). Aussi la jurisprudence s'est-elle prononcée dans ce sens que la femme dotale pouvait procéder au partage sans formalités judiciaires, et c'est un point qui est généralement admis dans la pratique (2).

Cession des droits successifs par la femme dotale.

203. Mais il ne serait pas prudent d'appliquer cette solution au cas où l'acte intervenu entre la femme et ses cohéritiers n'aurait le caractère d'un partage qu'en vertu de la fiction de l'article 883 du Code Napoléon ; dans le cas, par exemple, d'une cession faite par la femme de ses droits successifs, ou de toute autre combinaison par suite de laquelle elle n'aurait reçu qu'une somme d'argent au lieu de la part d'immeubles en nature qui eût été frappée de dotalité. Toutes les fois que la femme n'aura pas reçu une part en immeubles égale à celle de ses cohéritiers, on devra craindre que ce mode de partage n'ait été concerté pour soustraire les biens de la femme à la dotalité, ou ne soit considéré comme tel par le juge (3).

---

(1) M. Tessier, *De la dot*, t. 1, n° 626 ; MM. Rodière et Pont, *Contr. de mar.*, t. 2, n° 569 ; M. Sériziat, *Rég. dotal*, p. 241.

(2) Cass., 29 janv. 1838. P. t. 1, 1838, p. 448 ; Caen, 9 mai 1839 et 10 juin 1847, P. t. 1, 1846, p. 429 et t. 2, 1847, p. 711 ; Rouen, 23 juin 1843, P. t. 2, 1843, p. 279 ; Grenoble, 18 janv. 1849, P. t. 2, 1850, p. 571 ; Bordeaux, 29 avril 1856, P. 1857, p. 644 ;—M. Duranton, t. 15, n°s 396 et 506 ; Marcadé, sur l'article 818, n° 3, et sur l'article 1558, n° 5 ; M. Demante, t. 3, n° 146 *bis*, 3 ; M. Troplong, *Contr. de mar.*, t. 4. n° 3112 ; M. Vazeille, *Success.*, sur l'article 819, n° 7.—V. toutefois, en sens contraire, Cass., 23 août 1830.

Jugé même que, pour procéder au partage avec son mari, la femme n'a aucun besoin de l'intervention de la justice ; qu'en effet la justice n'a point à intervenir dans les contrats qui peuvent légalement se former entre mari et femme. Bordeaux, 29 avril 1856, précité.

(3) En effet, comme l'enseigne M. Troplong (*Contr. de mar.*, t. 4, n° 3113), le

Néanmoins, s'il est certain que c'est par suite de l'impossibilité de partager les immeubles en nature, et non dans l'intention de faire fraude au régime dotal que le lot de la femme a été formé de la soulte due par un des copartageants, la fiction de l'article 883 devra recevoir son application (1). Mais, s'il doit en être ainsi toutes les fois qu'il s'agit des rapports des héritiers entre eux, cette fiction cesse de pouvoir être invoquée quand il s'agit de déterminer, entre les époux, la nature de la soulte qui représentera la part à laquelle avait droit chaque copartageant dans les valeurs héréditaires, dans les meubles ou les immeubles. C'est ainsi que la soulte due à la femme dotale, à raison des immeubles dans lesquels elle avait un droit indivis, sera sujette à remploi comme la part qu'elle avait dans ces immeubles. Mais si elle a laissé périr le privilége qui lui assurait le payement de cette soulte, elle ne pourra opposer à ses cohéritiers l'inaliénabilité du fonds dotal; car le partage n'est pas une aliénation et surtout une aliénation volontaire, et le principe de l'inaliénabilité ne régit pas les aliénations nécessaires (L. 1, D. *de fundo dotali*) (2).

Ces règles sont applicables aux partages d'ascendants.

204. On a déjà vu que c'était quelquefois en empruntant la forme d'une renonciation qu'un héritier cédait à ses cohéritiers ses droits successifs dont le prix était réglé entre eux par un traité particulier. Une pareille renonciation faite par une femme dotale doit faire naître

---

partage amiable n'est pas dans le pouvoir des époux quand, revêtant la forme d'une vente, il aliène le fonds dotal en entier et y substitue des deniers périssables.

(1) Cass., 7 août 1860, P. 1861, p. 682.

(2) Cass., 10 mars 1856, P. 1857, p. 255.—V. en outre Marcadé, sur l'article 1558, n° 6; M. Troplong, *Contr. de mar.*, t. 4, n° 3485.

La sincérité du partage doit être examinée avec d'autant plus d'attention si la part de la femme consistait, non en une soulte due par un copartageant, soulte qu'elle ne pourrait recevoir sans faire remploi, mais en valeurs mobilières dépendant de la succession, en même temps qu'on aurait abandonné des immeubles à son cohéritier; car, dans cette hypothèse, il n'y aurait pas de prix, ni même de soulte, puisque la femme ne recevant rien de l'héritier lui-même, mais recevant directement de la succession, il n'y aurait pas matière à remploi. V. Caen, 5 nov. 1845, P. t. 1, 1846, p. 430;— M. Troplong, *Contr. de mar.*, t. 4, n° 3486.

les soupçons, et ce n'est qu'autant qu'elle serait justifiée par l'état de la succession qu'on devra en tenir compte.

205. Le partage peut être rescindé pour cause de violence ou de dol, ou pour lésion de plus du quart (C. Nap., art. 887) (1). Cette règle est applicable à tout acte qui a pour objet de faire cesser l'indivision entre cohéritiers, qu'il soit qualifié de vente, d'échange, de transaction (2), ou de toute autre manière (888). Toutefois l'action en rescision n'est pas admise contre une vente de droits successifs faite sans fraude à l'un des cohéritiers, à ses risques et périls, par les autres héritiers ou par l'un d'eux (889) (3). Bien qu'il soit assez difficile de connaître les faits d'où peuvent résulter ces causes de res-

---

(1) Si une succession a été l'objet de différents partages partiels, plusieurs auteurs décident que ces partages sont indépendants l'un de l'autre, et que c'est d'après le résultat séparé de chacun d'eux que la lésion doit être appréciée (M. Duranton, t. 7, n° 576; Rolland de Villargues, *Rép. du not.*, V° *Lésion*, n°s 82 et suiv.; MM. Massé et Vergé sur Zachariæ, t. 2, § 393, note 17 ; M. Demolombe, *Succes.*, t. 5, n° 428).— Mais cette opinion a été repoussée par un arrêt de la Cour de cassation, du 26 avril 1841 (P. t. 1, 1841, p. 679).

(2) Cette règle souffre exception lorsqu'il existe des difficultés réelles sur les droits des différents prétendants à la succession, par exemple, sur leurs qualités, sur la consistance de leurs droits, et que la transaction porte sur les points en litige.

La loi doit être entendue en ce sens que si la transaction est plutôt un partage qu'une véritable transaction, l'action en rescision sera recevable; que si, au contraire, les parties ayant des prétentions opposées sur la consistance de leurs droits règlent leurs intérêts par une véritable transaction, l'article 888 cesse d'être applicable. Merlin, *Rép.*, V° *Transaction*, § 5, n° 13 ; Chabot, *Success.*, sur l'article 888, n° 4 ; Toullier, t. 4, n° 580 ; M. Troplong, *Transactions*, n° 141 ; Rolland de Villargues, *Rép. du not.*, V°ˢ *Lésion*, n° 90 et *Partage*, n° 74. — V. différentes applications de ce principe dans les arrêts suivants : Cass., 7 fév. 1809, 12 août 1829, 3 déc. 1833 et 16 fév. 1842, P. t. 1, 1842, p. 485.

C'est aux juges du fait exclusivement qu'il appartient de décider si le traité constitue une véritable transaction ou un partage. Cass., 7 fév. 1809, 13 janv. 1825, 22 août 1831 et 27 août 1835.

(3) Il ne suffit pas, pour pouvoir invoquer le bénéfice de l'article 889, de stipuler que la vente est faite aux risques et périls de l'héritier cessionnaire ; il faut encore que celui-ci ait couru, en réalité, une chance de perte. — Cass., 3 juin 1840, 20 mars 1844, 29 juin et 7 déc. 1847, P. t. 2, 1840, p. 510, t. 2, 1844, p. 25, t. 2, 1847, p. 644 et t. 1, 1848, p. 681.

cision, néanmoins, on devra se tenir sur ses gardes toutes les fois que certaines circonstances de nature à faire suspecter la sincérité ou l'exactitude d'un partage viendront à se révéler.

L'action en rescision dure dix ans, et ce délai ne court, dans les cas d'erreur, de violence ou de dol, que du jour où la violence a cessé, ou du jour où le dol a été découvert (C. Nap., 1304) (1).

206. De plus, la loi accorde aux cohéritiers, sur les immeubles de la succession, un privilége pour la garantie des partages faits entre eux, et pour les soultes ou retours de lots (C. Nap., art. 2103-3°). Mais aucune action résolutoire n'étant attachée à ce privilége, l'acquisition de la propriété qui s'y trouve soumise n'en est pas moins valable, et l'acquéreur n'a à s'en préoccuper, comme des hypothèques qui peuvent grever l'immeuble, que pour le payement de son prix. V. au surplus, sur ce privilége, 2e partie, nos 375 et suiv., *infra*.

207. Une question controversée est celle de savoir si l'adjudication par licitation faite à un cohéritier ayant le caractère d'un partage plutôt que d'une vente, ce cohéritier adjudicataire est soumis à la folle enchère, ou si cette voie n'est ouverte qu'à la suite d'une adjudication sur saisie immobilière. On décide généralement que la folle enchère peut être poursuivie, en matière de licitation judiciaire, contre le cohéritier aussi bien que contre l'adjudicataire étranger (2). Il y a peut-être lieu de distinguer entre le cas où, à défaut d'une stipulation expresse dans le jugement d'adjudication, la folle enchère n'est poursuivie que dans les termes de droit, et celui où le cahier des charges contient à cet égard une clause formelle. On peut dire avec raison que cette clause n'a rien d'illicite (3) et doit s'exécuter même contre l'héritier ou le copropriétaire adjudicataire.

(1) Bordeaux, 3 déc. 1840, P. t. 1, 1841, p. 317, et Cass., 8 fév. 1841, P. t. 1, 1841, p. 652 ; — Chabot, *Successions*, sur l'article 888, n° 6.

(2) Paris, 21 mai 1816 et 31 août 1843, P. t. 2, 1843, p. 699 ; Rouen, 8 déc. 1825 et 26 mai 1826 ; Cass., 17 déc. 1833. — V. en sens opposé : Paris, 2 avril 1830 et Bordeaux, 22 mai 1834.

(3) V. Cass., 17 déc. 1833 et 25 mars 1835 ; —Merlin, *Rép. de jurisp.*, V° *Folle enchère*, n° 7 ; Rolland de Villargues, *Rép. du not.*, V° *Folle enchère*, n° 5 ; M. Bioche, *Dict. de procéd.*, V° *Vente sur folle enchère*, n° 9.

On devra donc, en pareil cas, s'assurer, en faisant l'acquisition, que le prix de la licitation est payé, ou conserver somme suffisante pour en assurer le payement et se mettre à l'abri de la folle enchère.

208. Il faut observer enfin que les règles relatives aux partages des successions sont applicables à tous partages faits entre copropriétaires à tous autres titres, par exemple, aux partages de sociétés, aux partages de communauté entre époux, etc.

II. *Donations entre vifs, partage d'ascendants.*

Donations.

209. Si le droit de propriété repose sur une donation, le donataire n'a, tant que vit le donateur, qu'un droit résoluble, et il y a plus d'un danger à traiter avec lui.

Causes de résolution.

210. La résolution peut résulter, soit du droit de retour stipulé par le donateur (C. Nap., 951), soit de l'inexécution des conditions (C. Nap., 953), soit de l'ingratitude du donataire, dans certains cas déterminés (art. 955), soit enfin de la survenance d'un enfant légitime, si, au moment de la donation, le donateur n'avait ni enfants ni descendants vivants (art. 960) (1), soit enfin, dans le même cas, de la légitimation, par mariage subséquent, d'un enfant naturel né depuis la donation.

L'effet de la révocation est de faire rentrer les biens donnés, libres de toutes charges et hypothèques du chef du donataire, dans le patrimoine du donateur (art. 954 et 963), si ce n'est toutefois, au cas de révocation pour cause d'ingratitude, lorsque les aliénations ont été faites ou les hypothèques constituées avant l'inscription de la demande en révocation en marge de la transcription de la donation (art. 958).

On peut craindre encore l'action révocatoire des créanciers. On devra donc vérifier si quelques circonstances pourraient faire suppo-

---

(1) Sont exceptées les donations faites par les ascendants aux conjoints ou par les conjoints l'un à l'autre par le contrat de mariage même.

ser que la donation pût être attaquée par les créanciers comme faite en fraude de leurs droits (art. 1167) (1).

211. Si le donataire devient héritier du donateur, il doit à ses co-héritiers le rapport de ce qu'il a reçu ; mais, aux termes de l'article 860, ce rapport n'a pas lieu en nature quand le donataire a aliéné l'immeuble avant l'ouverture de la succession ; il n'a lieu qu'en moins prenant (2).

212. Mais si la valeur des biens donnés excède la portion disponible, la donation est sujette à réduction (art. 920), et la réduction peut faire rentrer l'immeuble donné dans la succession du donateur libre des dettes et charges créées par le donataire (art. 929). En effet, aux termes de l'article 930, l'action en réduction ou revendication peut être exercée par les héritiers contre les tiers détenteurs des immeubles aliénés par le donataire, de la même manière et dans le même ordre que contre les donataires eux-mêmes, et discussion préalablement faite de leurs biens.

Cette réduction peut être la conséquence d'une précédente donation qui aurait épuisé la portion disponible, en totalité ou en partie. Une institution contractuelle antérieure peut également rendre la donation sans effet.

213. La présence du donateur à l'acte de vente pour y concourir est un expédient qu'on emploie souvent pour en assurer l'efficacité. En effet, le donateur étant tenu de garantir la vente à laquelle il a concouru, ses héritiers succèdent à ses engagements, et si l'un d'eux voulait exercer l'action en rapport ou en réduction au préjudice de

---

(1) La constitution de dot faite par les père et mère au profit de leur fille par son contrat de mariage a, vis-à-vis du mari, le caractère d'un contrat à titre onéreux et, par suite, n'est pas soumise à l'action révocatoire des créanciers, à moins que les deux époux n'aient participé à la fraude. Cass., 25 fév. 1845, 2 mars 1847, 23 juin 1847, 14 mars 1848, 24 mai 1848 et 18 nov. 1861, P. t. 1, 1847, p. 431, t. 2, 1847, p. 367, t. 2, 1847, p. 46, t. 1, 1848, p. 557, t. 2, 1848, p. 653 et 1862, p. 545.

(2) Le donateur peut toujours, même quand la donation n'est pas faite par préciput, dispenser le donataire de rapporter en nature l'immeuble donné et le charger de rapporter une somme déterminée. Il suffit que la réserve soit intacte. — Chabot, t. 3, sur l'article 859, n° 4.

l'acquéreur, celui-ci pourrait le repousser par *l'exception de garantie.*

Insuffisance de son concours.

214. Mais il est plus d'un cas où cette précaution serait insuffisante pour mettre l'acquéreur à l'abri : celui, par exemple, où l'héritier qui réclamerait la réduction ou le rapport n'aurait accepté la succession du donateur que sous bénéfice d'inventaire ; car, dans cette hypothèse, l'héritier bénéficiaire n'étant tenu envers les créanciers que sur les biens de la succession et les biens donnés n'étant pas réputés biens de la succession, à l'égard des créanciers auxquels le rapport n'est pas dû (C. Nap., art. 857), l'héritier bénéficiaire qui demanderait le rapport ou la réduction, en vertu d'un droit qui lui est tout personnel, soutiendrait qu'il n'a pas à tenir compte aux créanciers de la succession des biens que lui aurait fait rentrer l'action en rapport ou en réduction. Il suffirait même, pour l'enfant qui se contenterait de réclamer sa réserve, qu'il s'abstînt de prendre part à la succession ; car les enfants ne représentent pas leur père quand, contre sa volonté, ils recherchent et reconstituent la réserve. Ils agissent alors *jure proprio* (1). L'acquéreur, même avec l'obligation solidaire du donateur, ne serait donc pas recevable à opposer à cet héritier l'exception de garantie, puisque celui-ci, même en se portant héritier, ne serait tenu, par l'effet du bénéfice d'inventaire, que sur les biens restés la propriété du donateur et trouvés dans sa succession.

215. Il faut distinguer toutefois entre le cas où la révocation s'opère par la survenance d'un enfant, et celui où la donation ayant été faite à un enfant du donateur, la résolution du droit du donataire sur l'immeuble donné est le résultat de l'action en réduction ou en rapport. Dans le premier cas, l'effet de la révocation étant de faire rentrer l'immeuble, du vivant même du donateur, dans le patrimoine de celui-ci, l'obligation du donateur qui a concouru solidairement à la vente est une charge de la succession, et ses héritiers, qui ne pourraient alors réclamer les biens qu'en vertu de leur droit d'héritier et non *jure proprio* (2), s'ils contestaient la vente, seraient repoussés par l'action de garantie.

---

(1) M. Troplong, *Donat. et testam.*, t. 2, n°s 921 et suiv.
(2) M. Troplong, *loc. cit.*

216. C'est surtout lorsque la donation a été transcrite, conformément à l'article 939 C. Nap., qu'on ne devra pas considérer le concours du donateur dessaisi par cette transcription vis-à-vis des tiers comme suffisant pour valider l'aliénation. Mais si la transcription n'a pas eu lieu, la donation n'ayant aucun effet à l'égard des tiers, la vente que consentirait le donateur du bien donné serait valable (1). C'est donc dans cette hypothèse que son concours à la vente que consentirait le donataire serait utile.

217. S'il s'agit d'acquérir, non pas du donataire lui-même, mais de la personne à laquelle il a vendu l'immeuble compris dans la donation, on doit prévoir le cas où, cette donation portant atteinte à la réserve, l'héritier réservataire pourrait demander la réduction, et celui, au contraire, où la disposition n'excédant pas la portion disponible, elle serait seulement rapportable. Dans ce dernier cas, le rapport de l'immeuble aliéné n'ayant lieu qu'en moins prenant (C. Nap., 860), le danger n'est plus le même.

Dans le cas même où le donataire serait encore propriétaire, le rapport ne pourrait être exigé en nature, s'il y avait dans la succession d'autres immeubles de même nature, valeur et bonté dont on

---

(1) C'est un point constant en doctrine et en jurisprudence que le défaut de transcription de la donation peut être opposé même par celui qui aurait eu une connaissance personnelle de la donation au moment où il a contracté avec le donateur; alors même, par exemple, que l'acte qui constitue son titre signalerait en termes exprès l'existence de cette donation. V. Grenoble, 14 juillet 1824; Limoges, 16 mai 1839, P. t. 1, 1840, p. 657; Nîmes, 27 juin 1842, P. t. 2, 1842, p. 73 ; Montpellier, 9 mai 1843, P. éd. chron. à sa date; Caen, 9 nov. 1847, P. t. 1, 1848, p. 328 ; Paris, 7 déc. 1852, P. t. 1, 1853, p. 371 ; — Delvincourt, t. 2, p. 486, notes et p. 72, n° 6; M. Duranton, t. 8, n° 514 ; M. Troplong, *Donat. et testam.*, t. 3, n° 1184; M. Poujol, *Donat. et testam.*, sur l'article 911, n° 1; Zachariæ et MM. Aubry et Rau § 704 et note 32; M. Mourlon, *Répét. écrites*, 2ᵉ exam., p. 390.

Pothier, examinant, sous l'ancien droit, les conséquences du défaut d'insinuation, se demande s'il pourrait être opposé à ceux qui auraient eu connaissance de la donation, par exemple, *s'ils eussent reçu l'acte comme notaires, s'ils l'eussent souscrit comme témoins*, et se prononce pour l'affirmative (*Traité des don. entre vifs, n° 119*). Cette opinion était celle de Ricard (*Traité des donat.*, partie 1ʳᵉ, n° 1292) et de Boutaric, sur l'ordonnance de 1731, art. 27).

puisse former des lots égaux pour les autres cohéritiers (C. Nap., 859). (V. en outre l'article 866.)

218. Si le donataire est seul héritier présomptif du donateur, par exemple, son unique enfant, et que l'âge de ce donateur ne laisse plus craindre la survenance d'un autre enfant, on pourra, dans la plupart des cas, considérer le droit de propriété du donataire comme à l'abri de toute atteinte.

219. Les *partages d'ascendants* faits par actes entre vifs, ou *démissions de biens*, ne transfèrent également aux enfants qu'un droit de propriété résoluble en certains cas. C'est ainsi qu'ils peuvent devenir nuls par la survenance d'un enfant, conformément à l'article 1078 C. Nap., aux termes duquel le partage est nul pour le tout s'il n'est pas fait entre tous les enfants qui existaient au jour du décès de l'ascendant et les descendants de ceux prédécédés (1). Ils sont également soumis aux règles auxquelles les partages ordinaires sont assujettis, telles que l'égalité entre les copartageants, et l'inobservation de ces règles peut faire prononcer la nullité du partage fait par l'ascendant.

220. Ainsi, comme dans tout autre partage, on doit, autant que possible, faire entrer dans chaque lot la même quantité de meubles, d'immeubles, de droits ou de créances de même nature et valeur (C. Nap., 832). Mais la loi subordonne elle-même sa prescription à la possibilité de fait de l'observer. L'ascendant ne doit pas être privé du droit précieux de partager ses biens entre ses enfants par cela seul que le partage en nature n'est pas possible, ou que le morcellement entraînerait une diminution dans la valeur des biens (2).

---

(1) Riom, 12 mai 1819 ; Nancy, 22 janvier 1838, P. t. 2, 1843, p. 326 ; Cass., 20 juin 1837, P. t. 2, 1837, p. 52 et 22 mai 1838, P. t. 2, 1838. p. 158.

(2) Cass., 16 août 1826 ; 12 avril 1831 ; 11 mai 1847, P. t. 2, 1847, p. 98 ; 18 décembre 1848, P. t. 1, 1849, p. 303 ; 18 déc. 1855 et 25 fév. 1856, P. t. 1, 1856, p. 86 ; 11 août 1856, P. 1857, p. 596 ; 9 juin 1857, P. 1858, p. 86 ; 18 août 1859, P. 1860, p. 508, et 7 août 1860, P. 1861, p. 682 ; Paris, 21 août 1850, P. t. 2, 1850, p. 630, etc. ; *Sic* Merlin, *Rép.*, V° *Partage d'ascendant* ; Rolland de Villargues, *Rép. du not.*, *Eod.* v°, nᵒˢ 118 et suiv. ; Toullier, t. 5, nᵒ 806 ; M. Duranton, t. 9, nᵒ 659 ; M. Troplong, *Donat. et testam.*, t. 4, nᵒˢ 2304 et suiv. ; M. Vazeille sur

221. Ainsi encore les partages d'ascendants peuvent, comme tous autres partages, être rescindés pour cause de lésion de plus du quart (1).

222. Il faut observer enfin que la nullité du partage d'ascendant entraîne la nullité de la donation toutes les fois qu'elle n'était que le moyen d'effectuer ce partage, en d'autres termes, que le partage était l'objet essentiel de la disposition (2).

223. Observons encore que si les partages anticipés ont le caractère de donations dans les rapports qu'ils créent entre les ascendants et les donataires, il en est autrement dans les rapports qu'ils établissent entre les enfants. A ce dernier point de vue, c'est le caractère du partage qui domine, et ils doivent être régis, non par les règles des donations, mais par celles des partages ordinaires. C'est

---

l'article 1079, n° 9.—V. *supra* n° 203, pour le cas où parmi les copartageants se trouve une femme dotale.

(1) Jugé toutefois que la rescision pour cause de lésion ne peut plus être demandée par le copartageant qui a aliéné son lot, en tout ou en partie, avec connaissance de son droit d'attaquer le partage, notamment quand déjà l'action en rescision avait été soumise à la justice. Cass., 9 mai 1855, P. 1857, p. 282. V. dans le même sens : Agen, 28 mai 1850, P. t. 1, 1852, p. 669 ; Cass., 22 fév. 1854, P. t. 1, 1854, p. 404. — Au surplus, la question de savoir si le copartageant avait connaissance de son droit d'attaquer le partage est laissée à l'appréciation du juge.

Est-ce d'après leur valeur au jour du décès, ou au jour du partage, que les biens doivent être estimés pour apprécier s'il y a lésion ? Question controversée en doctrine et en jurisprudence. Suivant le dernier état de la jurisprudence de la Cour de Cassation, les biens doivent être estimés d'après leur valeur au jour de l'ouverture de la succession, c'est-à-dire au moment où les droits héréditaires de l'enfant lésé ont pris naissance. Cass., 18 fév. 1861, P. t. 2, 1851, p. 592, et 4 juin 1862, P. 1863, p. 934 ; Agen, 30 déc. 1856 et 24 juin 1858, P. 1857, p. 1032 et 1859, p. 920.— M. Genty, *Traité des partages d'ascendants*, n° 53, p. 317 ; MM. Aubry et Rau sur Zachariæ, t. 6, § 734 ; M. Saint-Espés Lescot, *Donat. et testam.*, t. 5, n° 1855. — V. en sens contraire : Nîmes, 24 déc. 1849, P. t. 2. 1850, p. 454 ; Orléans, 27 déc. 1856, P. 1859, p, 205 ; Rennes, 18 août 1860, et Agen, 7 juin et 11 juill. 1861, P. 1862, p. 85 ; Poitiers 5 mars 1862, P. 1863, p. 934 ; M. Larombière, *Tr. des oblig.*, t. 4, sur l'article 1304, n° 42, p. 70 ; M. Dubernus de Bacq, *Rev. crit.*, t. 15, p. 251 et 481 et t. 18, p. 33 et 316.

(2) Paris, 2 août 1850, P. t. 2, 1850, p. 680 ; Douai, 10 nov. 1853, P. t. 2, 1855, p. 602.

ce qu'a jugé un arrêt de la Cour de cassation du 7 août 1860 (1), en décidant que l'enfant auquel une somme d'argent avait été attribuée à titre de soulte n'avait pas, à défaut de payement par le copartageant débiteur de cette soulte, l'action révocatoire ouverte au donateur par l'article 953 C. Nap., qu'il avait seulement un privilége sur le lot de son débiteur, privilége soumis à l'inscription dans le délai fixé par l'article 2109 (2).

Prescription de l'action en rescision.

224. D'après le dernier état de la jurisprudence, le délai de dix ans pour la prescription de l'action en rescision pour cause de lésion ne court que du jour du décès du donateur (3).

Partage testamentaire.

225. Si le partage d'ascendant a été fait par acte testamentaire, l'action en nullité ou en rescision ne se prescrit que par trente ans. En effet, la prescription décennale établie par l'article 1304 C. Nap. ne s'applique qu'à l'action en nullité ou en rescision *des conventions* et ni le texte ni l'esprit de cet article ne permettent de l'étendre au cas d'un partage testamentaire où les parties ne sont liées par aucun consentement (4).

226. Il arrive fréquemment, surtout dans les campagnes, que le père et la mère se réunissent pour effectuer conjointement, par un seul et même acte, le partage de leurs biens entre leurs enfants , en comprenant ces biens dans une seule masse.

---

(1) P. 1861, p. 682.

(2) V. conf. Grenoble, 8 janv. 1851, P. t. 2, 1851, p. 322 ; Besançon, 8 juin 1857, P. 1857, p. 465 ; en sens contr. : Limoges, 21 juin 1836.

(3) C'est la conséquence du principe que tant que vit le donateur, personne n'a le droit de lui demander compte de ses dispositions ; d'où il suit que l'action en rescision du partage anticipé qu'il a fait à ses enfants n'est recevable qu'après son décès. V. Cass., 18 déc. 1854, P. t. 2, 1855, p. 512; 16 juillet 1849, P. t. 2, 1849, p. 607 ; 18 fév. 1851, P. t. 2, 1851, p. 592 ; 14 juillet 1852, P. t. 2, 1852, p. 298 ; 21 juillet 1853, P. t. 1, 1853, p. 257; 28 fév. 1855, P. t. 1, 1856, p. 316; 7 janv. 1863, P. 1863, p. 637; Orléans, 15 janv. 1853, P. t. 1, 1855, p. 512 ; Paris, 8 avril 1850, P, t. 1, 1850, p. 267 ; Rouen, 19 mars 1855, P. t. 1, 1856, p. 316; Limoges, 25 juin 1855, P. t. 2, 1856, p. 592 ; Agen, 17 nov. 1856, P. 1857, p. 84 ; Orléans, 27 déc. 1858, P. 1856, p. 205; Bordeaux, 22 fév. 1856, P. 1858, p. 591.

(4) Cass., 25 nov. 1857, P. 1858, p. 987 ; — M. Troplong, *Donat. et testam.*, t. 3, n° 2331; MM. Aubry et Rau sur Zachariæ, 3e éd., t. 6, p, 237, note 18; MM. Massé et Verger sur Zachariæ, t. 3, p. 315, note 11.

Ce partage peut-il comprendre les biens de la communauté qui existe entre les donateurs? La question est controversée. On a soutenu que la femme, tant que dure la communauté, ne pouvant disposer des biens qui la composent, elle ne pouvait, même avec l'autorisation de son mari, donner par avance ce qui peut lui en revenir après la dissolution (1). Mais l'opinion contraire a prévalu en doctrine et en jurisprudence, et l'on décide que, dans l'état d'indivision où se trouvent les époux, chacun d'eux, en se démettant en faveur des enfants communs de la moitié qui lui appartient dans la communauté, s'est démis d'une manière suffisante et légale des droits qui lui appartiennent (2).

Dans ce cas, l'action en rescision n'est ouverte et la prescription ne peut courir qu'à partir du décès du dernier vivant, car le partage est indivisible et la rescision l'annulerait pour le tout (3).

227. De plus, ces partages contiennent généralement des réserves d'usufruit au profit des donateurs. Cette réserve de l'usufruit des biens donnés en commun, faite au profit des père et mère donateurs ou du survivant d'eux, pourrait être considérée comme constituant, par le fait, une donation mutuelle d'usufruit entre les deux époux prohibée par l'article 1097 C. Nap., et la nullité de cette disposition pourrait entraîner celle du partage lui-même, dont cette réserve serait la condition, ainsi que l'a jugé la Cour d'Amiens le 10 no-

Réserve d'usufruit.

----

(1) Bourges, 10 août 1840, P. t. 2, 1841, p. 141, et Caen, 3 mars 1843, P. t. 2, 1843, p. 823; — Toullier, t. 18, n°s 74 et suiv.; MM. Championnière et Rigaud, *Droits d'enreg.*, t. 4, n° 2815.

(2) Paris, 23 juin 1849, P. t. 2, 1849, p. 614 ; — M. Duranton, t. 16, n° 96; Zachariæ, t. 2, § 505, p. 488 ; M. Glandaz, *Encyclop. du droit*, V° *Communauté*.

(3) Bordeaux, 4 janv. 1827 et 22 fév. 1856, P. 1858 p. 591 ; Orléans, 27 déc. 1856, P. 1858, p. 205; Nîmes, 22 avril 1858, P. 1858, p. 594. V. en sens contr. : Agen, 17 nov. 1856 et 16 fév. 1857, P. 1857, p. 84 et 596.

Lorsque, après une donation contenant partage anticipé faite par le père et la mère conjointement entre leurs enfants des biens de la communauté, la femme, à l'époque de la dissolution de la communauté, vient à y renoncer, la donation est annulée et les donataires sont tenus de rapporter en nature à la succession du mari les biens donnés. Paris, 1er juin 1836.

vembre 1853 (1). Mais la Cour de cassation, par arrêt du 26 mars 1855, tout en reconnaissant, en pareil cas, la nullité de la condition, n'a pas cru devoir étendre la nullité à la donation même (2).

228. Souvent enfin, c'est le survivant des père et mère qui confond, dans un partage entre ses enfants, *les biens de son conjoint prédécédé avec les siens propres*, après avoir compris le tout dans une seule masse. Ce mode de procéder pourrait difficilement se justifier en principe, puisque l'ascendant dispose alors de ce qui ne lui appartient pas (V. toutefois un arrêt de cassation du 7 août 1860 (3), qui maintient un pareil partage, en motivant sa décision sur des circonstances de fait). Mais si tous les héritiers sont majeurs, l'ascendant, en mettant cette condition à la donation qu'il leur fait de ses biens propres, est réputé avoir agi avec leur consentement qui résulte d'ailleurs de leur acceptation (4).

229. Il est bien entendu, toutefois, que si l'un des époux comprenait dans le partage, outre ses biens personnels, ceux de son conjoint encore vivant, la disposition serait nulle (5), alors même que ce partage aurait été, depuis le décès du disposant, mais du vivant de l'autre époux, ratifié par les enfants, cette ratification contenant un pacte sur une succession future.

Dans cette hypothèse, comme dans la précédente, le partage des biens de la succession du prédécédé étant lié à celui des biens donnés par le survivant, il semble naturel de décider que l'action en rescision n'est ouverte, pour le tout, qu'au décès du donateur (6).

230. La femme mariée sous le régime dotal ne peut faire un partage anticipé de ses biens dotaux entre ses enfants, à moins que ce

---

(1) P. t. 1, 1854, p. 53. — V. Rennes, 15 fév. 1840, D. P. 40, 2, 161.

(2) P. t. 1, 1855, p. 488. V. Dans le même sens : Cass., 24 janv. 1860, D. P. 60, 1, 73; Poitiers, 10 juin 1851, P. t. 2, 1852, p. 65.

(3) P. 1861, p. 682.

(4) Agen, 1er juin 1858, P. 1859, p. 716.

(5) Ainsi jugé en matière de partage testamentaire. Cass., 13 nov. 1849, P. t. 2, 1849, p. 609; Cass., 23 déc. 1861, P. 1862, p. 311 ; Angers, 25 janv. 1862, D. P. 1862, 2, 36.

(6) V. toutefois, en sens contraire, Agen, 1er juin 1858 cité plus haut.

ne soit pour leur procurer un établissement, conformément à l'article 1556 C. Nap.

231. Il résulte de tout ce qui vient d'être dit que, la plupart du temps, le droit de propriété du donataire n'est pas fixé d'une manière certaine tant que le donateur existe. Aussi, n'est-ce que dans des cas assez rares, par exception et en prenant en considération la position des parties intéressées et de la famille, et les circonstances de nature à écarter les éventualités qui mettent en péril le droit du donataire, qu'on devra, du vivant du donateur, se rendre acquéreur d'un immeuble donné (V. *supra* les nᵒˢ 209 et suiv.).

232. Il faut observer enfin : 1° que les donations entre vifs sont soumises à des formes rigoureuses dont l'inobservation entraînerait la peine de la nullité (art. 931 et suiv., et 1339 C. Nap. ; Loi du 21 juin 1843) (1) ; 2° que la transcription au bureau des hypothèques prescrite par l'article 939 C. Nap. est indispensable pour consolider, à l'égard des tiers, la propriété du donataire ; que, conséquemment, tant que cette transcription n'a pas eu lieu, les aliénations ou hypothèques consenties par le donateur pourraient rendre sans effet la vente consentie par le donataire (2).

233. Après la mort du donateur, le sort de la donation est fixé, sauf les actions en rescision qui ne seraient pas prescrites. Si le donataire est l'un des héritiers, il sera facile de s'assurer, en se faisant représenter les actes de liquidation et de partage, que l'immeuble donné est resté sa propriété. On pourra, dans certains cas où l'on devrait craindre une action en rescision, prévenir ce danger en faisant intervenir les copartageants dans l'acte de vente (3).

---

(1) Ainsi l'acceptation faite par acte postérieur doit être notifiée à l'ascendant donateur avant son décès, à peine de nullité. Cass., 30 juillet 1856, P. 1858, p. 93 ; et 18 nov. 1861, P. 1862, p. 632. Cette règle doit également s'appliquer en matière de partage d'ascendants. Agen, 18 nov. 1855, P. 1857, p. 173.

(2) Lorsque le donataire a vendu l'immeuble donné, sans avoir fait transcrire la donation, la transcription faite par l'acquéreur de son contrat d'acquisition ne saurait suppléer à la transcription de la donation elle-même, et consolider dans ses mains le droit de propriété à l'égard de ceux qui auraient pu opposer aux donataires le défaut de transcription.

(3) Tant que vit le donateur, la nullité en la forme ne saurait être ni cou-

234. Si le donataire est seul héritier, il suffira de justifier de cette qualité, ainsi qu'il est dit plus haut, par un extrait de l'intitulé de l'inventaire ou par un acte de notoriété.

235. S'il est étranger à la succession ou s'il y a renoncé, il établira que le donateur est mort sans laisser d'héritiers à réserve. Dans le cas où il existerait des héritiers à réserve, il produira les titres et documents propres à constater que la donation n'est pas réductible.

236. S'il s'agit d'un partage anticipé, le vendeur justifiera que l'ascendant donateur n'a pas laissé à sa mort d'autres héritiers que ceux entre lesquels a été opéré le partage, et que les donataires ont satisfait à toutes les charges qui leur étaient imposées.

III. *Testament, legs particuliers, legs à titre universel, legs universel, institution contractuelle ou autres dispositions à cause de mort, donations entre époux.*

Testament.

237. Si le titre de propriété est un testament, on doit vérifier si la disposition constitue un legs particulier, un legs à titre universel ou un legs universel (C. Nap., art. 1003, 1010 et 1014) (1).

---

verte ni réparée par aucun acte confirmatif. Il faut que la donation soit recommencée. Mais à partir du décès du donateur, et vis-à-vis de ses héritiers, la nullité peut-elle être couverte par la prescription de dix ans ? V. pour l'affirmative : Angers, 22 mai 1834 ; Bordeaux, 26 janv. 1841, P. 1863, p. 630 en note ; Riom, 16 juin 1843, P. 1863, p. 630 en note; Cass., 5 mai 1862, P. 1863, p. 629. *Sic* Toullier, t. 7, n° 605; M. Duranton, t. 12, n° 558; M. Troplong, *Donat.*, n° 1086; MM. Massé et Vergé sur Zachariæ, t. 5, § 584, note 2. — Mais voyez en sens contraire : Marcadé, sur l'article 1340, n° 3 ; M. Larombière, *Obligat.*, sur l'article 1304, n° 62.

(1) On a quelquefois confondu un legs universel fait à plusieurs personnes avec attributions de parts et un legs à titre universel. On doit distinguer le cas où le testateur, en léguant, par exemple, moitié de sa succession à une personne, lègue à une autre personne la seconde moitié, auquel cas il y a deux legs à titre universel, et celui où le legs étant fait conjointement à plusieurs personnes, l'attribution de parts qui leur est faite n'est relative qu'à l'exécution de la libéralité, par exemple, s'il est dit qu'elles partageront par portions égales, par moitié

238. Les légataires à titre universel et ceux à titre particulier Legs particuliers, legs à titre universel. étant tenus de demander la délivrance de leurs legs aux héritiers réservataires, ou, à leur défaut, aux légataires universels, ou, à défaut de ceux-ci, aux héritiers du sang (C. Nap., 1011, 1014), le propriétaire dont le titre est un legs à titre universel ou à titre particulier doit produire l'acte authentique constatant que cette délivrance lui a été consentie, ou, à défaut de délivrance volontaire, le jugement passé en force de chose jugée rendu contre les héritiers ou le légataire universel ordonnant cette délivrance (1).

239. Si le titre de propriété du vendeur est un legs universel et Legs universel. que le testateur ait laissé des héritiers à réserve, il devra justifier qu'il a obtenu, dans les mêmes formes, la délivrance de son legs (C. Nap., 1004), et produire, de plus, l'acte de partage fait avec les héritiers à réserve, constatant que l'immeuble offert en vente a été compris dans son lot (V. sur le partage ce qui a été dit plus haut nᵒˢ 199 et suiv.).

Dans tous les cas, les légataires universels ou à titre universel devront justifier d'un acte de notoriété ou d'un extrait d'intitulé d'inventaire constatant quels sont les héritiers du testateur.

240. Mais s'il n'existe pas d'héritiers réservataires, dans ce cas, le légataire universel étant saisi de plein droit par la mort du testateur (C. Nap., 1006), il suffit que ce fait soit constaté par un acte de notoriété, quand le testament est dans la forme authentique, et, de plus, si le testament est olographe ou mystique, que le légataire universel se soit fait envoyer en possession par une ordonnance du

---

ou par tiers. Cette division ne fait pas perdre à la disposition son caractère de legs universel.

Mais il y a legs à titre universel seulement dans les cas suivants : 1º le legs d'une quote-part de tous les biens indistinctement ; 2º le legs d'une quotité de la portion disponible; 3º le legs de tous les immeubles ; 4º celui de tout le mobilier ; 5º le legs d'une quotité de tous les immeubles ; 6º enfin celui d'une quotité de tout le mobilier.

(1) Lorsqu'il n'y a ni héritier connu ni légataire universel, le légataire particulier ou à titre universel provoque la nomination d'un curateur à la succession vacante et demande contre lui la délivrance de son legs (Arg., C. Nap., 812; C. proc., 998).

président du tribunal, conformément aux articles 1007 et 1008 C. Nap. (1).

IV. *Achat et vente.*

241. Quand le droit de propriété dérive d'un contrat de vente, on devra vérifier, en se reportant aux règles ci-dessus, si le vendeur avait lui-même acquis valablement et notamment :

1° Si l'acquisition a été faite d'une personne capable de s'obliger et d'aliéner ses immeubles, et, dans le cas où l'immeuble aurait appartenu à un mineur ou à un interdit, si la vente a été faite en justice, après les autorisations nécessaires et avec les solennités requises, si le subrogé tuteur a été appelé à l'adjudication, etc. (V. *supra*, n°s 78 et suiv.);

2° Si la vente ne contient pas une donation déguisée faite à un incapable ou qui excède la portion disponible (2);

3° Si, dans le cas où il s'agirait d'un bien dotal, la vente en était autorisée par le contrat de mariage, ou si l'autorisation donnée par la

---

(1) Suivant l'opinion la plus générale, l'ordonnance d'envoi en possession pouvant être attaquée par les héritiers (Bastia, 10 janv. 1849, P. t. 1, 1852, p. 366 ; Bastia, 22 mars 1854 et Bourges, 3 juin 1854, P. t. 2, 1854, p. 161 ; Gand, 28 mai 1856; Caen, 14 mai 1856 et Paris, 10 juin 1857, P. 1857, p. 560 ; M. de Belleyme, *Ord. sur req.*, 3e éd. t. 1, p. 76), elle ne saurait dispenser l'acquéreur de vérifier si la disposition constitue bien en réalité un legs universel, enfin si les conditions légales de la validité du testament, soit au fond, soit en la forme, ont été observées.

Il a été jugé toutefois, contrairement aux décisions qui précèdent, que l'ordonnance d'envoi en possession n'était pas susceptible de recours. Paris, 18 mai 1850, P. t. 2, 1850, p. 494 ; 25 mars 1854. P. t. 1, 1854, p. 439 ; Douai, 21 juillet 1854, P. t. 1 1854, p. 409.

(2) C'est ainsi que la vente faite par l'un des époux à un tiers moyennant une rente viagère réversible sur la tête de l'autre époux recèle une libéralité déguisée, qui est nulle pour le tout et non pas seulement réductible. Cass., 11 mars 1862, D. P. 1862, 1, 278.

justice à la vente l'a été dans un des cas déterminés par la loi (C. Nap., art. 1558 (1) ; — V. *supra*, nᵒˢ 157, 158, 159 et suiv., 172 et suiv.) ; si la vente n'étant permise qu'à la charge de remploi du prix, ce remploi a eu lieu conformément à la loi, ou de la manière déterminée par le contrat de mariage ;

4° Si les rapports qui existaient entre le vendeur et l'acheteur ne produisaient pas une incapacité relative (V. *supra*, n° 126).

Il ne faut pas perdre de vue l'article 918 C. Nap. qui, par une présomption *juris et de jure*, imprime de plein droit la qualité et le caractère de donation à une vente à charge de rente viagère ou à fonds perdu, ou avec réserve d'usufruit faite à l'un des successibles en ligne directe. Cet article suppose que le prix est fictif et qu'il n'a pas été stipulé avec l'intention de l'exiger.

On pourrait, d'après le même principe, considérer encore la vente comme une véritable donation, si le prix était tellement minime qu'il fût hors de proportion avec la valeur de l'immeuble vendu.

Il est encore d'autres circonstances qui pourraient faire considérer la vente comme une donation déguisée. Observons, toutefois, sur ce

---

(1) Observez toutefois que la Cour de cassation a jugé à plusieurs reprises que la femme dont l'immeuble dotal a été compris dans une saisie immobilière pratiquée contre elle et contre son mari n'est pas recevable, après la publication du cahier des charges, à demander la nullité de la saisie à raison de la dotalité de cet immeuble ; que ce moyen doit, aux termes de l'article 738 (nouveau) du Code de procédure civile, comme tout autre dirigé tant en la forme qu'*au fond* contre la procédure antérieure à la publication, être proposé, à peine de déchéance, trois jours au plus tard avant cette publication : Cass., 20 août 1861 et 23 juillet 1862, P. 1862, p. 683 et S. 1862, 1, 17 et 179 ; et sous l'empire des anciens art. 733 et 735 du Code de procédure : Cass., 20 août 1823, 5 mai 1846 et 30 avril 1850, P. 1. 1, 1852, p. 95. — D'où il faudrait conclure également que la femme ne serait pas recevable en pareil cas à exercer une action en revendication contre l'adjudicataire.

Cependant cette jurisprudence, à laquelle ont adhéré plusieurs cours impériales, a été vivement critiquée par plusieurs auteurs. — V. MM. Chauveau et Carré, *Lois de la proc.*, quest. 2422, *undéciès* ; M. Bioche, *Dict. de procéd.*, V° *Saisie imm.*, n° 686 ; M. Devilleneuve, au recueil de Sirey, note sur l'arrêt de cassation du 30 avril 1850 cité plus haut, et M. Dutruc, même recueil, note sur l'arrêt du 20 août 1861, *supra.* V. également en sens *contr.*: Cass., 11 fév. 1828.

point, que cette simulation n'entraînerait la nullité de la vente qu'autant que le prétendu vendeur ou l'acquéreur serait incapable de donner ou de recevoir, soit que cette incapacité fût absolue ou relative, ou que la valeur de la chose ainsi donnée excéderait la limite dans laquelle le premier pourrait disposer en faveur du second. Autrement, il faudrait appliquer la règle qu'on peut faire indirectement ce qu'on pourrait faire directement.

Action résolutoire du vendeur.

242. On devra s'assurer de la libération du vendeur envers le précédent vendeur. En effet le vendeur a le droit de faire prononcer la résolution de la vente et de rentrer dans la propriété s'il n'est pas intégralement payé (C. Nap., art. 1184, 1654). Cette action résolutoire, qui fait évanouir les aliénations consenties par l'acquéreur, n'est prescriptible que par trente ans (2262) tant que l'immeuble est encore entre les mains de l'acquéreur primitif, et même après la revente tant qu'elle n'a pas été rendue publique par la transcription (V. *infra*, n° 245).

243. Sous l'empire du Code Napoléon, cette action était indépendante du privilége du vendeur et pouvait être exercée lors même que ce privilége n'aurait pas été conservé par une inscription, ou que l'inscription d'office eût été périmée, faute d'avoir été renouvelée dans les dix ans.

244. Déjà la loi du 23 juin 1841, sur les ventes judiciaires de biens immeubles, avait apporté au droit du vendeur une grave modification, en l'obligeant, en cas de vente sur expropriation, à former sa demande en résolution avant l'adjudication, sous peine d'être définitivement déchu, à l'égard de l'adjudicataire, du droit de la faire prononcer, lorsque le poursuivant lui avait notifié la mise en demeure prescrite par l'article 692 du Code de procédure civile.

Loi du 23 mars 1855.

245. La loi du 23 mars 1855, sur la transcription, est venue compléter la pensée qui s'était révélée dans la loi de 1841, en subordonnant désormais, à l'égard des tiers, le droit de résolution du vendeur à la conservation du privilége auquel il ne saurait survivre aujourd'hui. En effet, l'article 7 dispose que « l'action résolutoire « établie par l'article 1654 C. Nap. ne peut être exercée, après « l'extinction du privilége du vendeur, au préjudice des tiers qui

« ont acquis des droits sur l'immeuble du chef de l'acquéreur, et qui
« se sont conformés aux lois pour les conserver. » La loi fait ainsi
participer l'action résolutoire à la publicité du privilége exigée par
l'article 6.

A l'égard des ventes antérieures au 1er janvier 1856, époque à laquelle la loi est devenue exécutoire, une disposition transitoire obli-
geait le vendeur, dont le privilége était éteint à cette époque, à faire
inscrire son action résolutoire dans le délai de six mois, pour la
conserver (art. 11). Le droit de résolution est donc aujourd'hui irré-
vocablement éteint pour les anciens vendeurs qui se trouvent dans
l'hypothèse prévue.

Mais il faut observer que cette disposition ne saurait atteindre les
précédents vendeurs successifs qu'autant qu'il y aurait une vente
postérieure transcrite, et qu'elle ne saurait, en aucun cas, s'appliquer au dernier vendeur, puisque, tant qu'il n'y a pas eu de revente
transcrite, le privilége peut toujours être inscrit (1). On devra donc,
en pareille circonstance, se faire représenter les quittances des prix
de ventes, toutes les fois que ces ventes ne remonteront pas à trente
ans au moins.

246. On se demande si le privilége du vendeur, une fois assuré
par la transcription, n'a pas pu, dans certains cas, être conservé
sans inscription ; par exemple, si le conservateur omettait de faire
l'inscription d'office, ou si, après dix ans, cette inscription n'était pas
renouvelée,

Il ne peut y avoir de difficulté dans la première hypothèse, celle
où le conservateur n'aurait pas inscrit le privilége. Il est constant
qu'aux termes de l'article 2108 C. Nap., le privilége est conservé

Transcription,
inscription d'office,
péremption.

---

(1) D'après l'article 6 : « A partir de la transcription, les créanciers privilégiés ou
« ayant hypothèques aux termes des articles 2123, 2127 et 2128 C. Nap , ne peu-
« vent prendre utilement inscription sur le précédent propriétaire. — Néanmoins,
« le vendeur ou le copartageant peuvent utilement inscrire les priviléges à eux
« conférés par les articles 2108 et 2109 C. Nap., dans les quarante-cinq jours
« de l'acte de vente ou de partage, nonobstant la transcription d'actes faits dans
« ce délai. »

par la transcription et que l'inscription d'office n'est prescrite que dans l'intérêt des tiers, sous la responsabilité du conservateur, mais que le vendeur n'a aucun intérêt à ce qu'elle soit prise.

247. Mais que doit-on décider si l'inscription d'office est périmée? On a soutenu qu'il était impossible de subordonner la conservation du privilége à ce renouvellement, en présence de l'article 2108 du Code Napoléon, qui veut que le privilége se conserve par la transcription et qui rend l'inscription d'office étrangère au vendeur. Or, si le privilége est indépendant de cette inscription, s'il existe alors même qu'elle n'aurait pas été prise, qu'importe, quand elle a été prise, qu'elle subsiste encore ou qu'elle soit périmée? Comment l'effet de la transcription cesserait-il après dix ans, quand la loi n'a pas assujetti la transcription comme l'inscription à la règle du renouvellement? (1)

Quoi qu'il en soit, l'opinion contraire, professée par plusieurs auteurs et qui s'appuie sur un avis du Conseil d'État du 22 janvier 1808, est consacrée par la jurisprudence (2).

248. En tous cas, cette question n'a d'intérêt qu'autant qu'il y a eu revente par l'acquéreur primitif; car, tant que l'immeuble reste dans les mains de cet acquéreur, et même tant que la revente n'est pas transcrite, le vendeur peut toujours, après la péremption de l'inscription d'office, en prendre une nouvelle qui primera les créanciers inscrits antérieurement (3).

249. Il peut toujours être suppléé à la représentation de la quittance du vendeur par un acte régulier contenant désistement de

Désistement
de privilége.

---

(1) M. Pont, *Privil. et hypoth.*, n° 274.

(2) Metz, 18 juillet 1822 ; Bruxelles, 16 avril et 5 nov, 1823 ; Liége, 29 déc. 1823 ; Cass., 27 avril 1826 et 20 déc. 1831 ; Toulouse, 29 mars 1829 ; Aix, 27 juillet 1846, P. t. 2, 1849, p. 609 ; — M. Troplong, *Priv. et hyp.*, t. 1, n° 286 *bis* et 286 *ter*; *Transcription*, n° 298; MM. Rivière et Huguet, *Quest. sur la transc.*, n° 368.

(3) Paris, 24 mars 1817 ; 7 déc. 1831 ; 20 fév. 1834 et 8 mars 1843, P. t. 1, 1843, p. 574; Cass., 23 déc. 1845, P. t. 1, 1847, p. 354 ; Toulouse, 7 janv. 1846, P. t. 1, 1846, p. 136 ; Limoges, 13 juillet 1859, P. 1859, p. 975 ; — M. Troplong, *Priv. et hyp.*, t. 1, n° 286 *ter*.

sa part en faveur du nouvel acquéreur tant de son privilége que de son action résolutoire.

250. Si l'acquisition a été faite par adjudication judiciaire, c'est par la voie de la folle enchère, conformément à l'article 733 du Code de procédure civile, que la résolution de la vente est poursuivie contre l'adjudicataire, en cas de non-payement du prix et d'inexécution des clauses de l'adjudication. L'action en folle enchère est indépendante du privilége et n'est pas atteinte par les articles 7 et 11 de la loi du 23 mars 1855 (1). L'article 7 de la loi sur la transcription est conçu dans des termes limitatifs, car il ne mentionne que l'action résolutoire établie par l'article 1654 C. Nap.

Folle enchère.

V. *Échange.*

251. En général, les règles de la vente sont applicables à l'échange. Toutefois les auteurs sont à peu près unanimes pour refuser à l'échangiste le privilége que l'article 2103 C. Nap. accorde au vendeur, et la jurisprudence s'est prononcée dans ce sens, en décidant que l'échangiste n'a pas de privilége sur les biens par lui cédés à son coéchangiste pour le remboursement des sommes qu'il a payées aux créanciers inscrits sur les immeubles à lui cédés en contre-échange (2).

Echange.

Mais, à défaut de privilége, le copermutant, qui est évincé de l'immeuble qu'il a reçu en échange, ou est troublé par des créanciers hypothécaires peut demander la résolution du contrat (3). Il importe donc, avant de se rendre acquéreur d'un immeuble prove-

---

(1) Besançon, 16 déc. 1857 et 50 juill. 1859, et tribunal de Grenoble, 20 juillet 1858, P. 1860, p. 449.

(2) V. notamment : Turin, 10 juillet 1813 ; Paris, 20 juin 1831 ; Cass., 26 juill. 1852, P. t. 1, 1854, p. 279, et 14 nov. 1859, P. 1860, p. 307 ; Nancy, 9 janv. 1862, P. 1862, p. 248.

(3) D'après la jurisprudence de la Cour de cassation, la prescription de l'action en reprise du copermutant évincé ne courrait que du jour de l'éviction, et le tiers détenteur ne serait pas même, dans ce cas, protégé par une possession de trente ans. Cass., 23 janv. 1862, P. 1862, p. 511. V. *infra*, n° 256, note.

nant d'un échange, non-seulement de vérifier l'établissement de propriété et la situation hypothécaire de cet immeuble dans les mains de l'échangiste qui l'a transmis au vendeur et des précédents propriétaires pendant trente ans au moins, mais de faire les mêmes vérifications à l'égard de l'immeuble donné en contre-échange, afin de s'assurer qu'aucune cause d'éviction ne peut faire naître, de la part du coéchangiste, l'action en reprise de l'immeuble échangé autorisée par l'article 1705 C. Nap. Cette action résolutoire ne tombe pas sous l'application des articles 7 et 11 de la loi sur la transcription, et conséquemment sa conservation n'est soumise à aucune inscription. D'abord, cette loi ne parle que de l'action résolutoire du vendeur, et, en second lieu, l'action résolutoire du coéchangiste ne saurait être subordonnée à la conservation d'un privilége qui n'existe pas.

252. Si l'échange est fait avec une soulte en argent, le contrat est alors mélangé de vente, suivant une opinion assez commune, et le retour est considéré comme un véritable prix, qui donnerait à l'échangiste, pour raison de cette soulte, le privilége du vendeur (1). Cette solution est néanmoins très contestable; car s'il était vrai que l'échange avec soulte fût une vente partielle à laquelle dût être attaché le privilége de vendeur, c'est-à-dire un droit qui s'étendrait à tout l'immeuble échangé, on arriverait à une véritable contradiction, en ce que, pour une soulte qui ne serait, le plus souvent, que le prix d'une partie très minime de l'immeuble, on soumettrait cet immeuble tout entier à la règle qui régit le contrat de vente et on arriverait à subordonner ainsi le principal à l'accessoire. Quoi qu'il en soit, on devra, dans le cas d'un échange fait avec une soulte à la charge du vendeur, s'assurer qu'elle a été payée et se faire représenter la quittance.

---

(1) Grenier, *Hypoth.*, t. 2, n° 387 ; Delvincourt, éd. 1819, t. 1, p. 510, notes et p. 48, note 5 ; M. Persil, sur l'article 2103, § 1er, n°s 11 et 12 ; M. Duranton, t. 19, n° 155 ; Zachariæ, § 263 et note 7 ; M. Troplong, *Priv. et hypoth.*, n° 215 ; M. Pont, *Priv. et hypoth.*, n° 187.

VI. *Possession, prescription.*

253. La longue possession, c'est-à-dire celle qui s'est continuée sans interruption pendant trente ans au moins, peut suppléer à l'absence de titre. Après ce laps de temps, en effet, l'action de celui qui pourrait prétendre un droit à la propriété serait prescrite (Code Nap., 2262). Le vendeur qui se trouve dans l'impossibilité de représenter un titre d'acquisition doit produire les pièces propres à déterminer le caractère véritable de la possession, à établir qu'elle a eu lieu, de sa part et de la part de ses auteurs, *à titre de propriétaire*, et non pas à titre précaire; qu'enfin, elle n'a pas été le résultat d'une jouissance commune avec d'autres, mais qu'ils ont possédé seuls et d'une manière exclusive par eux-mêmes ou par autrui.

254. Cette preuve ne pourra résulter que d'une réunion de documents tels que les extraits de la matrice cadastrale, les baux, les inventaires, les déclarations de successions, les certificats des maires et les actes de notoriété signés par des personnes notables. Mais une seule de ces pièces ne serait pas suffisante isolément et par elle-même pour tenir lieu du titre.

255. Il faut ajouter ici que les faits de jouissance exclusive sont presque impossibles à établir entre cohéritiers et communistes; que la possession par un seul de la chose commune, en l'absence d'un partage régulier, est toujours *équivoque*, en ce que l'héritier ou le copropriétaire détenteur est facilement présumé avoir joui tant pour lui que pour ses cohéritiers et ses copropriétaires.

256. On doit prévoir la possibilité d'une suspension ou d'une interruption du cours de la prescription par l'une des causes déterminées par la loi (C. Nap., art. 2236 et suiv. et 2242 et suiv.), telles que la minorité ou l'interdiction du véritable propriétaire, une action judiciaire, etc. (1), et comme les faits qui peuvent produire cette

---

(1) L'article 2257 C. Nap., aux termes duquel la prescription ne court pas à l'égard d'une créance qui dépend d'une condition jusqu'à ce que la condition arrive,

suspension ou cette interruption sont presque toujours impossibles à vérifier, que c'est surtout en pareil cas qu'une preuve négative ne saurait avoir lieu, on devra se montrer assez difficile pour admettre la possession comme suffisante pour établir la propriété. On devra donc apprécier avec sévérité les circonstances qui rendent impossible la représentation du titre et qui peuvent faire présumer que le vendeur n'en connaît pas l'existence. C'est ce qui ne serait guère admissible qu'autant que la propriété lui aurait été transmise par succession et que l'acquisition remonterait à plusieurs générations.

Il ne faut pas oublier que les immeubles dotaux non aliénables sont imprescriptibles pendant le mariage, à moins que la prescription n'ait commencé auparavant, cas auquel elle continue malgré la constitution dotale, ou que la femme n'ait fait prononcer la séparation de biens (C. Nap., 1561); que la prescription est encore suspendue pendant le mariage toutes les fois que l'action de la femme réfléchirait contre le mari, par exemple, dans le cas où celui-ci, ayant vendu le bien de la femme sans son consentement, est garant de la vente (C. Nap., 2256) (1). Dans ce dernier cas, l'acquéreur, pour se sous-

---

ni à l'égard d'une action en garantie, jusqu'à ce que l'éviction ait lieu, est-il applicable aux droits réels aussi bien qu'aux créances, et peut-il être opposé aux tiers détenteurs? La plupart des auteurs modernes enseignent que les tiers détenteurs prescrivent *pendente conditione*, et que la règle *contra non valentem agere non currit prescriptio* est inapplicable à leur égard (Toullier, t. 6. n⁰ˢ 527 et 528; Delvincourt, p. 846; Persil. sur l'article 2180, n⁰56; Grenier. *Hypoth.*, t. 2, n⁰ 516; Proudhon, *Usufruit*, t. 4, n⁰ˢ 2152, 2158 et suiv.; M. Vazeille, t. 1, n⁰ 297; Zachariæ, t. 1, § 214, note 1; M. Troplong, *Hypoth.*, t. 4, n⁰ 836, et *Prescript.*, n⁰ˢ 791 et 796; M. Duranton. t. 2, n⁰ 271, t. 20, n.⁰ 312, et t. 21, n⁰ˢ 328 et 329; MM. Fabre et Henrion, *Rentes fonc.*, 205; M. de Fréminville, *Minorités*, t. 1, n⁰ 440, p. 409. Mais la Cour de cassation a consacré une jurisprudence contraire. V. notamment: Cass., 12 déc. 1837, P. t. 2, 1837, p. 589. et 28 janv. 1862. P. 1862, p. 511. Ce dernier arrêt décide qu'en cas d'échange d'immeubles, lorsqu'un des copermutants a été évincé, la prescription de l'action en reprise qui lui appartient contre le tiers détenteur de l'immeuble qu'il avait donné en contre-échange ne court qu'à partir de l'éviction. En conséquence la Cour suprême a repoussé la prescription de trente ans.

(1) Il en serait de même si la femme mineure avait vendu, solidairement avec son mari et sans formalités, l'immeuble qui lui est propre.

traire à l'action en rescision ou en nullité de la femme, ne peut invoquer la prescription qu'en la faisant courir seulement à partir de la dissolution du mariage.

257. Il ne faut pas oublier qu'on ne peut prescrire le domaine des choses qui ne sont pas dans le commerce (art. 2226), telles que les routes, les promenades publiques, les monuments et édifices publics, ceux consacrés au culte, les portes, murs, fossés, remparts des places de guerre, etc.

Choses hors du commerce.

258. A la différence de la prescription trentenaire qui supplée au titre, la prescription de dix et vingt ans (1) suppose, au contraire, un titre et a pour effet de consolider la propriété de celui qui a acquis *de bonne foi*, en vertu d'un acte translatif de propriété dont il ignorait le vice, qui a, par exemple, acheté d'un individu qu'il croyait propriétaire et qui ne l'était pas (C. Nap., art. 2265). Elle peut donc couvrir le vice du titre, mais ne saurait en tenir lieu.

Prescription de dix ou vingt ans.

VII. *Mise en société.*

259. Pour qu'un immeuble puisse être valablement mis en société, il faut : 1° qu'il soit dans le commerce (V. *suprà*, n°ˢ 131 et suiv.); 2° que celui qui en fait l'apport ait la capacité suffisante pour l'aliéner (n°ˢ 241 et suiv.).

Il est nécessaire, en outre, que l'acte de société soit transcrit, comme tout autre acte translatif de droits réels. Les effets de la transcription et les conséquences du défaut de transcription sont les mêmes que pour toute autre aliénation d'immeubles (V. n°ˢ 242 et suiv., 284 et suiv.).

260. Si le vendeur a acheté d'une société, on doit vérifier si le contrat donnait à certains associés le pouvoir de vendre les immeu-

---

(1) Dix ans si le véritable propriétaire habite dans le ressort de la Cour impériale de la situation de l'immeuble ; vingt ans, s'il est domicilié hors du ressort (art. 2265).

bles sociaux, ou si la société n'avait pas précisément pour but le commerce des immeubles. On peut, en ce qui concerne les pouvoirs de chaque associé ou ceux des gérants, ou ceux des conseils d'administration des sociétés anonymes ou en commandite, ou des assemblées générales, appliquer par analogie ce qui a été dit plus haut, n°s 199 et suiv., quant à la faculté d'aliéner les immeubles de la société.

CHAPITRE V.

Sur les titres établissant le droit du vendeur.

261. On devra vérifier avant tout si les titres produits à l'appui du droit de propriété s'appliquent bien à la totalité des immeubles qui forment l'objet du contrat ; à cet effet, la désignation de ces immeubles faite conformément aux prescriptions du chapitre VI (*suprà* n° 8 et *infrà* n°s 276 et suiv.), devra être comparée et reconnue identique avec celle résultant des titres.

On examinera avec soin si ces titres remplissent les conditions nécessaires.pour faire foi des faits ou des conventions qu'ils constatent.

Il est impossible de rappeler ici les règles applicables à chaque contrat et la forme des actes destinés à le constater. On doit se borner à signaler à l'attention les points suivants :

Examen des titres produits.

I. *Actes d'acquisition.*

262. Il ne suffit pas que, dans le contrat d'acquisition du vendeur la propriété ait été régulièrement établie et contienne l'énonciation et l'analyse des actes antérieurs qui établissent cette propriété pendant trente ans, pour que l'on se dispense de se faire représenter ces différents actes à l'effet d'en vérifier la régularité et de contrôler l'analyse qui en a été faite.

Nécessité de vérifier les actes analysés dans un contrat.

II. *Ventes. — Echanges. — Quittances et autres actes translatifs de propriété.*

263. Les ventes, échanges et quittances devront être constatés soit par des actes authentiques, soit par des actes sous seings privés enregistrés et déposés en l'étude d'un notaire avec acte de reconnaissance d'écriture signé par tous les contractants. Ce n'est que par exception et en présence d'une impossibilité que l'on pourra se con-

Actes authentiques ou sous seings privés.

tenter d'actes sous seings privés non reconnus, en prenant les précautions nécessaires pour en assurer la conservation.

Il est des cas, toutefois, où la solennité de l'acte est une des conditions substantielles de sa validité. Les principaux actes pour lesquels l'authenticité est nécessaire sont : les donations, les contrats de mariage, les constitutions et mainlevées d'hypothèques, les testaments publics et mystiques, les emprunts et les quittances subrogatives dans le cas du deuxième paragraphe de l'article 1250 du Code Napoléon, enfin les sociétés anonymes (1).

On devra vérifier avec soin les pièces établissant les qualités prises dans les quittances et la capacité des parties.

III. *Actes confirmatifs. — Ratifications.*

Actes
de ratification.

264. Il arrive souvent que les parties majeures se portent fort pour un mineur, pour un absent, pour un tiers dont on promet la ratification. On devra, dans ce cas, examiner avec soin si la ratification promise a été fournie par le mineur devenu majeur, ou par le tiers dont un autre s'est porté fort.

Actes confirmatifs.

Il est d'autres circonstances où un acte de confirmation est nécessaire pour couvrir l'irrégularité d'une convention, ou pour la compléter si elle est restée imparfaite, et la mettre à l'abri d'une action en nullité ou en rescision.

Dans ces différentes hypothèses, on ne doit pas perdre de vue les conditions exigées par l'article 1338 C. Nap. pour la validité de l'acte de confirmation ou de ratification expresse; il doit renfermer : 1° la

---

(1) Il faut rappeler ici la disposition de la loi du 21 juin 1843 (art. 2), d'après laquelle les actes notariés contenant donations entre vifs, donations entre époux pendant le mariage, révocations de donation ou de testament, reconnaissance d'enfants naturels, et les procurations pour consentir ces divers actes, doivent, à peine de nullité, être reçus conjointement par deux notaires, ou par un notaire en présence de deux témoins. La présence effective du notaire en second ou des témoins n'est requise qu'au moment de la lecture des actes par le notaire et de la signature par les parties ; mais elle doit être mentionnée, à peine de nullité.

substance de la convention première; 2° la mention du motif de
l'action en rescision ; 3° l'intention de réparer le vice sur lequel cette
action serait fondée (1).

Ainsi la ratification d'une hypothèque qui ne présenterait pas
toutes les conditions nécessaires à sa validté ne pourrait être opposée aux tiers qui auraient acquis dans l'intervalle un droit réel
sur l'immeuble, par exemple, une hypothèque valable (2).

Mais la ratification assurerait l'effet de l'hypothèque à la date même
de sa constitution, si, dans l'intervalle de cette date à celle de la
ratification, aucun droit réel n'avait été valablement concédé à des
tiers sur l'immeuble hypothéqué (3).

Rappelons ici que le donateur ne peut réparer par aucun acte confirmatif les vices d'une donation entre vifs ; nulle en la forme, il faut
qu'elle soit refaite en la forme légale (C. Nap., 1339).

IV. *Actes de notoriété.*

265. On a vu plus haut, n°s 194 et 240, que la preuve des quali Actes de notoriété.
tés héréditaires, ou la constatation à faire par le légataire universel
que le défunt n'a laissé aucun héritier à réserve, s'établissait par des
actes de notoriété. On se conformera, à cet égard, à ce mode de

---

(1) Il importe que la ratification porte sur le contrat et la convention, et non
pas seulement sur l'acte qui la renferme. L'approbation de l'acte implique bien
une renonciation à opposer les vices qui pourraient entraîner, en la forme, la
nullité de cet acte, mais non une renonciation à faire valoir les vices du contrat en lui-même, par exemple, celui qui résulterait de l'incapacité de l'une des
parties.

S'il s'agit de la ratification d'un acte auquel l'authenticité est indispensable,
par exemple, une constitution d'hypothèque, la ratification doit être donnée dans
la même forme. M. Grenier, *Hypothèques*, n° 50.

La confirmation expresse n'exige pas le concours ni l'acceptation de la partie
dans l'intérêt de laquelle elle est consentie. Zachariœ, t. 2, p. 138 ; Toullier,
t. 8, n° 509 ; Merlin, *Quest. de droit*, V^{is}. *Mineur*, § 3, et *Testament.* § 18, n° 1er.

(2) Cass., 2 août 1859, P. 1860, p. 118.

(3) Cass., 3 août 1859, P. 1860, p. 118.

preuve qu'un long usage a consacré. Mais, dans tous les autres cas, et s'il s'agissait, par exemple, de suppléer à un titre de propriété, l'acte de notoriété qui ne serait pas corroboré par d'autres documents serait insuffisant ; car, en général, les actes de notoriété qui constatent plutôt la croyance publique que le fait lui-même ne doivent inspirer que peu de confiance et ne constituent qu'un indice, un renseignement qui n'a guère plus de valeur qu'un simple certificat, qui peut être détruit par tout autre document propre à en faire reconnaître l'inexactitude, qui enfin ne mettrait pas à l'abri celui qui aurait traité sous la foi du fait dont il témoigne. Ce n'est que dans certains cas déterminés par la loi (art. 70, 71, 73, 155 C. Nap.) qu'ils constituent une preuve légale.

V. *Jugements, arrêts et ordonnances de référé.*

266. Les jugements ne font preuve que de ce qui a fait l'objet du litige sur lequel ils ont statué. Il y a chose jugée sur une question du moment qu'elle a été débattue devant le juge et décidée par lui (1). C'est par ce motif que les actes de juridiction volontaire ou gracieuse n'ont point l'autorité de la chose jugée (2), et qu'on ne

Jugements et arrêts. Quand il y a chose jugée.

---

(1) Rappelons ici que quatre conditions sont nécessaires pour constituer l'autorité de la chose jugée : 1° identité de la chose demandée ; 2° identité de la cause de la demande ; 3° identité des parties ; 4° identité de qualité dans ces parties (C. Nap. 1351).

(2) Cass., 3 juin et 3 déc. 1834 ; Caen, 18 déc. 1837 ; Colmar, 18 janv. 1850, P. t. 1, 1851, p. 132 ; Nîmes, 25 nov. 1850, P. t. 1, 1852, p. 573 ; Cass., 4 juill. 1851, P. t. 2, 1851, p. 373 ; Caen, 30 déc. 1857, P. 1858, p. 665.

C'est encore par cette raison que les jugements d'expédients donnent plus de prise aux attaques des tiers que les jugements rendus après discussion sérieuse et contradictoire.

Il importe enfin de signaler ici le principe consacré par plusieurs arrêts d'après lequel les jugements rendus par la chambre du conseil, en matière contentieuse, doivent être prononcés en audience publique. Cass., 21 janv. 1846 et 5 juin 1850, P. t. 1, 1846, p. 273 et t. 2, 1850, p. 317. On a voulu appliquer la règle même en matière de juridiction gracieuse, toutes les fois qu'une disposition expresse de la loi n'autorisait pas le juge à statuer en la chambre du conseil. Mais l'opinion contraire a prévalu. Favard de Langlade, *Rép.*, V° *Chambre du*

peut reconnaître cette autorité aux simples jugements rendus sur la requête d'une seule partie sans contradiction. Un pareil jugement ne lie pas le juge et peut être réformé, sans qu'il soit nécessaire de l'attaquer par les voies extraordinaires.

Le dispositif seul constituant l'essence du jugement, c'est ce dispositif seul et non les motifs qui établit l'autorité de la chose jugée. Ces motifs et les énonciations qu'ils contiennent n'ont cette autorité qu'autant qu'ils passent dans le dispositif et y sont formulés.

267. Dans tous les cas, la chose jugée n'existe que du moment que le jugement ne peut plus être réformé par les voies ordinaires.

Il faut que le jugement ne puisse plus être réformé. — Appel.

On s'assurera donc que le jugement a été régulièrement signifié et que les délais d'appel sont expirés, et on exigera le certificat constatant cette signification et celui de non opposition ni appel, conformément à l'article 546 du Code de procédure civile. On observera que le délai d'appel ne court contre le mineur non émancipé que du jour où le jugement a été signifié tant au tuteur qu'au subrogé tuteur, encore bien que ce dernier n'ait pas été mis en cause (C. proc., 444) (1); que si le mineur plaide contre son tuteur, ou s'il a, dans l'instance, des intérêts opposés et se trouve conséquemment représenté au procès par son subrogé tuteur, il est nécessaire, d'après la jurisprudence, qu'il soit nommé un subrogé tuteur spécial auquel doit être faite la double signification prescrite par la loi pour faire courir le délai d'appel (2). S'il s'agit d'une demande en restriction de l'hypothèque légale du mineur ou de la femme, le jugement doit, en outre, être signifié au procureur impérial (V. *infrà*, n° 391).

---

conseil ; Merlin, *R'p.*, V° *Autorisation maritale*, sect. 8, n° 2 *bis* ; M. de Belleyme, Préface de l'ouvrage de M. Bertin. — V. aussi Amiens, 7 juin 1855, P. t. 2, 1855, p. 427.

(1) L'article 444 n'est pas applicable au délai du pourvoi en cassation ; il n'est pas nécessaire, pour faire courir ce délai, que le jugement ou l'arrêt ait été signifié au subrogé tuteur en même temps qu'au tuteur. Cass., 7 janv. 1862, P. 1862, p. 552.

(2) Cass., 1er avril 1833 ; — Angers, 2 août 1822 ; Toulouse, 4 fév. 1825 ; Rennes, 19 juill. 1826 et 9 avril 1827 ; Colmar, 15 janv. 1831 ; Orléans, 27 nov. 1833.

Pourvoi
en cassation.

268. Bien que le pourvoi en cassation ne soit pas suspensif, il est nécessaire, quand il s'agit d'une question de propriété ou de tous autres droits réels, de s'assurer également qu'un arrêt a été régulièrement signifié et qu'aucun pourvoi n'a été formé dans les délais, alors même que la décision aurait été exécutée, à moins que cette exécution n'ait été purement volontaire (1).

Requête civile.

269. Enfin il faut rappeler ici : 1° que le délai de trois mois pendant lequel les jugements peuvent être attaqués par voie de requête civile ne court contre les mineurs que du jour de la signification du jugement, faite depuis leur majorité, à personne ou domicile (C. proc., 484) ; que même, si les ouvertures de requête civile sont le faux, le dol ou la découverte de pièces nouvelles, les délais ne courent que du jour où, soit le faux, soit le dol ont été reconnus, ou les pièces découvertes (art. 488) ;

Tierce opposition.

2° Qu'une partie peut toujours faire rétracter, par la voie de la tierce opposition, un jugement qui préjudicie à ses droits, et lors duquel ni elle ni ceux qu'elle représente n'ont été appelés. On doit donc vérifier, autant que possible, si toutes les parties qui peuvent avoir un intérêt à contester la demande ont été mises en cause.

Ordonnance
de référé.

270. Une ordonnance de référé par cela seul qu'elle ne statue qu'au provisoire et qu'elle renvoie toujours les parties à se pourvoir au principal n'a aucune autorité décisive sur le fond du droit. En conséquence, et bien qu'elle soit exécutoire par provision et nonobstant appel, l'exécution qu'elle aurait reçue ne saurait préjudicier en rien à ce qui pourrait être jugé plus tard, ni garantir le tiers qui l'aurait exécutée contre le recours des ayants droit (2).

VI. *Procuration.*

La procuration
pour vendre doit
être expresse.

271. Si le vendeur est représenté par un mandataire, la procura-

---

(1) V. la note sous le numéro précédent.

(2) Cass., 27 janv. 1862, P. 1862, p. 250. — Jugé par cet arrêt que la caisse des consignations qui, en vertu d'une ordonnance de référé rendue contre elle, a payé à une personne autre que le véritable créancier, n'est pas libérée envers ce créancier qui est venu plus tard faire reconnaître son droit.

tion doit contenir en termes exprès le pouvoir de vendre ; le mandat conçu en termes généraux n'embrasse que les actes d'administration (C. Nap., 1988).

272. La procuration ou l'autorisation donnée par le mari à la femme à l'effet d'acheter doit être donnée spécialement pour une acquisition déterminée. L'autorisation d'acquérir qu'il lui donnerait d'une manière générale et illimitée pourrait être déclarée nulle.

273. Observez que le mandat finit par la révocation du mandataire, par la mort naturelle ou civile, l'interdiction, la déconfiture ou la faillite soit du mandant, soit du mandataire. Le changement d'état met également fin au mandat ; par exemple, si une femme, après avoir constitué un mandataire, vient à se marier. Il finit encore par la cessation des fonctions du mandant lorsqu'il a donné le mandat dans la qualité qu'il n'a plus.

CHAPITRE VI.

Du contrat de vente.

274. On a vu dans le premier chapitre les modifications dont le contrat de vente était susceptible et les diverses conditions qui pouvaient y être stipulées.

275. Nous insisterons ici sur l'intérêt qu'a l'acquéreur, si le vendeur est marié, d'obtenir le concours de la femme du vendeur toutes les fois que le contrat de mariage ne contiendra aucune clause restrictive de la capacité de celle-ci, et de la faire intervenir au contrat pour garantir solidairement la vente.

276. Il importe de désigner clairement l'immeuble qui fait l'objet de la vente.

277. S'il s'agit d'une propriété urbaine, il suffira le plus souvent d'indiquer sommairement sa consistance en bâtiments, cours, jardins, etc., surtout si cette propriété est entièrement close de murs, l'arrondissement et la commune où elle est située, la rue et le numéro s'il en existe un. Il peut être utile néanmoins de faire connaître la contenance, ainsi que les tenants et aboutissants.

278. S'il s'agit d'immeubles ruraux et que la propriété vendue constitue un seul corps de domaine, on peut se contenter, en le désignant sous le nom sous lequel il est connu, d'indiquer sa situation, c'est-à-dire l'arrondissement et la commune, la contenance totale, la nature des différents immeubles qui le composent, en terres labourables, prairies, bruyères, futaies, taillis, etc., et, autant que possible, la contenance applicable à chaque espèce ou nature de biens.

279. Si les immeubles vendus ne sont pas réunis en un seul corps de domaine, on devra désigner *individuellement* chacun de ces immeubles par sa nature de bâtiment, pré, vigne, bois, etc., en indiquant sa contenance et donner, si faire se peut, pour chaque parcelle, le numéro de la matrice cadastrale, la situation, les confins des pièces qui forment des objets distincts et séparés, la dénomina-

tion des terroirs où elles se trouvent et de ce qu'on appelle vulgaire
ment les lieux dits.

280. On doit prendre soin de désigner les principaux objets accessoires de l'immeuble vendu qu'on entend comprendre dans la
vente, même ceux qui en feraient partie de plein droit et sans désignation, d'après les règles établies plus haut au nº 9, et ce pour
prévenir toute contestation, ainsi que les choses que le vendeur croi-
rait devoir se réserver.

281. Le contrat doit faire connaître les servitudes actives et passives ou la déclaration du vendeur qu'il n'existe, à sa connaissance,
aucune servitude passive. Il devra également énoncer les baux et lo-
cations que l'acquéreur devra exécuter.

On a vu dans le chapitre Iᵉʳ les stipulations qui pouvaient être
faites relativement à l'obligation du vendeur de livrer la contenance
indiquée, à la garantie par lui due en cas d'éviction totale ou partielle. Nous avons examiné la portée des différentes clauses que l'u-
sage a introduites à cet égard. C'est en tenant compte de nos observations qu'on devra s'étudier, dans la rédaction de l'acte, à éviter
toutes contestations sur ce point.

282. On a vu combien il était essentiel que le contrat contînt un
établissement de propriété rédigé avec le plus grand soin et appuyé
de titres que le notaire de l'acquéreur devra se faire communiquer et
examiner attentivement. Il devra exiger la remise de ces titres lors du
payement du prix.

283. Enfin, quant aux stipulations relatives à ce prix et au mode
de payement, on se reportera aux nᵒˢ 10 et suivants ci-dessus, chapitre Iᵉʳ.

CHAPITRE VII.

**Transcription du contrat de vente. — Formalités hypothécaires
et purge. — Payement du prix. — Quittance.**

284. Sous le Code Napoléon, avant la loi nouvelle sur la transcription, cette formalité n'était autre chose que le premier acte de la
purge des hypothèques : c'est le rôle auquel elle était réduite par les
articles 2181 et suivants du Code Napoléon. C'était déjà assez, toutefois, pour que les acquéreurs, soigneux de leurs intérêts, fissent
transcrire leurs contrats, et c'était là une pratique suivie constamment dans le notariat. Aujourd'hui, la nécessité de la transcription
est bien plus impérieuse encore, depuis que la loi du 23 mars 1855
a soumis à cette formalité les actes translatifs de la propriété, de
ses démembrements et de ses charges. Jusqu'à la transcription, ces
actes ne peuvent être opposés aux tiers qui auraient contracté avec
le vendeur, qui ont des droits sur l'immeuble et qui les ont conservés
en se conformant aux lois : d'où la conséquence que si un premier
acquéreur n'a pas fait transcrire son contrat, si un créancier hypothécaire n'a pas pris inscription, ils ne seront pas protégés contre les
effets d'une vente même postérieure qui aurait été transcrite.

285. La transcription du dernier contrat assure le droit de propriété de l'acquéreur, alors même que le vendeur serait lui-même
propriétaire en vertu d'un contrat non transcrit. Mais est-elle suffisante pour purger les priviléges et les hypothèques qui peuvent exister sur l'immeuble du chef des précédents vendeurs, si les contrats
intermédiaires n'ont pas été transcrits? La solution affirmative avait
été consacrée par la jurisprudence sous la loi de l'an vii.

286. Il a été jugé également, sous l'empire du Code Napoléon,
que la transcription du dernier contrat suffit pour arrêter le cours de

l'inscription des priviléges ou des hypothèques sur tous les précédents propriétaires (1).

287. Mais le défaut de transcription de la donation faite à l'un des précédents propriétaires ne saurait être couvert par la transcription de la vente faite par le donataire ou par son acquéreur, et cette transcription ne saurait mettre l'acquéreur à l'abri de la nullité du titre de son auteur.

288. Nous n'avons pas à reproduire ici les dispositions de la loi du 23 mars 1855, et encore moins à nous livrer à l'examen des questions qu'elle peut faire naître. Bornons-nous à faire observer que cette formalité, purement extrinsèque, n'a pas la vertu de couvrir les vices qui altèrent la substance même du contrat, par exemple, les causes de nullité ou de rescision dont il est entaché (et c'est là le motif qui justifie la solution qui vient d'être donnée sur l'inefficacité de cette formalité pour suppléer au défaut de transcription de la do-

---

(1) Cass., 14 janv. 1818. V. en sens contraire M. Ducruet. *Etudes sur la transcr.*, p. 15, n° 14.

M. Troplong (*Hypoth.*, n° 913 ; *Transcription*, n°s 467 et suiv.) voudrait qu'on distinguât si la transcription contient l'indication des précédents vendeurs, et qu'elle ne produisît d'effet qu'à cette condition, par la raison que les tiers qui ont traité de bonne foi avec l'ancien propriétaire ont été mis, en l'absence de cette indication, dans l'impossibilité de vérifier l'existence de la mutation.

Cette distinction, déjà repoussée sous la législation précédente par la Cour de cassation (13 déc. 1843 et 14 janv. 1818), est encore moins admissible sous la loi nouvelle, qui veut, d'une manière absolue, que la transcription fasse évanouir à l'instant même tous les droits qui n'ont pas été rendus publics antérieurement. Vainement dirait-on que le vendeur dont le contrat n'était pas transcrit n'avait qu'une propriété relative et qu'il n'avait pu saisir son acquéreur de cette propriété dont il n'était pas lui-même valablement saisi. Rien, dans la loi nouvelle, ne prive l'acquéreur qui n'a pas transcrit de l'exercice du droit de propriété et de la faculté de disposer de la chose qui lui appartient bien réellement. Quoiqu'il n'ait, relativement aux tiers, qu'une propriété imparfaite, il a, au moins, à leur égard, du chef de son vendeur, les pouvoirs d'un mandataire, d'un *procurator in rem suam*, pour transférer au nouvel acquéreur un droit de propriété que la transcription du dernier contrat vient consolider.

V. Conf.: MM. Rivière et Huguet, *Questions sur la transcr.*, n°s 336 et suiv. M. Mourlon, *Appendice*, n° 373.

nation faite au vendeur ou à un précédent propriétaire), qu'elle n'a d'autre but que de donner la publicité à ce contrat. On s'exposerait à plus d'un mécompte si l'on s'attendait à trouver dans cette publicité ou plutôt dans les registres qui la constituent la connaissance de tous les faits qui peuvent modifier ou même anéantir le droit de celui que ces registres signalent comme propriétaire. La loi n'a prescrit la transcription que des actes translatifs de la propriété et de ses démembrements. C'est aux tiers qui consultent les actes transcrits à se rendre compte des conditions auxquelles sont subordonnés les droits qu'ils transfèrent et de tout ce qui peut en amener l'extinction totale ou partielle.

289. Rappelons encore ici que le principe d'après lequel les priviléges ne peuvent être inscrits à partir du moment même de la transcription souffre une exception en faveur du vendeur. La loi accorde en effet au vendeur et au copartageant un délai de quarante-cinq jours à partir de l'acte de vente ou du partage pour faire inscrire leur privilége, nonobstant toutes transcriptions d'actes faites dans ce délai (Loi du 23 mars 1855, art. 6). On comprend que cette nécessité de transcrire dans les quarante-cinq jours n'existe que dans la prévision soit d'une revente faite par l'acquéreur, soit du cas où il constituerait une hypothèque ou tout autre droit réel avant cette transcription. Mais ce privilége peut toujours être inscrit utilement, même après ce délai, tant que les choses sont entières (1).

290. La simple transcription, sous la loi de 1855, comme sous la loi précédente, en arrêtant le cours des inscriptions, ne purge pas les priviléges et les hypothèques inscrites (C. Nap., art. 2182). L'acquéreur qui veut se mettre à l'abri des poursuites hypothécaires et de l'obligation de payer, comme tiers détenteur, le montant de toutes les créances inscrites indéfiniment, ou de délaisser l'immeuble hypothéqué, doit encore remplir les formalités prescrites par les articles 2183 et suivants du Code Napoléon à l'effet de mettre les créanciers en demeure de surenchérir, en leur notifiant son contrat

---

(1) M. Troplong, *Transcription*, n° 279.

et en offrant de payer les sommes dues aux créanciers, mais seulement jusqu'à concurrence de son prix.

291. Il doit encore, pour purger les hypothèques légales qui peuvent grever l'immeuble par lui acquis du chef des femmes mariées, des mineurs et des interdits, en provoquer l'inscription au moyen des formalités établies par les articles 2193 et suivants du Code Napoléon.

292. Ce n'est qu'après l'accomplissement de ces différentes formalités et après l'expiration des délais de surenchère et de ceux accordés aux ayants droit pour l'inscription de l'hypothèque légale qu'il peut valablement se libérer, soit en payant son prix aux créanciers utilement colloqués dans l'ordre amiable ou judiciaire établi entre eux, soit en le consignant.

Quittance.

293. Le payement du prix peut être fait, comme on vient de le voir, soit au vendeur, soit aux créanciers inscrits colloqués dans l'ordre et sur la représentation de leurs mandements de collocation, ainsi que sur la représentation des certificats des radiations ordonnées par le juge des inscriptions des créanciers qui n'ont pu être utilement colloqués. Dans un cas comme dans l'autre, la quittance contient habituellement l'analyse sommaire des formalités de purge des hypothèques, soit inscrites, soit légales, et l'énonciation des inscriptions qui sont survenues à la suite de ces formalités, des mainlevées qui ont pu être données par les créanciers et des radiations opérées, ainsi que des mainlevées qui vont être données, s'il y a lieu, par la quittance même. Si le prix a été distribué par voie d'ordre, il doit être rendu compte des résultats de cette procédure. Si le payement est fait entre les mains des créanciers ou sur leurs mainlevées, le notaire doit s'assurer de la capacité de ceux qui doivent recevoir et donner des mainlevées, et, s'ils sont représentés par des mandataires, vérifier si les pouvoirs de ceux-ci sont réguliers et suffisants, de manière à ce que les radiations à faire par le conservateur ne puissent donner lieu à aucune difficulté (1). Dans tous les cas

____

(1) Ainsi, quand il s'agit d'une inscription prise au profit d'une société, il faut que l'associé qui donne mainlevée ait la signature sociale, ou qu'il justifie d'un

douteux, il exigera, avant toute remise de fonds, la production des radiations.

Le vendeur donnera mainlevée de l'inscription d'office avec désistement du privilége et de l'action résolutoire, à moins que le payement ne soit fait au moyen de deniers d'emprunt, avec subrogation du prêteur dans les droits de ce vendeur.

294. Il est d'usage également que la quittance constate la remise des titres de propriété, s'ils n'ont été remis lors du contrat de vente.

---

pouvoir de ses coassociés à l'effet de consentir cette mainlevée, s'ils ne veulent pas y concourir tous personnellement. Cette circonstance que l'inscription aurait été prise par lui seul ne suffirait pas pour qu'il eût capacité pour en faire opérer seul la radiation ; car, en requérant l'inscription, il n'a fait qu'un simple acte d'administration, tandis que la mainlevée est un acte d'aliénation (V., au surplus, Cass., 19 août 1845, P. I. 2, 1845, p. 167). La Cour d'Amiens a même jugé le 31 décembre 1851 (P t. 1, 1852, p. 274) que le conservateur des hypothèques avait le droit d'exiger la preuve qu'à l'époque où la mainlevée a été consentie par l'associé ayant la signature sociale, il n'était survenu à l'acte de société aucune modification de nature à altérer la capacité de cet associé.

Quant au liquidateur d'une société commerciale, il a qualité, sans aucun doute, pour donner mainlevée d'une inscription prise au nom de cette société alors que l'acte de mainlevée mentionne le payement de la créance. Toulouse, 2 août 1861, P. 1862, p. 926.

SECONDE PARTIE.

PRÊTS HYPOTHÉCAIRES.

295. Pour emprunter valablement, de même que pour acquérir ou pour vendre, il faut, avant tout, avoir la capacité de contracter. De plus, l'hypothèque ne peut être conférée que par celui qui a le droit d'aliéner. Il faut donc se reporter aux principes que nous avons exposés dans la première partie de ce travail, n°s 78 et suivants. Nous avons dit dans quels cas et sous quelles conditions pouvait avoir lieu l'aliénation des biens des mineurs, des interdits, des personnes placées sous l'assistance d'un conseil judiciaire, des femmes mariées, des faillis, des héritiers présomptifs d'un absent, ceux d'une société civile ou commerciale, des départements, des communes, des hospices, des établissements publics, d'utilité publique ou de bienfaisance, congrégations et communautés religieuses, chapitres, fabriques, cures, consistoires, etc.

Nous avons indiqué certaines précautions à prendre avant de traiter avec un étranger.

Nous avons fait connaître ce qui est applicable aux incapacités relatives, c'est-à-dire qui n'existent qu'entre certaines personnes respectivement.

Nous renverrons donc, sur ces différents points, aux règles que nous avons exposées en traitant de la vente. Nous allons les appliquer ici au prêt hypothécaire, en exposant celles qui sont spéciales aux emprunts qui peuvent être faits par les personnes incapables ou par celles dont la capacité n'est pas entière pour certains actes.

296. En général, la capacité d'aliéner les immeubles et celle de les hypothéquer sont corrélatives. Il est donc de principe, comme on vient de le dire, que l'hypothèque ne peut être consentie que par celui qui a la capacité d'aliéner l'immeuble hypothéqué (C. Nap., article 2124). Mais il ne faudrait pas en conclure que le pouvoir d'a-

liéner entraîne toujours celui d'hypothéquer. Il faut distinguer, à cet égard, entre les pouvoirs qu'une personne tient de la loi et ceux qui ne lui sont conférés que par une convention ou qui résultent d'un mandat, comme la stipulation du contrat de mariage qui autorise la femme à aliéner ses biens dotaux, ou celle qui donne au mari mandat de les vendre. Dans le premier cas, le droit d'aliéner comprend virtuellement celui d'hypothéquer. Dans le second cas, le droit qui résulte de la convention et du mandat est limité au cas spécialement exprimé (1). Enfin, il ne faut pas perdre de vue la disposition de l'article 2125, d'après laquelle « ceux qui n'ont sur l'immeuble qu'un droit suspendu par une condition, ou résoluble dans certains cas, ou sujet à rescision, ne peuvent consentir qu'une hypothèque soumise aux mêmes conditions ou à la même rescision. »

---

(1) V. *infrà*, n° 301 *bis*. Mais on décide que la prohibition conventionnelle d'aliéner comprend celle d'hypothéquer. Paris, 11 nov. 1812; Merlin, *Rép. de jurip.*, V• *Hypothèque*, section 1ʳᵉ, § 2.

CHAPITRE Ier.

De la personne de l'emprunteur.

I. *Mineur.* — *Mineur émancipé.* — *Mineur marchand.* — *Interdit civilement.* — *Interdiction légale.*

297. Aucun emprunt ne peut être fait par un mineur, même éman- cipé, ni par un interdit, sans les formalités énoncées dans les articles 457 et 458 du Code Napoléon, qui exigent l'autorisation du conseil de famille, homologuée par le tribunal de première instance, sur les conclusions du procureur impérial (1). Il n'y a d'exception que pour le mineur marchand. Il peut valablement engager et hypothéquer ses immeubles pour les faits relatifs à son commerce (C. Nap., 457, et C. comm., 6); mais il faut qu'il ait été autorisé régulièrement à faire ce commerce, et que, dans ce but, les conditions et les formalités prescrites par l'article 2 du Code de commerce aient été accomplies (2).

298. Les mêmes règles s'appliquent à l'interdit civilement et à celui qui est en état d'interdiction légale par suite de condamnations judiciaires. — V. plus haut, n°˙95 et suiv., dans quels cas a lieu cette interdiction légale.

Mineur. Interdit

----

(1) On devra vérifier surtout si le tuteur a présenté au conseil de famille le compte sommaire exigé par l'art. 457.

Observez que, d'après un arrêt de la Cour de Montpellier du 7 mai 1831, si l'emprunt a pour but le payement d'une somme dont le tuteur est créancier, ne fût-ce que pour une portion, c'est par le subrogé-tuteur que l'autorisation doit être demandée au conseil de famille, et que l'homologation doit être poursuivie. Si ces formalités ont eu lieu à la diligence du tuteur lui-même, l'emprunt contracté peut être déclaré nul à l'égard du mineur, et cette nullité peut être opposée au tuteur.

(2) Il faut, aux termes de cet article : 1° que le mineur soit âgé de dix-huit ans accomplis; 2° que l'autorisation de faire le commerce lui ait été donnée par son père ou par sa mère, ou, à défaut du père et de la mère, par une délibération du conseil de famille, homologuée par le tribunal civil; 3° qu'elle soit préalable aux engagements du mineur; 4° que l'acte d'autorisation ait été enregistré et affiché au tribunal de commerce du lieu où le mineur veut établir son domicile.

II. *Personnes soumises à un conseil judiciaire.*

Conseil judiciaire.

Il suffit que le conseil judiciaire donne son concours à l'emprunt.

III. *Femme mariée. — Femme séparée de corps ou de biens. — Femme marchande publique. — Femme dotale. — Femme d'un commerçant.*

Femme mariée.

299. La femme mariée ne peut, lors même qu'elle serait séparée de corps et de biens, consentir une hypothèque sans l'autorisation de son mari ou celle du tribunal, si le mari la refuse ou est dans l'impossibilité de la donner (C. Nap., art. 217, 218, 219) (1). Il faut faire une exception pour la femme marchande publique, à l'égard des actes relatifs à son commerce, si, ayant atteint sa dix-huitième année, elle a été autorisée par son mari à faire ce commerce, et si elle n'est pas mariée sous le régime dotal (C. Nap., 220; C. comm., 4, 5 et 7) (2). Sur la nécessité d'une autorisation spéciale, V. *suprà*, n° 272.

Régime dotal.

300. La femme mariée sous le régime dotal ne peut hypothéquer ses biens dotaux à moins que le contrat de mariage ne lui en ait donné la faculté (C. Nap., art. 1557.) (3).

---

(1) Sur la forme dans laquelle doit être rendu le jugement d'autorisation, V. *suprà*, n° 99, à la note.

(2) Mais l'autorisation donnée par la justice à une femme mariée de faire le commerce n'emporte pas pour elle la capacité de contracter une société de commerce avec un tiers. Rouen, 3 déc. 1858, P. 1859, p. 1158; Cass., 9 nov. 1859, P. 1860, p. 297. — Pardessus, *Droit commerc.*, t. 1, n° 166; M. Demolombe, t. 4, n° 297; M. Delangle, *Sociétés commerc.*, t. 1, n° 56.

Il faut de plus que la femme mineure qui a été autorisée par son mari à se faire marchande publique fasse un commerce séparé de celui de son mari; si elle n'est que l'associée de son mari, elle ne peut s'obliger valablement. Cass., 3 août 1859, P. 1860, p. 418.

(3) On a soutenu que la femme en se mariant sous le régime dotal, bien qu'elle pût se réserver la faculté d'aliéner ses immeubles, ne pouvait se réserver de les hypothéquer; mais cette doctrine, à l'appui de laquelle on avait invoqué les motifs de trois arrêts de la Cour de cassation, les deux premiers du 22 juin 1836 et le 3e du 16 août 1837 (P. t. 2, 1837, p. 305), est contraire à la jurispru-

Pour connaître quels sont les biens qui doivent être réputés dotaux, et conséquemment inaliénables, il faut se reporter à ce qui a été dit plus haut, 1re partie, chap. 3, n°s 145 et suiv. Nous y avons fait connaître les conséquences de la règle de l'inaliénabilité et les exceptions qu'elle reçoit des conventions du contrat de mariage ou de la loi.

301. Dans l'état actuel de la jurisprudence, dans les divers cas où les tribunaux sont investis du pouvoir d'autoriser l'aliénation des biens dotaux (C. Nap., art. 1558), ils peuvent également permettre de les hypothéquer (1).

Autorisation
d'hypothéquer
l'immeuble dotal.

301 *bis*. La faculté d'aliéner les biens dotaux donnée à la femme par son contrat de mariage n'emporte pas celle de les hypothéquer (2).

---

dence bien constante de cette cour. V. Cass., 15 déc. 1853, P. t. 2, 1855, p. 332, et 18 nov. 1862, P. 1863, p. 358.

(1) Bordeaux, 1er août 1834 ; Rouen, 22 déc. 1837, 11 janvier et 14 février 1838, P. t. 1, 1841, p. 192; Grenoble, 9 nov. 1839, P. t. 1, 1843 , p. 602 ; Cass., 1er déc. 1840, P. t. 1, 1841, p. 130; Aix, 15 janv. 1841, P. t. 1, 1842, p. 699 ; Lyon, 4 juin 1841, P. t. 2, 1841, p. 613; Cass., 23 août 1842, P. t. 2, 1842, p. 281 ; Cass , 30 déc. 1850, P. t. 1, 1851, p. 502; Cass., 7 juillet 1857, P. 1858, p. 492. — M. Troplong, *Cont. de mar.*, t. 4, n° 3375; Marcadé, sur l'article 1558, n° 6; M. Duranton, t. 15, n° 507 ; Zachariæ, § 537 et note 53; M. Tessier, *De la dot*, t. 1, p. 443; M. Seriziat, *Traité de la dot*, n° 168 ; MM. Rodière et Pont, *Cont. de mar.*, t. 2, n° 522 ; V. toutefois, en sens contraire : Rouen, 31 août 1836 et 12 janv. 1838, P. t. 1, 1841, p. 192.

(2) C'est ce qui résulte de la jurisprudence constante de la Cour de cassation constatée par de nombreux arrêts. V. notamment : 25 janv. 1830 ; 22 juin 1836; 31 janv. 1837, P. t. 1, 1837, p. 347; 16 août 1837, P. t. 2, 1837, p. 305; 29 mai 1839, P. t. 2, 1839, p. 102; 14 février 1843, P. t. 1, 1843, p. 607. — V. encore : Cass., 13 déc. 1853, P. t. 2, 1855, p. 332; Bordeaux, 22 déc. 1857, P. 1858, p. 331.

Toutefois M. Troplong prétend que la réserve d'aliéner stipulée dans le contrat de mariage sans autre explication comprend la faculté d'hypothéquer le fonds dotal; il rappelle que le mot aliéner, dans la langue du droit, a un sens large et un sens restreint : dans le sens large, dit-il, le mot *aliéner* comprend toute espèce de démembrement de la propriété. Dans le sens restreint, ce mot ne signifie que la translation du domaine de propriété, et il enseigne que c'est dans le sens

302. De même, on décide assez généralement que la faculté conférée à la femme par les articles 1555 et 1556 C. Nap. de donner ses biens dotaux, avec l'autorisation de son mari, pour l'établissement soit des enfants communs, soit des enfants qu'elle aurait eus d'un précédent mariage, en obtenant au besoin, dans ce dernier cas, l'autorisation de la justice, comprend la faculté de les hypothéquer. C'est dans ce sens que parait se fixer la jurisprudence, d'accord avec l'unanimité des auteurs, et que s'est prononcée la Cour de cassation par arrêt du 1er avril 1845 (1). Mais elle avait précédemment jugé en sens inverse, le 25 janvier 1830, le 22 juin 1836 et le 29 mai 1839 (2).

303. L'autorisation donnée par la justice à la femme d'hypothéquer l'immeuble dotal ne mettrait pas le prêteur à l'abri, si elle était accordée hors des cas limitativement déterminés par l'article 1558 C. Nap. (3); mais, comme on l'a dit plus haut (n° 180), il suffit que

---

large que le mot *aliéner* se prend naturellement, quand il n'est pas restreint par quelque raison particulière (*Contr. de mar.*, t. 4, n° 3633 et suiv.).

Nous croyons que c'est le cas de maintenir ici la distinction que nous avons établie plus haut (n° 296) entre les pouvoirs qu'une personne tient de la loi et ceux qui lui sont conférés par une convention ou par un mandat, et que les modifications que les époux mariés sous le régime dotal croient devoir apporter à ce régime doivent être, comme toutes exceptions, entendues dans le sens restreint. On ne doit par perdre de vue, quand il s'agit d'interpréter un contrat, qu'on doit le faire suivant l'esprit du régime adopté par les époux. Or, sous le régime dotal, la prohibition est la règle, tandis que sous le régime de la communauté la règle est la liberté.

(1) P. t. 1, 1845, p. 555.—V. encore, pour la faculté d'hypothéquer : Montpellier, 7 juillet 1823 ; Rouen, 23 juin 1835 et 12 juin 1844, P. t. 2, 1844, p. 18 ; Bordeaux, 1er mai 1850, P. t. 2, 1852, p. 437 ; Nîmes, 24 mars 1851, P. t. 2, 1851, p. 464 ; Limoges, 4 mars 1854, P. t. 2, 1854, p. 181 ; Pau, 16 avril 1855, P. 1857, p. 1235 ; M. Grenier, *Hypoth.*, t. 1, n°s 33 et 34 ; M. Duranton, t. 15, n° 492 ; Marcadé, sur l'article 1556, n° 4 ; MM. Pont et Rodière, t. 2, n° 511 ; M. Tessier, t. 1, p. 379 ; M. Troplong, *Contr. de mar.*, t. 4, n° 3352.

(2) P. t. 2, 1839, p. 102 ; V. conf. Bordeaux, 11 août 1836, P. t. 2, 1837, p. 428 ; Lyon, 10 juillet 1837, P. t. 2, 1837, p. 521 ; Amiens, 1er août 1840, P. t. 2, 1842, p. 24 ; Limoges, 6 janvier 1844, P. t. 1, 1846, p. 31. Mais M. Troplong, *loc. cit.*, proteste vivement contre cette jurisprudence.

(3) Cass., 26 avril 1842, P. t. 1, 1842, p. 613.

le jugement d'autorisation soit motivé sur l'un de ces cas pour que la femme ne soit pas recevable à prouver la fausseté du motif, et à contester l'hypothèque donnée au prêteur de bonne foi.

304. Il ne serait pas toujours sans danger, en présence du régime dotal, de prêter sur des immeubles paraphernaux. Ainsi, il est bien vrai que l'immeuble acquis des deniers dotaux n'est pas dotal, si la condition de remploi n'a pas été stipulée dans le contrat de mariage; il en est de même de l'immeuble donné en payement de la dot constituée en argent (C. Nap., art. 1553), et, selon une jurisprudence assez générale, de l'immeuble abandonné par le mari à sa femme, à la suite d'une séparation de biens judiciaires, pour la remplir de sa dot mobilière (1); mais, en même temps, plusieurs arrêts ont consacré, comme une conséquence de l'inaliénabilité de la dot mobilière, un système de dotalité subsidiaire qui rend inaliénable, jusqu'à concurrence de la partie de la dot qu'il représente, le prix de l'immeuble payé avec les deniers dotaux de la femme ou qu'elle a reçu à titre de dation en payement de sa dot (2). Il est donc prudent de s'abstenir en pareil cas, bien que les immeubles ne soient pas dotaux.

305. La disposition de l'article 1558, qui permet à la femme dotale, sous l'autorisation de la justice, d'emprunter pour payer ses dettes antérieures au contrat de mariage, est-elle également applicable : 1° aux dettes dont sont grevés les immeubles qu'elle recueille pendant le mariage, à titre de succession ou de donation ; 2° à la soulte dont la femme se trouve débitrice par suite du partage ou de la licitation qui l'a rendue seule propriétaire d'un immeuble indivis ; 3° au cas où, ayant acquis à titre de remploi un immeuble d'une valeur

Aliénation pour payement des dettes antérieures au mariage.

---

(1) Riom, 8 août 1843, P. t. 1. 1846, p. 255; Montpellier, 21 février 1851 et 18 février 1853, P. t. 2, 1855, p. 470.

(2) Cass., 31 janvier 1842, P. t. 1, 1842, p. 276; Riom, 8 août 1843, précité; Montpellier, 21 février 1851, précité; Bordeaux, 14 mai, et Grenoble, 11 juillet 1857, P. 1858, p. 640 et 642; Cass., 1er décembre 1857, et Agen, 18 mai 1858, P. 1858, p. 896.— M.Tessier, *De la dot*, t. 1, p. 266, note 410. — V., en sens contraire, Montpellier, 18 fév. 1853, P. t. 2, 1855, p. 470; M. Troplong, *Contr. de mar.*, t. 1, n° 3189 et suiv.; Marcadé, sur l'article 1553, n° 4.

supérieure à la somme dont elle avait à effectuer le remploi, elle se trouve débitrice du surplus envers le vendeur?

Dans les deux premières hypothèses, il y a cette grave objection qu'en matière de dotalité, tout est de droit étroit, et que l'article 1558 n'autorise l'aliénation ou l'emprunt que pour payer des dettes antérieures au contrat de mariage, et qu'il est sans application à des cas qu'il n'a pas prévus. La réponse est que, dans ces deux cas, l'emprunt ne porterait pas atteinte à la dotalité, puisqu'il faut bien, de toute manière, que les dettes ou la soulte soient payées pour que la femme soit propriétaire; qu'il y a là une liquidation à faire précisément pour fixer l'importance de la dot, et qu'il n'y a de dotal que ce qui reste *deducto œre alieno*. C'est par application de ce principe que la Cour de cassation a décidé, le 15 janvier 1823, qu'il suffisait que les dettes fussent antérieures au moment où la femme avait recueilli ces biens, c'est-à-dire à l'ouverture de la succession qui lui était échue (1). En pareil cas, la femme pourrait encore emprunter en faisant subroger le prêteur aux droits des créanciers ou au privilége de la soulte (C. Nap., 1250, 2°). Car les cohéritiers auxquels la soulte est due, ou les créanciers ayant incontestablement le droit de saisir ou de faire vendre l'immeuble grevé (2), le prêteur subrogé aurait le même droit.

Dans la troisième hypothèse, l'objection aurait plus de force; car il n'y a pas là, comme dans les deux hypothèses précédentes, une dette antérieure au droit de propriété de la femme; il s'agit d'une dette que la femme contracte pendant le mariage, en acquérant, pour cause de remploi; d'une dette qui quelquefois est de beaucoup supérieure aux sommes qui doivent être remployées. (V. sur la validité du remploi, en pareil cas, *supra*, n° 182.)

306. Nous avons vu plus haut (n° 154) que l'immeuble acquis des

---

(1) Jugé encore que la femme dont tous les biens à venir ont été frappés de dotalité peut être autorisée à hypothéquer un immeuble qu'elle a recueilli dans la succession de son père pour payer les créanciers de cette succession, lorsque les valeurs mobilières qu'elle a recueillies sont insuffisantes. Rouen, 17 janvier 1837, P. t. 1, 1841, p. 191.

(2) Bordeaux, 29 août 1855, P. 1857, p. 299.

deniers provenant de la dot mobilière de la femme n'était pas dotal, et qu'en cas de vente de cet immeuble, dont le prix, en totalité ou en partie, forme la représentation de la dot mobilière, le mari avait le droit, en l'absence d'une condition de remploi des deniers dotaux, d'en recevoir le prix et d'en disposer comme il eût pu le faire de la dot elle-même ; il n'en résulte pas que les créanciers auxquels la femme aurait hypothéqué l'immeuble conjointement avec son mari, et dans l'intérêt de celui-ci, puissent avoir droit au prix ou à la portion qui représente les deniers dotaux. Car si le mari, en recevant ce prix, agit dans la limite des pouvoirs qui lui appartiennent et qui résultent de son droit d'administration, il en est autrement quand il le fait servir au payement des dettes que sa femme a contractées avec lui. On ne pourrait donc, en pareille circonstance, consentir un prêt hypothécaire.

Il importe, dans tous les cas prévus par l'article 1558 du Code Napoléon, de constater que la femme, avant de recourir à un emprunt sur l'immeuble dotal, n'avait, ni dans ses valeurs mobilières, ni dans ses paraphernaux, les ressources nécessaires.

Il est nécessaire enfin, comme lorsqu'il s'agit du prix de la vente autorisée en vertu de l'article 1558, que les fonds prêtés reçoivent la destination qui formait le motif de l'emprunt et d'en surveiller l'emploi. (V. *suprà*, n° 184.)

307. La nullité de l'hypothèque consentie par la femme sur son bien dotal peut être demandée, non-seulement par la femme elle-même, mais aussi par les créanciers qui ont sur l'immeuble une hypothèque constituée dans les conditions où la loi l'autorise (1).

308. Il est nécessaire que le contrat de mariage de la femme soit représenté. Une expédition entière de ce contrat devra toujours être exigée. Un extrait constatant que la femme est mariée sous un autre régime que le régime dotal serait insuffisant. On doit pouvoir en étudier toutes les clauses et vérifier si, lors même que la femme serait mariée

---

(1) Cass., 27 mai 1851, P. t. 2, 1851, p. 270 et 18 juillet 1859, P. 1859, p. 1073.

en communauté, les époux n'auraient pas stipulé que les biens propres de la femme ne pourraient pas être aliénés ou hypothéqués, ou ne pourraient l'être que sous certaines conditions; si enfin le contrat ne contiendrait pas des clauses restrictives de la capacité de la femme.

Clause de reprise des apports francs et quittes.

309. C'est ainsi que la stipulation portant que la femme, en cas de renonciation à la communauté, reprendra ses apports francs et quittes de toutes dettes, *lors même qu'elle s'y serait obligée ou aurait été condamnée à les acquitter*, aurait pour effet, selon deux arrêts de la Cour de cassation, l'un de la chambre civile, du 7 février 1855 (1), l'autre, de la chambre des requêtes, du 16 avril 1856 (2), d'affranchir les apports de la femme, *même à l'égard des tiers*, des obligations par elle contractées envers eux. Cette jurisprudence a été vivement critiquée, et plusieurs cours impériales ont résisté à cette interprétation, en décidant que la clause n'avait d'effet que contre le mari (3). La Cour de cassation elle-même, par quatre arrêts des 14 et 15 décembre 1858 (4), et par deux autres arrêts, l'un du 23 août 1859, et l'autre du 13 août 1860 (5), modifiant la doctrine de ses précédents arrêts, a décidé que cette stipulation ne pouvait avoir pour effet d'affranchir les apports de la femme, à l'égard des tiers, qu'autant qu'elle était conçue dans des termes tellement clairs et précis que les tiers n'avaient pu être induits en erreur sur la faculté *exorbitante* accordée à la femme; qu'ainsi, elle ne pouvait avoir d'effet qu'entre les époux, lorsqu'elle portait que, *dans tous les cas, la femme serait garantie et indemnisée de ses engagements par le futur époux ou ses héri-*

---

(1) P. t. 1, 1855, p. 537.

(2) P. t. 2, 1856, p. 150. — V., conf. Amiens, 9 janvier 1855, P. t. 1. 1855, p. 138.

(3) V. notamment : Bordeaux, 17 août 1847 et 19 février 1857, P. t. 2, 1847, p. 713, et 1857, p. 524; Amiens, 5 mars 1857, P. 1857, p. 530; Limoges, 4 mars 1858, P. 1858, p. 851; Riom, 31 mai 1858, P. 1859, p. 715; Paris, 21 janvier 1858; Nancy, 10 déc. 1857 et Bordeaux, 21 déc. 1857, P. 1858, p. 214.

(4) P. 1859, p. 5.

(5) P. 1860, p. 557 et 1079.

tiers, ou bien lorsque cette clause, devenue depuis longtemps d'un usage général dans le pays où le contrat de mariage a été rédigé, avait toujours été entendue en ce sens qu'elle ne préjudiciait en aucune façon aux créanciers envers lesquels la femme s'était obligée, et que rien n'indiquait d'ailleurs la pensée des époux de se placer dans les liens du régime dotal.

Après ces décisions uniformes, on doit penser que la Cour suprême condamne aujourd'hui la doctrine qu'elle avait embrassée un instant ; car si la stipulation qui aurait pour effet de soustraire les apports de la femme commune à l'exécution de ses engagements est une stipulation *exorbitante* qui doive être conçue en termes tellement explicites que les tiers n'aient pu s'y tromper, c'est dire que l'inaliénabilité doit y être écrite en termes exprès, et il faut reconnaître que les critiques dirigées contre les deux arrêts de 1855 et de 1856 ont pleine et entière satisfaction.

310. Souvent, dans un contrat de mariage fait sous le régime de la communauté, on trouve la condition que les propres de la femme ne pourront être aliénés que sous condition de remploi. Sous le régime de la communauté, la simple condition de remploi est, d'après une jurisprudence aujourd'hui bien établie, une garantie contre le mari seul, sans effet contre les tiers 1), toutes les fois qu'une stipulation expresse n'en a pas rendu ceux-ci responsables, en les chargeant de veiller à ce remploi (2). La Cour suprême est allée plus loin encore en décidant que, dans le cas où les immeubles de la femme *ne pouvaient être aliénés qu'à charge de remploi*, et alors même que les tiers acquéreurs étaient rendus responsables du remploi

Aliénation permise
sous condition
de remploi.

---

(1) M. Troplong, *Contr. de mar.*, t. 2, n° 1085.

(2) Cass.. 29 déc. 1841 (trois arrêts du même jour), P. t. 1, 1842, p. 43; 23 août 1847, P. t. 2, 1847, p. 715; 13 février 1850 (deux arrêts du même jour), P. t. 1, 1851, p. 622; 5 juin 1850, *ibid;* 6 nov. 1854, P. t. 1, 1856, p. 610; 8 juin 1858, chambres réunies, P. 1858, p. 1154, et 1er mars 1859, P. 1859, p. 947.—Voy. conf., Rouen, 15 nov. 1845, P. t. 1, 1846, p. 452; Bordeaux, 11 mai 1848, P. t. 2, 1848. p. 157.—MM. Rodière et Pont, *Contr. de mar.*, t. 1, n° 522; M. Démolombe. *Rev. crit.*, t. 1, p. 723 et suiv.—V. toutefois, en sens contraire : Caen, 19 avril. 1850, P. t. 2, 1853, p. 114, et 27 déc. 1850, P. t. 1, 1852, p. 494.

par une clause du contrat·de mariage, il n'en résultait pas que ces biens fussent frappés de l'*inaliénabilité dotale*, « que dès lors, en « dehors du cas prévu, et qui seul a été l'objet de la clause, la femme « avait conservé toute sa liberté de femme commune, qu'elle avait « donc pu s'engager envers les tiers sur ses biens personnels (1). »

Il en est de même sous le régime dotal de la clause qui exige le remploi des biens paraphernaux (2).

Femme d'un commerçant. 311. On a vu plus haut (n° 104) le danger auquel on s'exposerait en achetant de la femme d'un commerçant qui serait plus tard déclaré en faillite les biens qui lui proviendraient d'acquisitions faites par elle et en son nom, puisque, dans cette hypothèse, aux termes de l'article 559 C. de comm., ces biens sont réputés avoir été payés par le mari et doivent être réunis à la masse active, à moins que la femme ne fasse preuve du contraire par des actes authentiques (C. de comm., art. 558). Le même danger menacerait le prêteur hypothécaire, puisque son hypothèque s'évanouirait avec le droit de propriété de la femme. En prêtant, en pareille circonstance, on devrait exiger le concours solidaire du mari à l'obligation et à l'hypothèque, et vérifier sa situation à l'égard des hypothèques légales ou judiciaires dont il pourrait être grevé.

IV. *Débiteur failli.*

Faillite. 312. Ce qui a été dit dans la première partie, n° 105, de l'incapacité du failli pour effectuer aucune vente, s'applique par identité de raison aux emprunts hypothécaires. Ajoutons : 1° que l'hypothèque qu'il aurait consentie depuis la cessation de ses payements, même avant le jugement de déclaration de faillite, pour une dette antérieure, serait frappée de nullité (C. de comm., art. 446); 2° que l'hypothèque valablement acquise en vertu d'une obligation souscrite par le débiteur pour un prêt actuel peut être annulée si elle a été inscrite plus de quinze jours après l'obligation, bien qu'antérieure-

---

(1) Cass., 6 novembre 1854 et 8 juin 1858, précités.
(2) Cass., 22 avril 1857 et 9 août 1858, P. 1857, p. 1262, et 1859, p. 650.

ment au jugement de déclaration de faillite (C. de comm., art. 448);
3° que l'inscription prise après ce jugement est nulle (C. Nap., 2146
et C. comm., 446).

V. *Héritiers présomptifs d'un absent.*

313. Appliquons également ici ce qui a été dit , *suprà*, n° 108. Absence.
Les biens de l'absent, pendant l'envoi en possession provisoire, ne
peuvent être hypothéqués qu'en vertu d'un jugement (art. 128 et
2126, C. Nap.).

VI. *Sociétés civiles ou commerciales.*

314. Nous avons vu plus haut, n°s 109 et suivants, que les pou- Sociétés civiles ou
voirs du gérant d'une société, quelque étendus qu'ils soient, ne sont commerciales.
que des pouvoirs d'administration, et ne lui donnent pas le droit
d'aliéner ni conséquemment d'hypothéquer les immeubles de la société. Il ne peut, à moins que le pacte social ne lui en donne
expressément le droit, emprunter par hypothèque; l'emprunt ne peut
donc avoir lieu qu'avec le concours de tous les associés. Nous avons
examiné, en matière de société en commandite ou dans la forme
anonyme, quels étaient, selon les cas, les pouvoirs de l'assemblée
générale. On peut se reporter à ce que nous avons dit à ce
sujet.

315. Il ne suffirait pas encore que la convention sociale conférât
au gérant ou aux administrateurs le pouvoir d'aliéner, pour qu'ils
fussent autorisés à hypothéquer les immeubles de la société. On ne
devrait voir là qu'un mandat spécial qui doit être limité au cas déterminé; si, en général, le droit d'aliéner entraîne le droit d'hypothéquer, ce n'est, comme on l'a déjà fait remarquer, qu'autant que
ce droit d'aliéner dérive de la capacité légale, et non d'une convention particulière ou d'un mandat (V. *suprà*, n° 295).

316. Si la société est en liquidation, on devra exiger du liquidateur un pouvoir spécial de tous ceux qui ont fait partie de la société,
même quand il s'agirait d'une dette sociale.

VII. *Communes, départements, hospices, établissements publics,
établissements de bienfaisance, congrégations et communautés
religieuses, évêchés, chapitres, fabriques, cures, consistoires,
associations syndicales, etc.*

317. S'il s'agit d'un département, aux termes de la loi du 10 mai
1838 (art. 34), les délibérations des conseils généraux qui votent
un emprunt doivent être approuvées par une loi.

318. Quant aux communes, tout emprunt doit être autorisé par
un décret rendu dans la forme des règlements d'administration publique, pour celles ayant moins de 100,000 francs de revenu, et par
une loi, s'il s'agit d'une commune ayant un revenu supérieur. Néanmoins, en cas d'urgence et dans l'intervalle des sessions, un décret
peut autoriser les communes dont le revenu est de 100,000 francs
et au-dessus à emprunter jusqu'à concurrence du quart de leurs revenus (L. 18 juillet 1837, art. 41).

319. L'autorisation doit être accordée sur une délibération ·du
conseil municipal. Dans les communes dont les revenus sont infé-
rieurs à 100,000 francs, cette délibération doit être prise avec le
concours des plus imposés aux rôles de la commune, appelés à déli-
bérer avec le conseil municipal, en nombre égal à celui des membres
en exercice (L. 18 juillet 1837, art. 42).

320. Les mêmes règles sont applicables aux emprunts à faire par
les hospices, les établissements publics, les établissements de bienfaisance, les établissements ecclésiastiques, chapitres diocésains, fabriques, cures, consistoires, etc. (V. *suprà*, 1re partie, nos 118 et
119. V. notamment pour les congrégations religieuses et les établissements d'utilité publique la note sur le nᵒ 119).

Nous avons également fait connaître, dans le nᵒ 121, à quelles
conditions les associations religieuses ou de bienfaisance sont aptes
à faire les différents actes de la vie civile, et le danger auquel on
s'exposerait en traitant avec une congrégation ou communauté religieuse non autorisée, et même avec un membre de cette congrégation agissant en son nom personnel, s'il était établi qu'il n'a agi que

dans l'intérêt d'une pareille congrégation, comme personne interposée.

VIII. *Étrangers.*

321. L'étranger peut-il contracter valablement en France, quelle que soit la loi de son pays qui règle sa capacité personnelle? Nous avons examiné ces questions sous les n°ˢ 122 et suivants et les notes. Toutefois, on a demandé si cet étranger, qui ne jouissait pas des droits civils en France, en vertu des articles 11 et 13 C. Nap., pouvait valablement conférer hypothèque sur les immeubles qu'il possède en France. Cela vient de ce que, d'après certains auteurs, l'hypothèque serait un contrat de droit civil et que, conséquemment, la faculté d'hypothéquer n'appartiendrait qu'à ceux qui jouissent des droits civils. Mais, selon l'observation de M. Demolombe (*Cours de Code civil*, t. 1, n° 241 et suiv.), l'étranger, lors même qu'il ne peut invoquer les articles 11 et 13, n'est pas privé d'une manière générale et absolue de l'exercice des facultés qui dérivent du droit civil; il faut pour cela que cette faculté lui ait été interdite spécialement, ou tout au moins qu'elle ne soit pas la conséquence d'une autre faculté que la loi lui accorde. C'est ainsi que les articles 726 et 912, aujourd'hui abrogés par la loi du 14 juillet 1819, interdisaient à l'étranger, d'une manière spéciale, le droit de succéder et de recevoir par donation entre vifs, si ce n'est dans le cas où un Français aurait pu recevoir au même titre, d'après la loi du pays auquel cet étranger appartient. D'un autre côté, les articles 3, 14 et 15 C. Nap. supposant et consacrant, même au profit des étrangers, la faculté de posséder des immeubles en France, d'être créanciers et débiteurs, d'après la loi civile française, la conséquence virtuelle et directe de cette faculté principale, c'est la concession de tous les droits civils au moyen desquels la propriété des biens s'acquiert et se transmet, au moyen desquels les créances et les dettes se forment et s'éteignent; c'est la faculté d'invoquer tous les moyens d'acquisition et d'aliénation, d'obligation et de libération reconnus par la loi civile française; c'est, en un mot, quant aux immeubles qu'ils possèdent, l'exercice plein et entier du droit de propriété qui comprend virtuelement le droit d'aliéner et d'engager cette propriété, et notamment

de l'hypothéquer. C'est donc en vain qu'on voudrait faire une distinction et dire que la faculté d'acheter ou de vendre dérive du droit naturel, tandis que la faculté d'hypothéquer est une création de la loi civile, puisque cette dernière faculté dérive nécessairement de la première, comme un des attributs du droit de propriété. Ajoutons que le système contraire est peu en harmonie avec les idées et les besoins de notre époque, avec l'intérêt véritable du pays, c'est-à-dire l'intérêt qui a dicté la loi de 1819.

§ 2. — INCAPACITÉS RELATIVES.

322. Nous avons rappelé plus haut (n° 126) quelles étaient les personnes qui, à raison des rapports qui existent entre elles, ne peuvent pas faire ensemble certains contrats. Nous avons rappelé les différents cas d'incapacité en ce qui concerne le contrat de vente. Quant au contrat de prêt, on peut douter que le mineur devenu majeur ne puisse valablement, en présence de l'article 472 C. Nap., avant l'apurement régulier du compte de tutelle, conférer hypothèque sur ses biens à son ancien tuteur pour sûreté d'un prêt que ce dernier lui aurait fait.

§ 3. — ÉTAT CIVIL DE L'EMPRUNTEUR.

323. Si le vendeur doit faire connaitre son état civil, comme on l'a vu au n° 127, cette déclaration est plus importante encore de la part de l'emprunteur, du moins à l'égard des hypothèques légales dont il peut être passible, car le prêteur n'a pas, comme l'acquéreur, la faculté de purger ces hypothèques légales : cette faculté de faire la purge sur un contrat de prêt n'a été donnée qu'au Crédit foncier de France par sa législation spéciale.

§ 4. SOLVABILITÉ ET MORALITÉ DE L'EMPRUNTEUR.

324. La solvabilité et la moralité de la personne avec laque ue on traite n'est pas moins importante à consulter quand il s'agit de prêter que dans le cas d'une acquisition.

CHAPITRE II.

Des biens qui doivent garantir le prêt.

§ 1er. — LES IMMEUBLES OFFERTS EN GARANTIE PEUVENT-ILS ÊTRE VALABLEMENT HYPOTHÉQUÉS ?

325. Pour qu'un immeuble soit susceptible d'hypothèque, il faut, avant tout, qu'il soit dans le commerce, de telle sorte qu'il puisse être vendu, en cas de non-payement de la dette, et qu'il présente ainsi au créancier la sûreté qui est le but de l'hypothèque.

326. Nous avons vu plus haut, n° 131, que les immeubles dépendant du domaine public, ceux formant la dotation de la Couronne, les biens affectés à des majorats, étaient inaliénables; ils ne peuvent donc être hypothéqués. *Domaine public. Domaine de la Couronne.*

327. Quant aux biens grevés de substitution, l'hypothèque, comme la vente, en est nulle à l'égard de l'appelé (C. Nap., art. 897, 1048 à 1076; L. 17 mai 1826; L. 7-11 mai 1849). Rappelons ici que la substitution ne peut être opposée aux tiers qu'autant qu'elle a été rendue publique par la transcription. *Biens grevés de substitution.*

328. A l'égard des biens saisis immobilièrement, la plupart des auteurs décident que la prohibition de les aliéner, à partir de la transcription de la saisie, prononcée par l'article 686 C. de proc. civ., ne comprend pas celle d'hypothéquer, et qu'ici le mot aliéner doit être pris dans son sens propre (1). Mais en admettant cette interprétation, la prudence conseillera le plus souvent de ne pas prêter à un homme sous le coup d'une expropriation. *Biens saisis immobilièrement.*

_____

(1) M. Favard de Langlade, *Rép.*, V° *Saisie immobilière*, t. 5, p. 54; M. Paignon. *Comm. sur les ventes judic.*, t. 1, n° 43; M. Persil fils, *Comment. sur la loi du 2 juin 1841*, p. 131; M. Chauveau, sur Carré, quest. 2295. — V., toutefois, en sens inverse, Carré (même question).

329. Sur la défense d'hypothéquer les biens donnés, V. *suprà*, n° 132.

330. Les biens qui ne peuvent être valablement hypothéqués que dans certains cas et sous certaines conditions sont :

Les biens des mineurs et des interdits (V. *suprà*, n° 98);

Les biens des absents, tant que dure l'envoi en possession provisoire (V. *suprà*, n°s 108 et 313);

Les biens dotaux (V. *suprà*, n°s 300 et suiv.);

Les biens des communes, des établissements publics, des hospices, congrégations et communautés religieuses, fabriques, cures, consistoires et généralement de tous les établissements placés sous la surveillance du gouvernement (V. *suprà*, n°s 317 et suiv.).

Nue propriété, Usufruit. 331. Bien que la nue propriété et l'usufruit soient susceptibles d'être hypothéqués séparément, on n'aurait qu'une garantie imparfaite en prêtant, soit au nu propriétaire, soit surtout à l'usufruitier seul, dont le droit peut s'éteindre d'un moment à l'autre; on doit refuser tout prêt sur un immeuble dont l'usufruit et la nue propriété ne sont pas réunis, à moins du consentement de tous les ayants droit à l'établissement de l'hypothèque.

Biens indivis. 332. On doit éviter également de prêter sur les immeubles indivis, si l'hypothèque n'est pas constituée sur la totalité de ces immeubles par tous les copropriétaires. En se contentant d'une hypothèque sur la part indivise de l'un d'eux, on n'acquiert qu'une hypothèque éventuelle sur les biens qui pourraient être compris dans son lot, et l'on court le risque de voir cette hypothèque s'évanouir si, par l'effet du partage ou de la licitation, l'immeuble hypothéqué devient la propriété d'un autre copartageant (C. Nap., 883 et 2205).

333. Pour parer à cet inconvénient, on a recours, dans la pratique, à un expédient qui consiste à faire transporter au prêteur, jusqu'à concurrence de la somme prêtée, la soulte qui reviendrait à l'emprunteur par suite du partage ou de la licitation, et à faire signifier ce transport à tous les autres héritiers ou copropriétaires. Mais cette cession de soulte est loin d'offrir une pleine garantie contre toutes les éventualités d'un partage. Il est possible, par exemple, s'il s'agit d'un partage de succession, que l'héritier qui a

fait le transport se trouve d'avance rempli de ses droits par d'autres valeurs, ou par l'effet, soit des rapports dont il serait tenu envers la succession, soit des comptes à faire entre lui et ses cohéritiers (1).

334. On ne peut considérer comme immeubles indivis ceux qui font partie de la communauté entre époux (V. *suprà*, n° 136 et suiv., et *infrà*, n° 339).

Biens de communauté.

335. Nous avons vu que le vendeur à réméré pourrait très-bien vendre son droit de rachat; mais peut-il valablement hypothéquer l'immeuble sur lequel il a ce droit de rachat? L'hypothèque aura-t-elle acquis toute son efficacité du jour où l'emprunteur aura employé le montant du prêt à exercer le réméré? La négative enseignée par Grenier (2) doit encore s'induire des motifs d'un arrêt de la Cour de cassation, du 21 décembre 1825, et a été décidée par la Cour de Bordeaux le 5 janvier 1833, et bien que l'opinion contraire soit adoptée par la majorité des auteurs qui s'appuient sur l'article 2125 C. Nap., la question est assez douteuse pour que l'on s'abstienne en pareil cas (3). Il peut arriver, par exemple, que l'emprunteur n'effectue pas le retrait, et que le prêteur se trouve ainsi forcé de le faire comme exerçant les droits de son débiteur, sous peine de voir son hypothèque caduque.

Droit de réméré.

336. Quant à l'acquéreur à réméré, il est évident que l'exercice du droit de réméré ferait évanouir à la fois son droit de propriété et l'hypothèque qu'il aurait consentie.

---

(1) V. Cass., 8 mars 1858, P. 1859, p. 440.

(2) *Hypothèques*, t. 1, n° 153.

(3) M. Tarrible, *Rép. de jurisp.* V° *Hypothèque*, sect. 2, § 3, art. 3, n° 5; M. Persil, *Régime hypothécaire*, t. 1, p. 276, n° 9 et suiv.; M. Troplong, *Priv. et hypoth.*, t. 2, n° 469, et *Contr. de vente*, t. 2, n° 740; M. Duvergier, *de la Vente*, t. 2, n° 29. — V., dans le même sens, Douai, 22 juillet 1820.

Quant au droit de réméré en lui-même, il est certain qu'il ne peut être hypothéqué. Cass., 14 mai 1806; Orléans, 27 janvier 1842, P. t. 1, 1842, p. 231; Montpellier, 4 mars 1841, P. t. 2, 1841, p. 712; Cass., 14 avril 1847, P. t. 1, 1847, p. 616.

337. De plus, nous avons fait connaître plus haut le danger auquel pourrait être exposé un acquéreur même après l'expiration du délai. Cette observation s'applique en même temps au prêteur par hypothèque (V. *suprà*, n° 134).

338. Il y aurait un autre danger à prêter sur des biens donnés en *antichrèse*, à moins que le montant du prêt ne fût destiné à rembourser l'antichrésiste; autrement, celui-ci pourrait prétendre un droit exclusif aux fruits de l'immeuble. Toutefois, la question est controversée.

(V. notamment sur cette question ce qui a été dit plus haut, n° 135).

339. On a vu, à l'occasion de la vente (*suprà*, n° 136), que le mari, tant que dure la communauté, pouvait disposer à son gré des biens qui la composent. Il peut, conséquemment, les hypothéquer sans le concours de la femme ; ce n'est qu'après la dissolution de cette communauté que ces biens deviennent la propriété commune de l'époux survivant et des héritiers du prédécédé, à moins que la renonciation de la femme n'en ait rendu le mari seul propriétaire. On devra se reporter à ce qui a été dit à cet égard sur les effets de la séparation de biens, sur le droit des créanciers de la femme ou de la succession d'attaquer la renonciation faite par elle ou par ses héritiers, en fraude de leurs droits; enfin, sur le droit de retrait de la femme ou de ses héritiers à l'égard de l'immeuble dans lequel la femme avait des droits indivis, et qui aurait été acheté par le mari seul et en son nom. Les précautions à prendre en pareille occasion sont les mêmes pour prêter par hypothèque que pour acquérir.

340. Quant aux immeubles propres à la femme, elle peut les hypothéquer avec l'autorisation de son mari, à moins que le contrat de mariage ne contienne des clauses prohibitives à cet égard (V. *suprà*, n° 141).

341. A l'égard des biens dotaux, on a expliqué plus haut, 1re partie, n°s 143 et suiv. ; 2e partie, n°s 300 et suiv., quels biens étaient réputés dotaux, et dans quels cas et sous quelles conditions ils pouvaient être aliénés et hypothéqués.

§ 2.— DU DROIT D'EMPHYTÉOSE ET AUTRES DROITS QUI NE CONFÈRENT QU'UNE PRO-
PRIÉTÉ IMPARFAITE.

342. L'emphytéose et la plupart des droits que nous allons passer
en revue peuvent être vendus et transportés; mais ils ne sont de
nature à être hypothéqués qu'autant qu'on doit les considérer comme
translatifs du droit de propriété et que le droit du preneur ne se ré-
duit pas à une simple jouissance de la nature de celle qu'un bail ordinaire donne au fermier.

343. Le droit que le *bail emphytéotique* confère au preneur constitue-t-il un droit réel immobilier susceptible d'hypothèque et pouvant être saisi immobilièrement sur le preneur?

Suivant l'ancien droit français, le contrat d'emphytéose transférait
au preneur un véritable droit réel, *jus in re*, et celui-ci pouvait disposer de l'immeuble, le vendre et l'hypothéquer, sauf l'exercice des
droits du bailleur à l'expiration du bail. Cet état de choses a été
maintenu par les lois intervenues depuis 1789 jusqu'à la promulgation du Code Napoléon, notamment par celle des 1er et 29 décembre
1790, 9 messidor an III et 11 brumaire an VII. Le Code Napoléon
ne contenant aucune dérogation expresse à ces lois, et ne s'étant
pas même occupé de l'emphytéose, on en a conclu que ce contrat se
trouvait conservé sous la législation actuelle, avec les caractères qui
lui appartenaient sous les législations antérieures, et cette solution
résulte d'une jurisprudence qui n'a pas varié depuis plus de trente
ans (1), quoique l'opinion contraire soit adoptée par des auteurs

(1) V. Cass., 26 juin 1822, 18 juillet 1832, 1er avril 1840, P. t. 1, 1840,
p. 645: 24 juillet 1843, P. t. 2, 1843, p. 270; 12 mars 1845, P. t. 1, 1845,
p. 525; 18 mai 1847, P. t. 2, 1847, p. 63; 6 mars 1850, P. t. 1, 1851, p. 179;
26 avril 1853, P. t. 2, 1853, p. 587; Paris, 10 mai 1831; Douai, 15 déc. 1832; —
Merlin, *Rép. de jurispr.*, V° *Emphytéose*, § 3, et *Quest. de droit.*, V° *Emphytéose*, sect. 5, n° 8: M. Persil, *Rég. hypoth.*, art. 2118. n° 15; M. Duranton, t. 4,
n° 80, et t. 19, n° 268; M. Favard de Langlade, *Nouveau Rép.*, V° *Hypothèque*, n° 2: M. Troplong. *Priv. et Hypoth.*, t. 2, n° 405, et *Louage*, n° 31 et

graves (1). Il est donc difficile de refuser d'une manière absolue tout
prêt par hypothèque sur une jouissance emphytéotique. Il faut observer toutefois que le droit de l'emphytéote, même en le considérant comme un droit immobilier de nature à être valablement hypothéqué comme pourrait l'être un usufruit (C. Nap., 2118-2°) ne
constitue qu'une propriété imparfaite, une jouissance à long terme
qui a de l'analogie avec l'usufruit, de même que le domaine direct
que conserve le bailleur constitue une espèce de nue propriété (2).
D'un autre côté encore, le bail emphytéotique est assujetti à diverses
causes de résolution, telles que l'inexécution des conditions imposées au preneur; par exemple, s'il n'a pas effectué les améliorations
qu'il s'était obligé à faire sur le fonds ; le cas de non-payement de
la redevance, etc. Enfin, on doit prendre en grande considération la
durée de l'emphytéose et la dépréciation résultant du temps déjà
expiré et de celui qui doit s'écouler pendant la durée du prêt. Ce
n'est qu'en tenant compte de ces éventualités que le droit d'emphytéose pourrait être accepté comme garantie (3).

Emphytéose
perpétuelle.

344. Il faut néanmoins faire une distinction à l'égard des anciens
baux emphytéotiques faits à perpétuité, et l'on doit considérer
comme tels tous ceux dont la durée n'était pas limitée à quatre-vingt-

---

suiv. ; Battur, *Hypoth.*, t. 2, n° 246; M. Duvergier, *Louage*, t. 1, n° 154; Marcadé,
t. 2, sur l'article 526, n° 3 ; M. Pepin Leballeur, *Traité de l'emphytéose*, p. 330
et suiv.

(1) Delvincourt, t. 3, p. 185, notes ; Zachariæ, t. 1, p. 415, § 198 ; MM. Félix
et Henrion, *des Rentes foncières*, p. 28; Proudhon, *Usufruit*, n° 97; Toullier,
t. 3, n° 101; Grenier, *Hypoth.*, t. 1, n° 140; Championnière et Rigaud, *Control.
de l'enregistrement*, art. 2298; M. Demolombe, t. 1, n° 491; M. Pont, *Priv. et
hypoth.*, n° 338.

(2) La raison qui ne permet pas de prêter sur un simple droit d'usufruit
n'existe pas pour l'emphytéose; le droit d'usufruit, proprement dit, pouvant cesser
d'un moment à l'autre, le prêteur se trouverait sans garantie.

(3) Observez qu'un bail n'est pas nécessairement emphytéotique parce qu'il est
fait à longues années. Le caractère de l'emphytéose, indépendamment de la
longue durée de la jouissance concédée, résulte de l'obligation imposée au preneur d'améliorer le fonds et de laisser ces améliorations sans indemnité à la fin
du bail; enfin, de ce que le montant de la redevance est ordinairement inférieur à
la valeur locative réelle.

dix-neuf ans au plus ou à trois têtes L. 18-29 déc. 1790 . A raison du caractère de rente perpétuelle inhérent à cette sorte de contrat, la redevance mise à la charge du preneur a pu être rachetée en vertu de la loi du 18 décembre 1790. et le rachat effectué a eu pour effet d'affranchir les terrains donnés à bail du droit de retour stipulé dans le contrat. Ces immeubles peuvent donc être valablement hypothéqués par les détenteurs qui justifient de cet affranchissement.

345. Il existe, dans plusieurs de nos anciennes provinces, des immeubles dont les détenteurs . malgré leur longue possession , n'ont qu'un droit de propriété incomplet qui a beaucoup d'analogie avec l'emphytéose, dont quelques-uns même n'ont qu'un titre précaire, participant de la nature du contrat de bail. Il importe donc essentiellement à la sûreté du prêt que l'emprunteur justifie dans tous les cas, et quelle qu'ait été la durée de sa possession, du titre qui la lui a fait acquérir. Il sera souvent nécessaire, pour en apprécier les effets, de consulter la jurisprudence des cours souveraines dont la juridiction s'étend sur les provinces où ces contrats étaient d'un usage fréquent.

Détenteur à titre précaire, à titre de tenure. etc.

346. Ces contrats se différenciaient entre eux selon qu'ils transféraient au preneur la propriété du fonds ou qu'ils la conservaient au bailleur. On les considérait généralement comme translatifs de la propriété quand la jouissance conférée au preneur avait un caractère de perpétuité. Dès lors, les redevances étaient . comme dans l'emphytéose perpétuelle. assimilée à des rentes foncières, et tombaient sous l'application de la loi du 29 décembre 1790. Les détenteurs ont donc pu valablement . en rachetant la redevance , affranchir leurs terres, dont ils doivent être aujourd'hui réputés propriétaires incommutables. Cette redevance a même pu se prescrire par trente ans, et le bailleur, pour conserver son droit. a dû se faire souscrire un titre nouveau.

Si. au contraire, la propriété était conservée au bailleur, le tenancier, qui n'avait d'autre droit que celui d'un fermier. n'a pu prescrire la propriété qu'il ne possédait qu'à titre précaire, sauf, toutefois. le cas où ce titre aurait été interverti, conformément à l'article 2238 du Code Napoléon. Quant à celui qui aurait acquis, de bonne foi, du fermier, il aurait prescrit la propriété par dix ou vingt ans.

Bail à culture ou locatairie perpétuelle.

347. Parmi les contrats de ce genre qui étaient translatifs de propriété, on doit ranger le *bail à culture ou à locatairie perpétuelle*, contrat particulier au midi de la France, aux termes duquel le propriétaire d'un bien rural en concédait la jouissance à perpétuité moyennant une redevance qui devait être aussi perpétuelle (1), et qu'il ne faut pas confondre avec le *bail à colonage* ou *à métairie perpétuelle*.

Bail à colonage ou à métairie perpétuelle.

348. Ce dernier contrat, en usage dans la Marche et le Limousin, conférait bien aussi la jouissance du fonds au fermier, pour lui et ses descendants à perpétuité, sous la condition d'un partage de fruits; mais, d'après l'usage et la jurisprudence suivis dans ces provinces, le bailleur pouvait toujours, moyennant une indemnité, révoquer la jouissance du métayer dont le droit n'était pas cessible sans le consentement du bailleur. Aussi, la Cour de cassation, qui avait d'abord décidé, par un premier arrêt du 2 mars 1835, que le bail à métairie perpétuelle tombait sous l'application de la loi du 29 décembre 1790 et du décret du 2 prairial an II, est revenue sur cette jurisprudence par deux arrêts du 11 août 1840 et du 30 mars 1842 (2).

Bail héréditaire d'Alsace.

349. Quant au *bail héréditaire d'Alsace*, au contraire, la Cour suprême, après avoir, par un arrêt solennel du 24 novembre 1837 (chambres réunies) (3), jugé que ce bail n'était qu'une simple location dont l'objet restait dans le plein et entier domaine du bailleur, et à l'égard duquel le preneur n'avait que le droit personnel qui naît de tout contrat de louage, s'est rétractée par un arrêt de rejet de la chambre civile du 16 juin 1852 (4), et a reconnu, conformément à

---

(1) Boutaric, *Traité des droits seigneuriaux*, ch. 14; Merlin, *Rép.*, V° *Locatairie perpétuelle* et *Questions de droit*, cod. v°; M. Troplong, *Louage*, n° 53; M. Duvergier, *Louage*, t. 1, n° 195; — Cass., 30 mars et 5 oct. 1808, et 29 juin 1813.

(2) P. t. 2, 1840, p. 399, et t. 2, 1842, p. 60. — V., *Contr.*: Limoges, 24 juillet 1815; — M. Troplong, *Louage*, t. 1, n° 56; MM. Championnière et Rigaud, *Traité des droits d'enregist.*, t. 4, n° 3062.

(3) P. t. 2, 1837, p. 514. — V., dans le même sens, le réquisitoire de M. le procureur général Dupin, et M. Troplong, *Louage*, t. 1, n°s 4 et 66.

(4) P. t. 1, 1854, p. 59.

un savant arrêt de la Cour de Colmar, du 1er avril 1846, que ce bail devait être assimilé à l'emphytéose perpétuelle et tombait conséquemment sous l'application de la loi de 1790.

350. Il en est de même : 1° du *champart* (*campi pars*), convention usitée dans plusieurs parties de l'ancienne France, aux termes de laquelle le bailleur se réservait, chaque année, une partie de la récolte et qu'on appelait aussi *terrage* dans quelques provinces (1), et, quand il a été fait à perpétuité, du *bail à complant*, par lequel on donnait un terrain à complanter en vignes et à exploiter moyennant une certaine redevance. Toutefois, les baux à complant des départements de la Loire-Inférieure, de la Vendée et de Maine-et-Loire, quoique faits à perpétuité, ne sont pas réputés translatifs de propriété (avis du Conseil d'État du 4 thermidor an viii et du 21 ventôse an x) (2).

Champart, terrage, bail à complant.

351. Le *bail à convenant* ou *à domaine congéable*, usité de temps immémorial dans la partie de la Bretagne qui forme les départements du Finistère, des Côtes-du-Nord et du Morbihan, contrat mixte, mélangé de louage et de vente, mais où le louage prédomine, ne constitue pas une aliénation du fonds, qui donne au tenancier le droit de réclamer le bénéfice de la loi de 1790 (V. L. du 9 brumaire an vi). On sait qu'aux termes de ce contrat, le propriétaire du fonds en laisse la jouissance à un fermier, à charge d'une certaine prestation annuelle, avec la faculté d'y faire des améliorations, et à la condition de ne pouvoir l'expulser qu'en lui remboursant le prix de ce que ces dépenses pourront valoir lors du congément (3). En pré-

Bail à convenant ou à domaine congéable.

---

(1) Toutes les fois que le droit de *champart* ou de *terrage* avait un caractère féodal, il s'est trouvé supprimé sans indemnité par les lois de la révolution; du reste, ce droit était facilement présumé féodal. (V. Pothier, sur Orléans, t. 4, *des Champarts*; Merlin, *Rép.*, V° *Champart*; Henrion de Pansey, *Dissert. féodales;* M. Troplong, *Louage*, t. 1, n° 57).

(2) Il faut appliquer la même exception partout où les clauses des actes caractérisent la réserve de la propriété au bailleur.— MM. Championnière et Rigaud, *Traité des droits d'enregist.*, t. 4, n° 3063; M. Troplong, *Louage*, n° 60.

(3) Merlin, *Répertoire*, V^{is} *Bail à domaine congéable* et *Congément*; Toullier, t. 3, n° 103; MM. Championnière et Rigaud, *op. cit.*. t. 4, n° 3063; M. Troplong,

sence de cette obligation du propriétaire foncier, on comprend que son droit peut se réduire à peu de chose. On peut encore moins accepter une hypothèque du convenancier seul, même sur les bâtiments qui sont sa propriété ; car, en les supposant susceptibles d'hypothèque, le congément fait par le propriétaire transfère au congédiant la propriété de la superficie libre de toutes charges et hypothèques créées par le colon. Le prêt ne pourrait donc avoir lieu sur des biens concédés à titre de domaine congéable qu'autant que le propriétaire foncier aurait exercé le congément, ou que le colon concourrait, solidairement avec lui, à la constitution de l'hypothèque.

Mort-gage.

352. Le *mort-gage*, dans plusieurs provinces, avait beaucoup d'analogie avec l'antichrèse (1). Ce contrat n'était, en général, qu'un contrat pignoratif, qui ne transférait pas la propriété, mais une possession à titre précaire, qui ne pouvait servir de base à la prescription (2).

Enfin, il y avait une autre espèce de *mort-gage* fort en usage dans les provinces belges. Aujourd'hui encore, dans l'ancienne Flandre, certains biens sont possédés à titre de *mort-gage*. Ce sont des biens donnés sous l'empire d'une ancienne coutume locale, par testament ou acte de dernière volonté, aux enfants, neveux ou nièces du disposant, et dont les donataires et leurs héritiers avaient le droit de jouir jusqu'à ce que les héritiers du donateur les eussent rachetés pour la somme fixée. Cette disposition était translative de propriété, mais ne conférait aux donataires qu'un droit de propriété résoluble, puisque l'exercice du rachat devait le faire cesser. Le droit de purger le *mort-gage* était imprescriptible (3).

Louage, t, 1, n° 61. (V., en outre, le *Traité du domaine congéable*, par Aulanier).

(1) Louet, *Institut. cout.*

(2) M. Troplong, *du Nantissement*, n° 503.

(3) Selon M. Troplong (*loc. cit.*), le contrat de *mort-gage* ne constituerait, dans certaines provinces, qu'une vente à réméré pure et simple, en sorte que, sous l'empire du Code Napoléon, le rachat ne pourrait plus être exercé après cinq ans, *à partir du jour où ce droit se serait ouvert ;* c'est du moins ce qu'aurait jugé la Cour de Douai, le 9 août 1834, et la Cour de cassation, le 19 janvier 1836, en rejetant le pourvoi formé contre l'arrêt de Douai. Mais, si l'on se

Un assez grand nombre de propriétés situées dans l'arrondissement de Valenciennes ont été récemment contestées aux possesseurs, qui ne les détenaient qu'à titre de *mort-gage*, par suite d'engagements faits par les propriétaires pour quatre-vingt-dix-neuf ans, et remontant à 1758 et 1759 (1).

353. On trouve, dans tout ce qu'on vient de voir, une nouvelle preuve de l'impossibilité d'accepter, comme tenant lieu d'un titre de propriété, la possession, quelque longue qu'elle ait été, sans en connaître l'origine.

§ 3. — DES IMMEUBLES DE NATURE A CONSTITUER UN PLACEMENT SUR.

354. Nous avons vu dans la première partie, n°s 187 et suivants, que l'acquéreur devait prendre en considération les servitudes qui seraient de nature à diminuer la valeur de l'immeuble. Nous avons indiqué certaines charges telles que la réserve domaniale et différentes servitudes légales qu'il pouvait avoir à craindre. Le prêteur doit également être en garde contre ces causes de dépréciation. On devra donc se reporter à ce qui a été dit plus haut (*loc. cit.*).

Il est certains immeubles qui, à raison même de leur nature, ne sauraient donner à un prêteur une complète sécurité.

Tels sont les théâtres, les usines, les fabriques et les autres établissements industriels dont la valeur est souvent, en grande partie,

---

reporte aux motifs de ce dernier arrêt, on voit que la Cour de cassation, en interprétant le prétendu contrat de *mort-gage*, n'y avait vu, au cas particulier, qu'une vente à réméré. On ne saurait donc en conclure que cette Cour ait entendu, en thèse générale, assimiler à un réméré le contrat de gage usité dans les anciennes provinces qui dépendent aujourd'hui du ressort de la Cour de Douai.

(1) On peut ajouter à cette nomenclature la convention autorisée par l'ancienne coutume de Béarn sous le nom de *painch*. On a demandé si ce contrat, comme la vente à réméré, transférait la propriété au créancier, ou simplement un droit de jouissance. Cette dernière opinion avait prévalu, et la Cour de cassation, par deux arrêts du 22 juillet 1856 (P. 1858, p. 698), n'a vu dans cette convention qu'une espèce d'antichrèse, et a reconnu, en conséquence, que le droit de propriété restait toujours au bailleur.

subordonnée à la prospérité de l'exploitaton à laquelle ils sont appropriés, indépendamment des risques d'incendie auxquels ils sont exposés.

Les mines et les carrières, à raison de leur caractère industriel, des accidents qui peuvent en faire suspendre l'exploitation, des frais considérables que cette exploitation nécessite et qui peuvent absorber les produits, de l'incertitude qui existe sur la richesse de certains gîtes, ne sauraient être acceptées pour gage qu'avec une extrême circonspection.

Immeubles par destination. 355. Quant aux immeubles par destination, on ne doit tenir que peu de compte de la valeur qu'ils peuvent ajouter à la propriété dont ils forment une dépendance, car ces immenbles fictifs ne conservent ce caractère qu'autant qu'ils restent attachés au fonds ; ils le perdent dès qu'ils en sont distraits ou qu'ils sont vendus séparément par le propriétaire, et le droit de suite ne peut plus être exercé. Rien n'est donc plus facile que de les soustraire à l'hypothèque du prêteur.

356. Il est prudent de ne pas prêter une somme supérieure à la moitié de l'immeuble hypothéqué et même de se tenir encore au-dessous de cette moitié sur les vignes, les bois et les autres propriétés dont le produit provient de plantations qu'on peut faire disparaître ; enfin de n'estimer les bâtiments des usines et des fabriques qu'à raison de la valeur de ces bâtiments indépendante de leur affectation industrielle (1).

357. S'il s'agit d'un prêt d'une faible somme sur une propriété d'une valeur minime, il y aurait presque toujours danger à épuiser ce *maximum* ; par exemple, à prêter 600 francs sur une pièce de terre d'une valeur vénale de 1,200 francs.

En effet, en cas d'expropriation, il faut prélever d'abord sur le prix les frais de poursuites de vente qui ont une importance relative d'autant plus grande qu'il s'agit d'un immeuble d'une valeur minime ; puis il faut couvrir les frais extraordinaires de transcription à

---

(1) Ces précautions sont celles que le Crédit foncier de France s'est imposées par ses statuts.

faire par l'acquéreur et les frais d'ordre pour la distribution du prix.

Ce n'est pas tout : il faudra prendre encore sur le prix, en cas d'insuffisance du mobilier, les créances formant l'objet des priviléges généraux énoncés dans l'article 2101 du Code Napoléon, et qui comprennent : les frais de justice, les frais funéraires, ceux de la dernière maladie, les salaires des gens de service et les fournitures de subsistances faites au débiteur et à sa famille. Ces priviléges à eux seuls peuvent absorber la valeur entière de l'immeuble dans l'hypothèse qui vient d'être prévue d'un prêt de 600 francs sur une propriété estimée 1,200 francs seulement. Ils pourraient même s'élever à une somme beaucoup plus forte (V. *infrà*, n° 370).

Il faut donc reconnaître, en présence de la législation actuelle, l'impossibilité de prêter même la moitié de l'estimation toutes les fois que l'immeuble n'aura pas une certaine importance.

CHAPITRE III.

Vérification du droit de propriété et de la situation hypothécaire de l'emprunteur.

358. Il faut appliquer ici, pour l'examen du droit de propriété de l'emprunteur, les règles qui ont été exposées dans le chapitre 4 de la première partie pour l'examen du droit de propriété du vendeur (V. *suprà*, nos 190 et suivants et 282).

359. Quant à la nécessité de bien connaître la situation hypothécaire de l'emprunteur, on a vu plus haut, nº 130, que l'acquéreur d'un immeuble pouvait toujours, avant de payer son prix, connaître les charges réelles qui grèvent la propriété, et se mettre à l'abri de l'action des créanciers en remplissant les formalités de transcription et de purge prescrites par la loi.

Le prêteur n'a pas cette ressource ; il a donc le plus grand intérêt à s'assurer par avance que l'hypothèque qui lui est offerte ne sera primée par aucun privilége ou par aucune hypothèque.

360. Nous allons passer en revue les différentes charges réelles qui peuvent grever les immeubles : nous indiquerons en même temps les précautions à prendre par le prêteur pour bien connaître la situation hypothécaire de l'emprunteur et les moyens à employer pour s'assurer un rang utile.

361. Il faut distinguer entre les priviléges et hypothèques assujettis à l'inscription et les priviléges ou hypothèques qui existent indépendamment de l'inscription, ou dont l'inscription a un effet rétroactif.

§ 1er. — PRIVILÉGES ET HYPOTHÈQUES SUJETS A L'INSCRIPTION.

362. Il est facile de connaître, par l'état d'inscriptions que doit fournir l'emprunteur, les priviléges et hypothèques assujettis à l'inscription.

Cet état doit être délivré par le conservateur des hypothèques de l'arrondissement de la situation des biens. Si les biens sont situés dans plusieurs arrondissements, un état doit être levé au bureau de chaque arrondissement.

363. L'état doit être délivré nommément sur l'emprunteur, et, dans tous les cas où celui-ci possède en vertu d'un titre non sujet à transcription, par exemple, comme héritier ou légataire, l'état doit être délivré en même temps sur son auteur.

État
sur transcription.

364. A raison du droit de suite attaché à l'hypothèque (C. Nap., 2182), on doit se faire représenter aussi l'état d'inscriptions délivré sur la transcription de la vente faite à l'emprunteur, et, de plus, pour tous les contrats faits avant le 1er janvier 1856, époque à partir de laquelle la loi du 23 mars 1855 est exécutoire, le certificat, délivré après la quinzaine de la transcription, des inscriptions survenues dans cet intervalle.

La loi précitée ayant, dans son article 6, supprimé les articles 834 et 835 du Code de procédure civile, le cours des inscriptions se trouve aujourd'hui arrêté par la transcription même. Du jour de cette transcription, la position hypothécaire est fixée pour les créanciers ayant des hypothèques assujetties à l'inscription. (V. infrà, n° 368.)

365. Il faut observer que si les précédents propriétaires successifs, en remontant à trente ans au moins, sont dénommés dans le contrat qui a été soumis à la transcription, l'état est ordinairement délivré sur eux, et fait connaître les inscriptions qui peuvent exister de leur chef.

366. Si l'état sur la transcription de la dernière vente n'est pas délivré sur tous les propriétaires précédents, on doit exiger les états d'inscriptions délivrés lors des précédentes transcriptions, ou du moins un état sur ces anciens propriétaires.

367. On vérifiera quel a été le sort des inscriptions survenues à la suite de la transcription, et si leur radiation a eu lieu soit par suite des mainlevées des créanciers, soit à la suite d'un ordre.

368. Il ne suffirait pas, en l'absence de la transcription du dernier contrat, que l'emprunteur produisît un état d'inscriptions délivré sur les précédents vendeurs ; car, jusqu'à cette transcription, les créan-

ciers ayant hypothèque sur le dernier vendeur pourraient prendre des inscriptions qui primeraient celles prises par l'acquéreur (1).

369. Rappelons que l'hypothèque, bien qu'elle soit inscrite, s'éteint, en faveur du tiers détenteur, par le temps réglé pour la prescription de la propriété à son profit; mais que, dans le cas où la prescription suppose un titre, elle ne commence à courir que du jour de la transcription (C. Nap., art. 2180 et 2265 combinés); que, dans ce dernier cas, la bonne foi au moment de la vente, c'est-à-dire la croyance que l'immeuble était libre d'hypothèque, est exigée de la part du tiers détenteur pour cette prescription aussi bien que pour la prescription de la propriété; qu'enfin il est jugé que cette prescription ne court pas contre l'hypothèque légale de la femme pendant le mariage, et que la même solution doit être adoptée, à plus forte raison, pour l'hypothèque légale du mineur pendant la minorité.

§ 2. — PRIVILÉGES NON ASSUJETTIS A L'INSCRIPTION.

370. Les créances privilégiées, dispensées de l'inscription, sont celles énoncées dans l'article 2101 du Code Napoléon, c'est-à-dire: 1° les frais de justice; 2° les frais funéraires; 3° les frais quelconques de dernière maladie; 4° les salaires des gens de service pour l'année échue, et ce qui est dû de l'année courante; 5° les fournitures de

---

(1) Mais la transcription du dernier contrat suffit-elle pour purger les priviléges et les hypothèques qui peuvent exister sur l'immeuble du chef des précédents propriétaires, si les contrats intermédiaires n'ont pas été transcrits? — La solution affirmative a été consacrée par la jurisprudence, sous la loi de l'an VII. Il a été jugé également, sous le Code, que cette transcription arrêtait le cours des priviléges et hypothèques sur tous les précédents propriétaires (Cass., 13 décembre 1813 et 11 janvier 1818. — On a voulu distinguer si la transcription contient les noms des précédents vendeurs, pour ne lui faire produire d'effet qu'à cette condition à l'égard des créanciers ayant hypothèque sur eux. Mais cette distinction, déjà repoussée sous la législation précédente par la Cour de cassation, est encore moins admissible sous la loi nouvelle, qui veut que la transcription fasse évanouir, à l'instant même, tous les droits réels qui n'ont pas été rendus publics antérieurement.

subsistances faites au débiteur ou à sa famille, soit pendant les six derniers mois, soit pendant la dernière année, suivant leur nature. (C. Nap., art. 2101, 2107.)

Ces créances, en cas d'insuffisance du mobilier, sont payées sur le prix des immeubles avant les créances hypothécaires et même avant le privilége du vendeur et les autres priviléges énoncés en l'article 2103 (art. 2105).

Elles peuvent souvent s'élever à un chiffre assez important, et quand l'immeuble n'est que d'une valeur minime, elles peuvent absorber une forte partie du prix. Il importe donc de les faire entrer en ligne de compte pour une somme qu'on évaluera dans les calculs qui doivent faire apprécier si le gage offert présente une valeur libre suffisante pour garantir le prêt.

§ 3. — PRIVILÉGES ASSUJETTIS A L'INSCRIPTION.

Priviléges qui doivent être rendus publics.

371. Les priviléges assujettis à la publicité et dont l'inscription a un effet rétroactif sont :

1° Le privilége du vendeur ;

2° Le privilége de ceux qui ont fourni les deniers pour l'acquisition d'un immeuble ;

3° Le double privilége des copartageants, tant pour les soultes et prix de licitation que pour la garantie des lots ;

4° Le privilége de séparation des patrimoines accordé aux créanciers et légataires d'une succession ;

5° Le privilége des architectes, entrepreneurs et ouvriers, et de ceux qui ont prêté les deniers pour rembourser les ouvriers ;

6° Le privilége pour travaux de drainage ;

7° Le privilége des concessionnaires des travaux de desséchement ou autres travaux d'utilité publique ;

8° Le privilége du Trésor public sur les biens des comptables ;

9° Le privilége du Trésor public pour le recouvrement des frais de justice criminelle.

I. *Privilége du vendeur.*

372. Bien que le Code Napoléon n'eût fixé aucun délai pour l'inscription du privilége du vendeur (art. 2108), c'était un point de doctrine généralement admis que ce privilége, pour être conservé, devait être inscrit dans la quinzaine de la transcription de l'aliénation subséquente.

La loi du 23 mars 1855, en supprimant les articles 834 et 835 du Code de procédure civile, a donné au vendeur un délai de quarante-cinq jours, à partir de l'acte de vente, pour faire inscrire utilement son privilége, nonobstant toutes transcriptions d'actes faites dans ce délai. Telle est la règle à laquelle sont soumis les contrats faits depuis le 1er janvier 1856, époque à laquelle cette loi est devenue · exécutoire.

Mais, tant que l'immeuble est encore entre les mains de l'acquéreur et malgré l'expiration du délai de quarante-cinq jours, le privilége du vendeur subsiste sans transcription et sans inscription; ce n'est qu'à partir de la transcription de la revente faite par l'acquéreur que le privilége périt, s'il n'a pas été conservé par une transcription ou par une inscription antérieure. Conséquemment, tant qu'il n'y a pas de revente transcrite, lors même que l'inscription d'office serait périmée, le privilége peut toujours être inscrit de nouveau (1).

Le privilége du vendeur conserve tous les intérêts dus et non

Privilége
du vendeur

______

(1) Limoges, 13 juillet 1859, P. 1859, p. 972.

Jugé, par suite du même principe, que le vendeur dont le contrat a une date certaine, antérieure à la loi du 23 mars 1855, peut toujours, jusqu'à la transcription de la revente faite par son acquéreur, conserver son privilége, en faisant transcrire son contrat ou en prenant inscription. Il n'est donc pas tenu, pour conserver l'action résolutoire, de l'avoir fait inscrire dans les six mois à partir du 1er janvier 1856, conformément à l'article 11 de la loi nouvelle, qui n'est applicable qu'au vendeur dont le privilége était éteint au moment où cette loi est devenue exécutoire. Rouen, 28 décembre 1857, P. 1858, p. 225.

(V. *suprà*, n° 245).

prescrits, même en dehors des deux années et de l'année courante que peut réclamer hypothécairement un créancier ordinaire.

Action résolutoire.

373. Indépendamment de son privilége, le droit du vendeur est encore protégé par l'action résolutoire dont l'existence est néanmoins subordonnée aujourd'hui à la conservation de ce privilége, ainsi qu'on l'a vu plus haut, nos 245 et suivants.

On rappelle ici ce qui a été dit (nos 245 et suiv.) sur la nécessité de vérifier les quittances constatant le payement intégral des prix de vente ou les actes aux termes desquels les vendeurs se seraient désistés de leur privilége et de leur action résolutoire.

II. *Privilége des bailleurs de fonds.*

Privilége des bailleurs de fonds.

374. Le même privilége existe au profit de ceux qui ont fourni des deniers pour l'acquisition d'un immeuble, s'ils ont satisfait aux conditions prescrites par l'article 2103-2° du Code Napoléon.

III. *Privilége du copartageant.*

Privilége des soultes et retours de lots.

375. A ce que nous avons dit dans la première partie, nos 206 et suivants, sur le privilége du copartageant, ajoutons ce qui suit :

376. Le privilége pour les soultes ou retour de lots (1) ou pour le prix de la licitation frappe non-seulement le bien grevé de la soulte ou le bien licité, mais encore les biens échus aux autres co-

---

(1) Ce privilége s'étend à la créance résultant, pour un cohéritier, du payement qu'il a été forcé de faire des dettes héréditaires mises à la charge d'un autre copartageant. Cassation, 2 avril 1839, P. t. 2, 1839, p. 310. — M. Persil, *Commentaire des priviléges et hypothèques*, sur l'article 2103, § 3, n° 4, et *Questions*, tit. i, chap. 5, §11; M. Troplong, *Priviléges et hypothèques*, t. 1, n° 239.— V., en sens contraire, M. Grenier, *Hypothèques*, t. 2. n° 399, et M. Duranton, t. 19, nos 187 et 188.

partageants (1). Le Code Napoléon fixe un délai de soixante jours, à dater de l'acte de partage ou de l'adjudication par licitation, pour faire inscrire ce privilége, et dispose que, pendant ce délai, aucune hypothèque ne peut avoir effet sur les biens compris au partage au préjudice des créanciers de la soulte ou du prix de licitation (article 2109).

377. La loi du 23 mars 1855 donne au copartageant un délai de quarante-cinq jours, depuis l'acte de partage, pour faire inscrire *utilement* son privilége, *nonobstant toute transcription d'actes faite dans ce délai*, sans parler des inscriptions prises par les créanciers du cohéritier débiteur : d'où l'on peut conclure qu'à défaut d'inscription du privilége dans les quarante-cinq jours , le copartageant ne perd que le droit de suite, ou, du moins, qu'il ne perd son privilége qu'autant qu'une aliénation viendrait à être transcrite ; mais, qu'à l'égard des créanciers qui s'inscriraient du chef du cohéritier débiteur, il jouit toujours du délai de soixante jours que lui donne l'article 2109 du Code Napoléon (2).

---

(1) Paris, 4 juin 1823 ; — M. Tarrible, *Répertoire de jurisprudence*, V° *Privilége*, sect. 4, § 3 ; M. Persil. *Questions*. chap. 5, § 7 ; M. Troplong, *Priviléges et hypothèques*, t. 1, n° 237. — V.. en sens contraire, Delvincourt, t. 2, p. 47.

(2) M. Pont (*Priv. et hypoth.*, n° 318) décide qu'en cas d'aliénation transcrite et à défaut d'inscription dans les quarante-cinq jours, le droit de suite seul serait perdu, mais que le délai de soixante jours n'en subsisterait pas moins, pour l'inscription du privilége, au point de vue du droit de préférence.

Le délai court du jour du tirage au sort des lots ou de l'adjudication, et non pas seulement du jour de la liquidation faite postérieurement. Bordeaux, 15 juin 1831 ; Lyon, 22 février 1832 ; Paris, 7 février 1833 et 3 décembre 1836 ; Cassation, 15 juin 1842. P. t. 2, 1842, p. 306 ; Montpellier, 4 janvier 1845 , P. t. 1, 1845. p. 643 ; Colmar, 3 août 1849, P. t. 2, 1850, p. 134 ; Cassation , 17 novembre 1851 , P. t. 2, 1851, p. 614. — V.. en sens contraire, Cassation, 11 août 1830, et Colmar, 17 mars 1847, P. t. 2. 1847, p. 637. Toutefois, si l'homologation du partage en nature est nécessitée par la minorité ou l'interdiction d'une des parties ou par le refus de l'une d'elles d'approuver le travail du notaire, M. Troplong pense que le délai ne court que du jour de l'homologation qui a pu seule imprimer à ce travail le caractère d'un partage définitif (*Priviléges et hypothèques*, t. 1er, n° 311 *ter*, et note 2, p. 106, 5° éd.) ; mais cette distinction ne serait pas applicable au cas d'une adjudication par licitation. C'est l'adjudication même qui donne à l'héritier adjudicataire un droit exclusif à la propriété de

378. Quant au privilége pour la garantie que se doivent mutuellement les copartageants, aux termes de l'article 884, du trouble ou de l'éviction que l'un d'eux pourrait éprouver à l'égard des objets compris dans son lot, l'article 2109, qui fixe le délai pour faire inscrire le privilége de soulte, ne mentionne pas celui relatif à la garantie des lots ; d'où l'on pourrait conclure que les copartageants sont toujours à temps d'exercer ce privilége, alors même qu'ils n'auraient pas d'inscription (1). Mais, selon l'opinion la plus générale, le privilége de garantie des lots doit être inscrit dans le même délai que celui de la soulte pour avoir un effet rétroactif au jour de l'ouverture de la succession (2).

379. D'après ce qui précède, on voit qu'il est prudent, lorsque l'emprunteur possède en vertu d'un partage, de ne pas réaliser le prêt avant l'expiration du temps accordé à ses cohéritiers pour faire inscrire leur privilége, à moins que ceux-ci ne concourent avec lui à l'acte d'emprunt, pour consentir l'hypothèque et renoncer à faire valoir ce privilége au préjudice du prêteur. S'il est devenu adjudicataire par suite de licitation, on devra examiner encore s'il n'est pas sous la menace d'une folle enchère possible (3).

IV. *Privilége de séparation des patrimoines.*

380. On ne doit pas perdre de vue le droit que la loi accorde aux créanciers (4) et légataires de la succession de demander la

---

l'immeuble licité, que la loi a prise pour point de départ du délai, bien qu'une liquidation ultérieure pût seule déterminer le montant de la soulte. Mais cela importe peu, puisque l'inscription peut être prise pour la totalité du prix.

(1) Liége, 9 mars 1818; Pau, 29 avril 1851, P. t. 1, 1852, p. 314. — Delvincourt, t. 2, p. 153, notes.

(2) Cassation, 12 juillet 1853, D. P. 53, 1, 334. — Grenier, *Hypothèques*, t. 2, no 403; M. Persil, sur l'article 2109, no 3; M. Duranton, t. 19, nos 181 et suivants; M. Troplong, *Priviléges et hypothèques*, t. 1, no 291.

(3) V. *suprà*, 1re partie, no 250.

(4) Ce droit appartient à tous les créanciers indistinctement hypothécaires ou chirographaires. — Merlin. *Répertoire,* Vo *Séparation des patrimoines*, § 2,

séparation du patrimoine du défunt d'avec celui de l'héritier (C. Nap., art. 878), et le délai de six mois, à partir de l'ouverture de la succession, pendant lequel aucune hypothèque ne peut être établie avec effet par l'héritier sur les immeubles de la succession, au préjudice des créanciers et légataires qui ont fait inscrire dans ce délai le privilége qui leur appartient sur le patrimoine du défunt (art. 2111). Il est donc prudent d'attendre l'expiration des six mois avant la réalisation du prêt demandé par l'héritier.

381. La difficulté est plus grande si la succession n'a été acceptée que sous bénéfice d'inventaire. On décide généralement que l'acceptation bénéficiaire empêche la confusion des biens de l'héritier avec ceux du défunt, et que la séparation des patrimoines est alors de droit (1) ; qu'en conséquence, les créanciers et légataires de la succession sont dispensés de prendre inscription pour conserver leur privilége, même à l'égard des héritiers qui ont accepté purement et simplement (2). Il en serait ainsi alors même que l'acceptation de

Succession bénéficiaire.

---

n° 2 ; M. Chabot, *Successions*, sur l'article 878, n° 4 ; M. Grenier, *Hypothèques*, n° 42 ; M. Persil, *Régime hypothécaire*, sur l'article 2111, n° 13 ; Toullier, t. 4, n° 545 ; M. Duranton, t. 7, n° 171 ; M. Vazeille, *Successions*, sur l'article 878, n° 1er ; M. Dufresne, *De la séparation des patrimoines*, n° 8.

(1) Paris, 20 juillet 1811, 8 avril 1826 et 4 mai 1835 ; Cassation, 18 juin 1833, 10 décembre 1839, P. t. 1, 1840, p. 191 ; 29 juin 1853, P. t. 1, 1855, p. 135 ; 11 décembre 1854, P. t. 1, 1855, p. 129, et 3 août 1857, P. 1857, p. 1226 ; Colmar, 9 janvier 1837, P. t. 1, 1837, p. 570 ; Rouen, 24 janvier 1845, p. t. 2, 1848, p. 14 ; Limoges, 24 août 1848, P. t. 1, 1850, p. 287 ; Caen, 26 février 1849, P. t. 2, 1850, p. 368 ; Orléans, 11 mai 1854, P. t. 1, 1855, p. 135 ; Nimes, 21 juillet 1852, P. t. 1, 1855, p. 132. — M. Grenier, *Hypothèques*, t. 2, n° 433 ; M. Persil, *Régime hypothécaire*, sur l'article 2111, n° 13 ; M. Troplong, *Priviléges et hypothèques*, t. 3, n° 651 ; Marcadé, sur l'article 878, n° 7 ; Zachariæ, § 618 et notes 59 et suivantes ; M. Rolland de Villargues, *Répertoire du notariat*, V° *Bénéfice d'inventaire*, n° 192, et *Séparation de patrimoines*, n° 57 ; M. Bioche, *Dictionnaire de procédure*, V° *Séparation de patrimoines*, n° 6 ; M. Malpel, *Successions*, n° 240 ; M. Blondeau, *Séparation de patrimoines*, p. 503 et suivantes ; M. Dufresne, *Séparation de patrimoines*, n° 76, M. Hureaux, *Études sur le Code Napoléon*, t. 2, p. 377 ; M. Vazeille, *Successions*, sur l'article 806, n° 17 ; M. Ponjol, *Successions*, sur l'article 878, n° 22 ; M. Billard, *Bénéfice d'inventaire*, n° 113.

(2) Il n'en serait ainsi, selon un arrêt de la Cour de cassation du 25 août 1858

la succession n'aurait pu avoir lieu que sous bénéfice d'inventaire à l'égard de quelques-uns des cohéritiers à cause de leur minorité (1). La Cour de cassation et la Cour de Paris ont même jugé que la séparation des patrimoines continuait de subsister après que l'héritier bénéficiaire avait fait acte d'héritier pur et simple (2).

Bien que cette jurisprudence donne lieu à de sérieuses objections, et qu'elle ait pour résultat d'étendre au delà des cas expressément prévus par la loi les exceptions au principe qui forme la base essentielle de notre système hypothécaire, celui de la publicité; qu'elle crée, en un mot, une véritable hypothèque occulte, sans que cette faveur soit justifiée par un grand intérêt social, comme pour l'hypothèque légale de la femme et pour celle du mineur, il est indispensable, dans cet état de choses, lorsqu'il s'agit de prêter sur des biens provenant d'une succession bénéficiaire, de s'assurer, autant que possible, de l'état de la succession, et de se faire représenter à cet effet les inventaires, liquidations et autres documents propres à démontrer qu'il n'existe pas de créanciers de la succession ou qu'ils ont été intégralement payés.

(P. 1859, p. 801), que pendant la durée de l'indivision; mais, après le partage, les biens échus aux héritiers purs et simples se confondraient avec leurs biens personnels, et l'action en séparation de patrimoine ne pourrait plus être exercée si elle n'avait été conservée dans le délai. Conforme : Cassation, 11 décembre 1854, et Nîmes, 21 juillet 1852, précités. — V., toutefois en sens contraire, Cassation, 3 août 1857, P. 1857, p. 1226, et Caen, 21 novembre 1855, P. 1857, p. 1060.

(1) Besançon, 30 mars 1859, P. 1860, p. 95; il a même été jugé que, l'acceptation de l'héritier mineur ne pouvant avoir lieu que sous bénéfice d'inventaire; il suffisait, pour opérer la séparation des patrimoines, même en l'absence d'une déclaration régulière faite au greffe du tribunal, que l'adition d'hérédité au nom du mineur pût s'induire des actes faits par le père, comme administrateur légal, ou par le tuteur. Cassation, 11 décembre 1854, et Nîmes, 21 juillet 1852, précités.

(2) Paris, 8 avril 1826 et 4 mai 1835; Colmar, 9 juillet 1857; Cassation, 10 décembre 1839 et 29 juin 1853; Nîmes, 21 juillet 1852, et Orléans, 11 mai 1854, précités. — M. Zachariæ, *loc. cit.* et note 63; M. Poujol, *loc. cit.*; M. Blondeau, *op. cit.*, p. 502; M. Dufresne, *loc. cit.*

V., en sens contraire, Rouen, 5 décembre 1826; Bordeaux, 24 juillet 1830; M. Malpel, *Successions.* n° 240; Marcadé, sur l'article, 878, n° 7; M. Boileux, *Comment.*, sur l'article 878.

V. *Privilége des architectes et entrepreneurs.*

Privilége
des architectes et
entrepreneurs.

382. Le privilége des architectes et entrepreneurs et de ceux qui ont fourni les fonds pour le prix des constructions ou réparations faites à un immeuble, jusqu'à concurrence de la plus-value résultant des travaux, doit être conservé par la double inscription faite : 1° du procès-verbal qui constate l'état des lieux avant les travaux (1); 2° du procès-verbal de réception constatant la valeur de ces travaux. (C. Nap., 2103 et 2110.)

383. Il faut observer que cette plus-value résultant des travaux doit être déterminée d'après la valeur de l'immeuble au jour de l'aliénation, et non pas d'après la valeur au temps où les travaux ont été exécutés (art. 2103); d'où il suit, d'après certains auteurs, que ce privilége doit primer, sur le montant de la plus-value constatée, celui du vendeur lui-même (2), ou tout au moins, d'après l'opinion la plus commune, que, si l'immeuble avait diminué de valeur, la perte pourrait se répartir entre celui-ci et l'entrepreneur, d'après la ventilation à faire du prix de revente (3). A plus forte raison doit-il en être ainsi à l'égard des autres créanciers, même antérieurs à la première inscription ; et, comme la ventilation laisse toujours beaucoup à l'arbitraire, il convient, dans le contrat de prêt, d'interdire à l'emprunteur de constituer aucun privilége de constructeur, sous

---

(1) Ce procès-verbal doit être fait avant toute démolition. Paris, 23 mars 1836; Cassation, 20 novembre 1839, P. t. 2, 1839, p. 499.

(2) On ne peut dire, en réalité, que le privilége de l'entrepreneur prime celui du vendeur, puisque chacun d'eux a un objet distinct, c'est-à-dire qu'ils s'exercent sur des choses différentes, l'un sur la valeur primitive, l'autre sur la plus-value.

(3) Paris, 15 mai 1813; M. Grenier, *Hypothèques*, t. 2, n° 411. — M. Troplong admet cette répartition, mais à la condition qu'on y fera concourir le vendeur, non pas à raison du prix de la vente, mais seulement pour la *valeur de l'immeuble avant le commencement des réparations. Priviléges et hypothèques,* 3e éd., t. 1, n° 80 *bis,* note de la page 76. — V., en outre, Cassation, 22 juin 1837, P. t. 2, 1837, p. 272.

peine de résolution du contrat et d'exigibilité immédiate de a créance, et, si déjà un privilége était constitué, de ne consentir de prêt qu'autant que la créance de l'entrepreneur ne serait que d'une minime importance relativement à la valeur de l'immeuble.

VI. *Privilége pour travaux de drainage.*

384. Aux termes de la loi du 17 juillet 1856, les dépenses faites pour travaux de drainage sont garanties par un privilége qui prend rang avant tout autre sur les terrains drainés, sauf le droit réservé à toute personne ayant une créance privilégiée ou hypothécaire antérieure de faire réduire ce privilége, lors de l'aliénation de l'immeuble, à la plus-value existant à cette époque et résultant des travaux de drainage (art. 3 et 4). La loi règle le mode de constitution et de conservation de ce privilége, qui doit être inscrit, savoir: pour les prêts faits par le Trésor public, auquel est aujourd'hui substitué le Crédit foncier de France, ou par d'autres prêteurs, dans les deux mois de l'acte de prêt; pour les syndicats formés en vertu de la loi du 1er juin 1854, qui ont fait des avances pour des travaux collectifs de drainage dans les deux mois de l'arrêté qui les a constitués; et pour les entrepreneurs qui ont exécuté des travaux pour des particuliers ou pour des syndicats dans les deux mois du procès-verbal prescrit, pour ce cas spécial, par le 1er § de l'article 7 (art. 6). Si l'immeuble est grevé d'un privilége pour travaux de drainage, on devra suivre la même règle que dans l'hypothèse précédente d'un privilége d'entrepreneur.

VII. *Privilége pour travaux de desséchement ou autres travaux d'utilité publique.*

385. Aux termes de l'article 23 de la loi du 16 septembre 1807, les indemnités dues aux concessionnaires ou au gouvernement à raison de la plus-value résultant des desséchements de marais sont privilégiées sur toute cette plus-value, à la charge de faire transcrire l'acte de concession ou le décret qui ordonne le desséchement au compte de l'État au bureau des hypothèques de l'arrondissement des marais desséchés. L'effet de cette transcription est de restreindre toute hypothèque inscrite avant le desséchement sur une portion de propriété égale en valeur à celle qu'avaient primitivement les terrains desséchés. Le même privilége s'étend à d'autres travaux d'utilité publique énoncés dans la même loi (V. art. 28 et suiv.). On devra donc, si l'on peut supposer qu'une propriété est située dans un périmètre où ont été exécutés de semblables travaux, s'assurer, avant de consentir un prêt, qu'elle est libérée de la portion d'indemnité dont elle était tenue.

VIII. *Privilége du Trésor sur les biens des comptables.*

386. Le privilége du Trésor public sur les biens des comptables, établi par une loi du 5 septembre 1807, n'a d'effet qu'à partir du jour de l'inscription sur les biens qui appartenaient au fonctionnaire comptable à l'époque de sa nomination, ou qu'il a acquis depuis autrement qu'à titre onéreux. Dans cette hypothèse, ce privilége n'est donc, à proprement parler, qu'une véritable hypothèque légale. Mais les biens acquis à titre onéreux, soit par le comptable, soit par sa femme, même séparée de biens, sont frappés par ce privilége, du jour même de cette acquisition, si le Trésor a pris inscription dans les deux mois à partir de l'enregistrement de l'acte d'acquisition. Pendant ce délai, aucune hypothèque ne peut être inscrite au préjudice des droits du Trésor public. On doit donc éviter de prêter à un comptable ou à sa femme sur un bien qu'ils ont acquis à titre onéreux avant l'expiration de ce délai (1).

Privilége du Trésor sur les biens des comptables.

---

(1) Les fonctionnaires soumis à l'hypothèque privilégiée du Trésor public sont les receveurs généraux de département, les receveurs particuliers d'arrondissement, les payeurs généraux et divisionnaires, les payeurs de département, des ports et des armées (Loi 5 septembre 1807). — Le Trésor de la couronne est assimilé au Trésor public, et a le même privilége sur les biens des comptables (Avis du conseil d'État du 13 février 1808). Les communes, hospices et autres établissements publics ont également une hypothèque légale sur les biens de leurs administrateurs comptables (C. Nap., art. 2121); mais cette hypothèque légale ne prend date que du jour de l'inscription.

IX. *Privilége du Trésor pour les frais de justice criminelle.*

387. Le privilége du Trésor public, pour les frais de justice en matière criminelle, correctionnelle ou de police, sur les biens du condamné, a un effet rétroactif au jour du mandat d'arrêt, s'il est inscrit dans les deux mois à partir du jugement de condamnation (Loi du 5 septembre 1807).

Il serait donc dangereux de prêter à une personne qui se trouverait sous le coup de poursuites criminelles ou correctionnelles.

X. *Droits de mutation.*

388. Le privilége du Trésor public pour les droits de mutation ne frappe que les revenus des biens à déclarer, suivant la loi du 22 frimaire an VII (art. 32). On avait pensé dans le principe que le droit que cette loi donne au Trésor de se faire payer sur ces revenus, dans quelques mains qu'aient passé les biens, constituait pour la régie un droit de suite contre tout tiers détenteur. Mais un avis du conseil d'État du 21 septembre 1810 a repoussé cette interprétation, et a décidé que le droit de suite n'avait lieu que contre les personnes dénommées dans l'article 32 de la loi, c'est-à-dire contre les héritiers, donataires ou légataires, mais ne pouvait être exercé au préjudice des tiers acquéreurs.

La Cour de cassation avait jugé encore, à plusieurs reprises, que la régie avait un privilége sur les immeubles si elle avait pris inscription, et après le payement des créances inscrites antérieurement; qu'elle avait même un droit de prélèvement sur tous les biens de la succession. Mais depuis cette Cour a repoussé la doctrine du prélèvement et du privilége par cinq arrêts fortement motivés des 23 et 24 juin 1857 (1).

____

(1) P. 1857, p. 673.

§ 4. — HYPOTHÈQUES LÉGALES.

389. L'*hypothèque légale de la femme* sur les biens de son mari (1), à raison de sa dot, de ses créances matrimoniales et de la garantie des obligations qu'elle a contractées avec lui, celle des *mineurs et des interdits*, sur les biens de leur tuteur (2), existent indépendamment de l'inscription, et prennent date, savoir : celle des mineurs et interdits, du jour de l'acceptation de la tutelle ; celle de la femme, pour sa dot et ses conventions matrimoniales (3), du jour du mariage, pour les sommes dotales qui proviennent de successions

Hypothèque légale
de la femme.

Hypothèque légale
des mineurs
et des interdits.

1-2 V. toutefois, en ce qui concerne la femme d'un commerçant, l'art. 563 du Code de commerce.

L'hypothèque légale de la femme ou du mineur frappe même les biens advenus au mari ou au tuteur depuis la dissolution du mariage ou la cessation de la tutelle : Lyon, 7 avril 1843 et 23 novembre 1850, P. t. 2, 1843, p. 748, et t. 2, 1852, p. 346 ; Cassation, 17 juillet 1844, P. 1, 2. 1844, p. 632. — M. Duranton, t. 19, n° 317 ; M. Valette, *Priviléges et hypothèques*, n° 133 ; M. Pont, *Priviléges et hypothèques*, n° 509. — Au surplus, cette solution a une portée moins grande depuis la loi du 23 mars 1855, dont l'article 8 dispose que si la veuve, le mineur devenu majeur, ou l'interdit relevé de l'interdiction, leurs héritiers ou ayants cause, n'ont pas pris inscription dans l'année qui suit la dissolution du mariage ou la cessation de la tutelle, leur hypothèque ne date, à l'égard des tiers, que du jour des inscriptions prises ultérieurement.

(3) On ne doit pas oublier que parmi les conventions matrimoniales protégées par l'hypothèque légale de la femme, il faut ranger les donations subordonnées à la survie du donataire, si elles ont le caractère de donations entre-vifs, c'est-à-dire toutes les fois qu'elles constituent un droit acquis du jour même du mariage, à la différence des donations à cause de mort, ou des institutions contractuelles. La difficulté consiste donc à faire la distinction et à bien caractériser la stipulation. — Enfin, indépendamment des créances qu'il énumère, l'article 2135 comprend dans sa généralité toutes les créances que la femme peut avoir contre son mari, quelle qu'en soit l'origine, par exemple, l'indemnité à laquelle peut donner lieu un préjudice causé à la femme par le fait du mari ou par sa négligence, celle qui peut avoir sa source dans un délit, etc. M. Pont, *Priviléges et hypothèques*, n° 139. V. Cassation, 10 mars 1840, P. t. 1, 1840, p. 389 ; Angers, 10 mars 1841, S. 41. 2. 187 ; Agen, 15 novembre 1847, P. t. 1, 1848, p. 150.

à elle échues, ou de donations à elle faites pendant le mariage, à compter de l'ouverture des successions ou du jour où les donations ont eu leur effet, pour l'indemnité des dettes qu'elle a contractées avec son mari, et pour le remploi de ses propres aliénés, du jour de l'obligation ou de la vente (C. Nap., art. 2135) (1). De plus, les sommes que ces hypothèques conservent ne sont pas déterminées; ce n'est qu'après la dissolution du mariage ou la cessation de la tutelle que les créances de la femme et du pupille peuvent être liquidées et qu'on peut connaître exactement l'étendue de leur hypothèque.

390. Il importe donc de savoir si l'emprunteur est ou a été marié, s'il est ou a été tuteur.

---

(1) La disposition de l'article 2135, d'après laquelle la femme n'a d'hypothèque pour le remploi de ses propres aliénés que du jour de la vente, s'applique-t-elle au régime dotal aussi bien qu'au régime de la communauté?

Il semble que cet article ne faisant aucune distinction entre la femme commune et la femme dotale, la question doit être décidée affirmativement. Néanmoins, elle divise à la fois la jurisprudence et les auteurs. La doctrine qui fait remonter, au contraire, au jour du contrat de mariage l'hypothèque légale de la femme dont l'immeuble dotal a été aliéné, est adoptée par la majorité des auteurs qui voient, dans le contrat de mariage même, le principe de la responsabilité du mari à l'égard de l'aliénation du fonds dotal et du remploi qu'il devait effectuer, et qui considèrent cette aliénation comme un acte de sa gestion. V., dans ce sens, Cassation, 27 juillet 1826, et Grenoble, 6 janvier 1831. — M. Tessier, *de la Dot*, t. 2, n° 134; M. Benech, de l'*Emploi et du remploi*, n° 111; M. Troplong, *Hypothèques*, t. 2, n° 589 *bis*; MM. Rodière et Pont, *Contrat de mariage*, t. 2, n° 677; M. Pont, *Revue critique*, t. 2, p. 386 et suivantes, et *Hypothèques*, n° 767; et, sous l'ancien droit, Despeisses. tit. 15 *de la Dot*, sect. 3, n° 30; Duperrier, t. 1, p. 253 et 255.

V., en sens contraire, Caen, 7 juillet 1851. P. t. 1, 1852, p. 629, et Agen, 10 juin 1859, P. 1860, p. 1210. En présence de cette incertitude, on voit qu'il ne suffirait pas, pour la sécurité du prêt, qu'il fût justifié par le contrat de mariage de la femme dotale qu'elle n'a point de causes actuelles de reprises.

Mais la femme n'a pas d'hypothèque légale pour sa part dans la communauté; elle a seulement, à cet égard, le privilége de copartageant : Cassation, 15 juin 1842, P. t. 2, 1842, p. 306; Cassation, 9 janvier 1855, P. t. 1, 1856, p. 305; Nîmes, 24 mars 1859, P. 1859, p. 557; Bastia, 15 juillet 1862, P. 1863, p. 161; Zachariæ et MM. Massé et Verger, sur Zachariæ, t. 5, § 796, p. 161 et note 10; M. Pont, *Priviléges et hypothèques*, n° 435.

Un emprunteur de mauvaise foi peut avoir intérêt à dissimuler le régime auquel est soumis son mariage, surtout si c'est le régime dotal, et déclarer mensongèrement qu'il s'est marié sans contrat (1). Cette fraude est facile à prévenir si le mariage est postérieur à la loi du 10 juillet 1850 (2), en faisant représenter l'acte de célébration qui doit faire connaître s'il a été fait un contrat de mariage. Quand le mariage est antérieur à cette loi, la déclaration d'état civil doit être confirmée par un acte de notoriété dressé au lieu même où le mariage a été célébré, et signé, autant que possible, par des témoins ayant assisté au mariage.

Il est plus difficile de vérifier avec certitude la déclaration de l'emprunteur qu'il n'a jamais été chargé d'aucune tutelle; il est donc nécessaire de consulter sa moralité et les circonstances qui peuvent donner à ses déclarations un caractère de sincérité.

391. Il peut arriver, toutefois, que l'hypothèque légale de la femme ou celle des mineurs se trouve restreinte et ne frappe spécialement que sur un ou certains immeubles du mari ou du tuteur. Cette restriction, à l'égard de la femme, peut être le résultat d'une stipulation faite dans le contrat de mariage, lorsque les contractants sont majeurs (C. Nap., 2140) (3). De même, à l'égard de l'hypothèque légale du mineur, les parents, en conseil de famille, peuvent la limiter sur certains immeubles, parmi ceux dont le tuteur est propriétaire (art. 2141) (4). Et même, lorsque cette restriction n'a pas été

Restriction de l'hypothèqu légale.

---

(1) On a même vu des emprunteurs, mariés ou veufs, se déclarer célibataires.

(2) Observer que cette loi n'a eu d'effet qu'à partir du 1er janvier 1851. (Article 2.)

(3-4) La restriction peut être opérée de deux manières : il peut être convenu dans le contrat de mariage, ou décidé dans la délibération du conseil de famille du mineur, qu'il ne sera pris inscription que sur un ou certains immeubles du mari ou du tuteur; ou bien il peut être dit qu'il ne sera pas pris inscription sur certains immeubles, et, dans ce dernier cas, l'hypothèque conserverait son caractère de généralité sur tous les autres biens présents et à venir du mari ou du tuteur. M. Pont, *Priviléges et hypothèques*, nos 545 et 546.

La femme qui n'a consenti la restriction de son hypothèque légale qu'à raison de sa dot et de ses conventions matrimoniales, sans faire porter cette restriction faite *par l'acte de nomination du tuteur* (1), celui-ci peut la faire prononcer par un jugement rendu contre le subrogé tuteur après un avis du conseil de famille, dans le cas où l'hypothèque générale sur ses immeubles excéderait notoirement les sûretés suffisantes pour sa gestion (art. 2143).

Le mari peut également faire ordonner la restriction de l'hypothèque légale de la femme, du consentement de celle-ci (2), et après avoir pris l'avis de ses quatre plus proches parents (2144). Mais la femme ne peut donner ce consentement qu'autant qu'elle est majeure (3).

---

sur ses reprises ultérieures et éventuelles, conserve, à raison de ces reprises, cette hypothèque, dans toute son extension, sur tous les immeubles du mari. Cass., 18 août 1856, P. 1857, p. 797.

(1) On a tiré induction de ces expressions de l'article 2143, pour conclure que la tutelle légitime s'ouvrant de plein droit sans qu'il intervienne aucun acte de *nomination*, il n'y avait, pour le tuteur légitime, de réduction possible de l'hypothèque légale, que par un jugement dans la forme prescrite au même article. M. Pont, *Traité des priviléges et hypothèques*, nº 549.

(2) Le mari n'est jamais recevable à demander la restriction qu'avec le consentement de sa femme. Cassation, 9 décembre 1824; Riom, 3 mars 1830; Rouen, 3 février 1834 et 27 avril 1844, P. t. 2, 1844, p. 284; Paris, 1er avril 1848, P. t. 1, 1848, p. 550, et 31 mai 1851, P. t. 2, 1851, p. 240. — Tarrible, *Répertoire*, Vº *Inscription hypothécaire*, § 3, nº 28; M. Grenier, *Hypothèques*, t. 1, nº 270; M. Persil, *Régime hypothécaire*, sur l'article 2144, nº 2; M. Troplong, *Priviléges et hypothèques*, t. 2, nº 641; Zachariæ, *Droit civil français*, § 281 et note 16; M. Pont, *Priviléges et hypothèques*, t. 2, nº 559.

Jugé en conséquence que les juges ne peuvent, sur la demande du mari, modifier les conditions auxquelles la restriction était subordonnée par la femme et par la famille, alors même que, dans l'instance en nullité, la femme déclarerait consentir à cette modification. Cass., 2 juin 1862, P. 1862. p. 1102. .

V. toutefois, en sens contraire, Paris, 25 avril 1823, et Nancy, 26 août 1825. — M. Duranton, t. 20, nº 208; M. Taulier, *Théorie du Code civil*, t. 7, p. 321 et suivantes.

(3) Cassation, 19 juillet 1820; Caen, 15 juillet 1836, P. t. 2, 1837, p. 433; Grenoble, 25 août 1847, P. t. 1, 1848, p. 340. — M. Persil, *Régime hypothécaire*, sur l'article 2140 nº 3; M. Grenier, *Hypothèques*, t. 2, nº 260; Tarrible, *Répertoire de jurisprudence*, Vº *Inscription hypothécaire*, § 3, nº 18; M. Duran-

392. Si la restriction de l'hypothèque légale de la femme ou du mineur est le résultat d'un jugement, on devra s'assurer que les formalités indiquées dans les articles 2143, 2144 et 2145 ont été rigoureusement observées (1), et que le jugement a acquis l'autorité de la chose jugée. On doit observer : 1° qu'aux termes de l'article 2143, les jugements sur les demandes des maris et des tuteurs devant être rendus contradictoirement avec le procureur impérial, qui est partie principale et non pas seulement partie jointe dans l'instance, il a qualité pour interjeter appel du jugement, et que, conséquemment, ce jugement doit lui être signifié pour que les délais d'appel courent contre lui (2) ; 2° que s'il s'agit de l'hypothèque légale d'un mineur, le jugement doit être signifié en outre à un subrogé tuteur spécial, indépendamment de la signification faite au subrogé tuteur défendeur à l'action du tuteur (V. *suprà*, n° 267) ; 3° que la voie de la requête civile est ouverte au mineur pour faire annuler le jugement si ce mineur n'a pas été défendu, ou s'il ne l'a été valablement (C. proc. civ., 481).

------

ton, t. 20. n° 56; Zachariæ, t. 2. p. 127, note 21; M. Troplong, *Priviléges et hypothèques.* n° 637 *bis*; M. Pont, *Priviléges et hypothèques*, n° 511.

Ce n'est pas le cas d'appliquer les articles 1309 et 1398 Code Napoléon, d'après lesquels le mineur habile à contracter mariage est habile à consentir toutes les conventions dont ce contrat est susceptible, pourvu qu'il soit assisté des personnes dont le consentement est nécessaire pour la validité du mariage. L'art. 2140 est formel et exige, pour la validité de la réduction, que les parties soient majeures.

1) On doit vérifier notamment si le conseil ou l'assemblée de famille a été régulièrement composé. Observez que, dans le cas où le mari demande la réduction, la loi exige formellement que l'avis émane *des quatre plus proches parents*. On ne peut donc pas, par application de l'article 409 du Code Napoléon, lorsque les parents les plus proches ne se trouvent pas en nombre suffisant sur les lieux, appeler des parents d'un degré plus éloigné, des alliés ou des amis. M. Pont, *Priviléges et hypothèques*, n° 561. — V. en sens contraire: Grenoble, 18 janvier 1833; Zachariæ, t. 2, § 281, p. 188, note 17.

2) Cassation. 3 décembre 1844, P. t. 1, 1845, p. 113; Grenoble, 7 août 1849, P. t. 2. 1850, p. 135. — M. Troplong, *Hypothèques*, n° 644 ; Zachariæ, t. 2, § 281, note 17. — V., en sens contraire, Grenoble, 18 janvier 1833; Rouen, 16 août 1843. P. t. 1, 1845, p. 114, et 8 décembre 1843. P. t. 2, 1844, p. 13.

On comprend tout ce qu'une pareille disposition laisse de latitude aux tribunaux pour rétracter le jugement qui aurait mis les droits du mineur en péril (1).

Intervention de la femme au contrat de prêt.

393. L'intervention de la femme au contrat, soit pour s'obliger avec son mari, soit pour renoncer à son hypothèque légale, ou pour y subroger le prêteur, est le moyen qu'on emploie le plus habituellement pour se garantir des effets de cette hypothèque (V., sur cette subrogation, *infrà*, n⁰ˢ 410 et suiv.).

394. En est-il de même du mineur devenu majeur? Peut-il, alors même que le compte de tutelle ne lui aurait pas été rendu, en intervenant au contrat de prêt fait à son tuteur, renoncer à son hypothèque légale en faveur du prêteur, ou le subroger dans cette hypothèque, et ce, nonobstant la prohibition de l'article 472? On peut dire, il est vrai, que la disposition de cet article n'a entendu porter aucune atteinte à sa capacité envers les tiers, que tous les droits du mineur devenu majeur sont restés entiers; qu'il peut s'obliger, emprunter, vendre et faire tous les actes que comporte sa qualité de majeur; que même la participation de l'ex-tuteur à ces divers actes, pour s'obliger personnellement envers un tiers, ne saurait en altérer la validité; qu'il résulte des termes de l'article 472 et de la rubrique sous laquelle il est placé qu'il ne s'applique qu'à des actes qui se rattachent à la gestion tutélaire (2). Néanmoins il faut distinguer entre le cas où l'emprunt est contracté à la fois dans l'intérêt du mineur et de son ancien tuteur, et le cas où ce dernier emprunte seul et où le prêt ne profite qu'à lui. Dans le premier cas, la renonciation du mineur à son hypothèque légale envers le prêteur est parfaitement valable, et c'est dans cette hypothèse qu'a été rendu l'arrêt de la Cour de cassation du 10 avril 1849, qui a validé le contrat. Dans le cas, au contraire, où le tuteur est seul emprunteur, il est évident que

---

(1) La femme, après que la restriction a été autorisée, peut obtenir que l'hypothèque soit rétablie dans sa généralité, si la garantie qui lui est laissée vient à être reconnue insuffisante; mais cette mesure ne saurait porter préjudice aux droits acquis à des tiers. Paris, 10 février 1857, P. 1857, p. 281.

(2) Cassation. 1ᵉʳ juin 1847, P. t. 1, 1847, p. 688, et 10 avril 1849, P. t. 1, 1849, p. 456.

la renonciation du mineur n'a d'autre but que de le favoriser ; qu'elle
n'a lieu qu'à son profit exclusif et qu'elle a pour effet de porter atteinte, non seulement au droit du mineur de se faire rendre compte,
mais encore à l'hypothèque qui garantit la créance qui peut résulter
pour lui de ce compte ; que, par conséquent, elle tombe sous l'application de l'article 472 (1).

395. Il faut observer, en ce qui concerne l'hypothèque légale de
la femme : 1° qu'elle grève les conquêts de la communauté aussi
bien que les immeubles propres du mari (2); 2° qu'elle continuait, sous
l'empire du Code, à exister sans inscription, même après la dissolution
du mariage, et aussi longtemps que les créances qu'elle est destinée
à protéger. Mais depuis le 1er janvier 1856, si la femme devenue
veuve, ses héritiers ou ayants cause n'ont pas pris inscription dans
l'année qui suit la dissolution du mariage, l'hypothèque légale ne
date, à l'égard des tiers, que du jour de l'inscription prise ulté-

Sort de l'hypothè-
que égale
après la dissolu-
tion du mariage

---

(1) Il n'y a aucune induction à tirer de ce qui vient d'être décidé relativement
à la femme, la position n'est pas la même : la femme, en facilitant un emprunt
fait par son mari, agit souvent dans l'intérêt bien entendu du ménage; elle y a
donc intérêt. Aucune raison semblable n'existe pour le mineur de renoncer aux
sûretés qui le protégent.

(2) La jurisprudence est fixée en ce sens. V. Cassation, 8 mars 1813 et 9 novembre 1819 ; Angers, 26 avril 1812 ; Bruxelles, 30 juin 1819 ; Orléans, 16 novembre 1817, 16 mars 1850 et 12 juillet 1854, P. t. 1 1850, p. 299, et t. 1. 1856,
p. 185 ; Lyon, 7 avril 1854, P. t. 1, 1856, p. 183.— M. Grenier, *Hypothèques*,
t. 1, n° 248 ; M. Tessier, *de la Dot*, t. 2. p. 311 ; Zachariæ, t. 3, p. 356 ; M. Odier,
Contrat de mariage, n° 504 ; M. Valette, *Priviléges et hypothèques*, n° 252 ;
M. Berthauld, *de l'Hypothèque légale des femmes mariées, sur les conquêts
de la communauté*, n°s 3 et suivants ; M. Pont, *Priviléges et hypothèques*,
n° 521.

V. toutefois Colmar, 1er mars 1855. P. 1857, p. 445. Suivant cet arrêt, ce ne
serait qu'après la dissolution de la communauté que l'hypothèque légale de la
femme grèverait les immeubles devenus la propriété exclusive du mari, soit par
suite de la renonciation de la femme, soit par suite du partage. Mais l'hypothèque
de la femme acceptante, sur les biens tombés dans le lot du mari, ne pourrait
préjudicier aux droits d'hypothèque ou autres que ce dernier aurait valablement
conférés sur ces biens.

rieurement (1) (L. 23 mars 1855, art. 8.). Si l'année n'est pas expirée, et si l'emprunt est fait par un homme veuf ou par les héritiers d'un homme marié, il est indispensable de vérifier si les droits et reprises de la femme ont été liquidés d'une manière définitive, et de s'assurer qu'on n'a plus à redouter aucune réclamation de sa part ou de ses représentants.

Quant à la femme qui était veuve au 1er janvier 1856, le délai d'un an qui lui était donné pour prendre inscription à partir de cette époque étant expiré depuis longtemps, il suffira de vérifier que son hypothèque légale n'a pas été inscrite (L. 23 mars 1855, art. 11).

Femme étrangère 396. La femme étrangère a-t-elle une hypothèque légale sur les biens que son mari possède en France? M. Troplong la lui accorde par le double motif que le contrat de mariage est du droit des gens, et que la loi qui règle les hypothèques est un statut réel (2), mais plu-

---

(1) Ce délai court contre les héritiers mineurs ou interdits. M. Troplong. *Transcription*. no 314; MM. Rivière et Huguet, *Questions sur la transcription*. no 380.

Jugé par application de ce principe, que l'héritier mineur de la femme qui se trouve, au moment de la dissolution du mariage, sous la tutelle de son père, n'a. comme la femme elle-même à laquelle il succède. pour faire inscrire l'hypothèque légale de sa mère, à raison des reprises dont son père était débiteur envers elle, que le délai d'une année à partir de cette dissolution, ou de l'époque à laquelle la loi de 1855 est devenue exécutoire, sans pouvoir y ajouter le temps accordé au mineur pour faire inscrire sa propre hypothèque légale, c'est-à-dire une année après sa majorité (Grenoble, 21 avril 1858, P. 1858, p. 946.). Sans aucun doute, les créances que le mineur, sous la tutelle légale de son père, a contre lui, du chef de sa mère, sont protégées par une double hypothèque légale, celle que la loi accorde à la femme et celle qui appartient au mineur de son propre chef. à raison de la gestion du tuteur. L'arrêt de Grenoble ne méconnaît pas ce principe, mais la question peut avoir de l'intérêt en ce que l'hypothèque légale de la femme remonte, pour la dot et les conventions matrimoniales, au jour du mariage, et que l'hypothèque du mineur contre le tuteur n'a rang que du jour de l'ouverture de la tutelle.

(2) *Priviléges et hypothèques*, t. 2, no 513; *sic*. M. Pont, *Priviléges et hypothèques*, no 433.

V. Grenoble, 19 juillet 1849, P. 1. 2. 1850, p. 233; Merlin. *Répertoire de jurisprudence*, Vo *Remploi*. § 2, no 9.

sieurs décisions judiciaires, considérant l'hypothèque comme une institution de droit civil, et le contrat qui lui donne naissance comme
étant régi par le statut personnel, ont consacré l'opinion contraire (1).
Quoi qu'il en soit, et dans le doute, on devra recourir, à l'égard
de la femme étrangère, aux mêmes précautions que si elle était française.

397. La question relative à l'hypothèque légale du mineur étranger
est également controversée (2). On devra donc suivre la même règle
de conduite.

Mineur étranger.

---

(1) Bordeaux, 17 mars 1834 et 14 juillet 1845, P. t. 2, 1846, p. 676; Amiens,
18 avril 1834; Douai. 24 juin 1844, P. t. 2, 1844, p. 491; Rennes, 30 août 1845,
P. t. 2, 1845, p. 441.—A son tour, la Cour de cassation qui n'avait pas encore été
appelée à se prononcer sur cette question, a, par arrêt du 20 mai 1862 (P. 1862,
p. 561), en cassant un arrêt de la Cour d'Alger du 21 mars 1860 (P. 1861, p. 629),
décidé que la femme étrangère mariée, hors de France, à un étranger, n'a point
d'hypothèque légale sur les biens de son mari situés en France, alors que la loi
de son pays conférant une hypothèque légale aux femmes mariées, il n'existait
pas de traité étendant le même bénéfice aux femmes françaises. V. Conf. Grenoble, 23 avril 1863, P. 1863, p. 905. — M. Duranton, t. 19, n° 202; M. Grenier,
Hypothèques, t. 1. n°s 246 et 247; MM. Aubry et Rau. sur Zachariæ, t. 2.
§ 264. note 15; M. Fœlix, *Revue étrangère et française*, t. 9, p. 25, et *Droit
international privé*, t. 1. p. 136; M. Massé, *Droit commerc.*. t. 2, p. 442,
n° 332.

Indépendamment des deux opinions qui accordent ou refusent, d'une manière
absolue, une hypothèque légale à la femme étrangère sur les biens situés en
France, une troisième opinion ne la lui accorde qu'autant que la loi nationale
lui donne une hypothèque sur les biens de son mari. Paris, 19 août 1851, P. t. 2.
1852, p. 452; M. Rapetti, *Condition des étrangers*, p. 121; M. Valette, *Priviléges et hypothèques*. n° 139, p. 267 et suivantes.

Enfin, d'après un quatrième système, vers lequel semble incliner la jurisprudence, le mariage contracté à l'étranger, entre deux étrangers, ne confère à la
femme une hypothèque légale sur les biens de son mari en France qu'autant
qu'un traité diplomatique accorderait, dans le pays auquel elle appartient, une
hypothèque à la femme française sur les biens de son mari situés dans ce pays.
Metz, 6 juillet 1853, P. t. 1, 1855. p. 323; Grenoble, 29 mars et 27 août 1855,
P. t. 2, 1856, p. 618.

(2) Jugé que le mineur étranger n'a pas d'hypothèque légale sur les biens que
son tuteur, également étranger, possède en France. Amiens, 18 août 1834;
Rennes. 30 août 1845. P. t. 2, 1845, p. 441; *sic*. M. Grenier, *Hypothèques*, t. 1,

398. On ne doit pas oublier, quant à l'hypothèque légale des mineurs : 1° qu'elle existe contre le tuteur officieux (C. Nap., 361) (1) et contre le protuteur qui gère dans les colonies les biens du mineur (C. Nap., art. 417 (2) ; 2° que le mari d'une femme, tutrice de ses enfants d'un premier lit, est passible, comme cotuteur, de cette hypothèque (3). Il en serait de même si la femme avait négligé de convoquer le conseil de famille pour se faire maintenir dans la tutelle. On décide même , dans ce cas, que la responsabilité du mari s'étend à la gestion antérieure au second mariage (4). Mais le père, administrateur légal des biens de ses enfants, n'est pas soumis à l'hypothèque légale (5).

---

n° 284; M. Duranton, t. 19, n° 307. — V., en sens contraire, M. Troplong, *Priviléges et hypothèques*, t. 2, n° 429.

(1) Delvincourt, t. 2, p. 547; M. Grenier, *Hypothèques*, t. 1, n° 281 ; M. Duranton, t. 19, n° 310; M. Persil. *Régime hypothécaire*, article 2131, n° 21; Zachariæ. t. 2, p. 122; M. Valette, *Priviléges et hypothèques*, n° 142. p. 283; M. Troplong, *Priviléges et hypothèques*, t. 2, n° 425; M. Martin , *des Priviléges et hypothèques*, n° 770.

V., pour l'opinion contraire, M. Pont, qui considère la tutelle officieuse comme un mode particulier d'adoption plutôt que comme une véritable tutelle. *Priviléges et hypothèques*, n° 495.

(2) M. Pont, *Priviléges et hypothèques*, n° 499.

(3) Cassation, 22 novembre 1836, P. t. 1, 1837, p. 5; Paris, 20 et 29 mars 1809. M. Grenier, *Hypothèques*, t. 1, n° 280 ; M. Persil, *Régime hypothécaire*, article 2121, n° 32 ; M. Tarrible, *Répertoire de jurisprudence*, V° *Hypothèque*, section 2, § 3, article 4, n° 3; M. Favard, *Répertoire*, V° *Hypothèque*, section 2, § 1 n° 8; M. Duranton. t. 19, n° 311 ; M. Troplong, *Priviléges et hypothèques*, t. 2. n° 426; Marcadé, t. 2. n° 187 ; M. Pont, *Priviléges et hypothèques*, n° 499.

(4) Metz, 28 décembre 1822 ; Poitiers, 28 décembre 1824; Colmar, 26 novembre 1833. — Grenier, *Hypothèques*, t. 1, p. 280; M. Troplong, *Priviléges et hypothèques*, t. 2, n° 426.

(5) Bruxelles, 22 mai 1819; Cassation, 3 décembre 1821; Riom, 23 mai 1822; Lyon, 3 juillet 1827; Poitiers, 31 mars 1830; Bordeaux, 10 avril 1845, P. t. 1, 1848, p. 562; Nîmes, 5 février 1849, P. sous Cassation, 29 juillet 1850. t. 2. 1850, p. 215; Grenoble, 4 février 1850, P. t. 2. 1851, p. 98; Riom , 30 août 1852, P. t. 1, 1854, p. 155. — Delvincourt, t. 3. p. 165 ; Merlin, *Répertoire*, V° *Puissance paternelle*, section 4, n° 17; Favard de l'Anglade, *Répertoire*, V° *Tuteur*, § 1, n° 1 *bis*; M. Duranton, t. 3, n° 416, et t. 9, n° 308; M. Troplong, *Priviléges et*

399. La loi du 23 mars 1855 contient, à l'égard du mineur devenu majeur, de l'interdit relevé de l'interdiction, de leurs héritiers ou ayants cause, une disposition analogue à celle dont il vient d'être question pour l'hypothèque légale de la femme mariée. Ils doivent prendre inscription dans l'année de la cessation de la tutelle, et, si elle a cessé avant le 1ᵉʳ janvier 1856, époque où la loi est devenue exécutoire, l'inscription a dû être prise dans l'année à compter de cette date. A défaut d'inscription dans ces délais, leur hypothèque ne prend rang, à l'égard des tiers, que du jour où elle a été inscrite ultérieurement (art. 8 et 11).

Si donc la majorité ou la cessation de l'état d'interdiction sont antérieures au 1ᵉʳ janvier 1856, on n'a plus à craindre l'hypothèque qui n'aurait pas été inscrite. Mais si, au moment du prêt, il ne s'est pas écoulé un an depuis que le mineur a atteint sa majorité, ou depuis qu'a cessé l'effet de l'interdiction, on doit, en traitant avec l'ancien tuteur, vérifier si le compte de tutelle a été rendu, et, dans cette hypothèse, examiner avec soin si l'on s'est conformé aux prescriptions rigoureuses de l'article 472 du Code Napoléon, c'est-à-dire si l'arrêté du compte a été précédé de la remise de ce compte et des pièces justificatives, le tout constaté par un récépissé ayant date certaine, dix jours au moins avant cet arrêté. Ajoutons qu'il a été jugé que les créances résultant du redressement d'un compte de tutelle faisaient revivre l'hypothèque légale du pupille (1). Mais cette jurisprudence a beaucoup moins de portée sous la loi nouvelle, puisqu'elle ne pourrait recevoir d'application qu'autant que le délai d'un

---

hypothèques, t. 2, nᵒ 421; Marcadé, t. 2, nᵒ 147; M. Magnin, des Minorités, t. 2, nᵒ 1280; Zachariæ, t. 2, § 264, p. 124; M. Valette, Priviléges et hypothèques, p. 287; M. Demolombe, t. 6, nᵒ 420; M. de Freminville, Traité de la Minorité et de la Tutelle, t. 1, nᵒ 18.

On doit considérer également comme affranchis de l'hypothèque légale ceux qui n'ont qu'une administration momentanée et accidentelle, savoir : le tuteur ad hoc donné à l'enfant dont on conteste l'état (C. Nap., 318); le tuteur spécial donné à chacun des mineurs ayant des intérêts opposés dans un partage (art. 838); le tuteur à la substitution (art. 1055, 1056), etc. — M. Troplong, Priviléges et hypothèques, nᵒ 423; M. Pont, Priviléges et hypothèques, nᵒ 496.

(1) Orléans, 12 janvier 1839, P. I. 1, 1839, p. 247.

an, après lequel cette hypothèque ne peut plus avoir d'effet à l'égard des tiers qui ont acquis des droits réels, ne serait pas expiré ou qu'une inscription eût été prise dans ce délai. Ajoutons que l'action du mineur, relativement aux faits de la tutelle, se prescrit par dix ans, à compter de la majorité (C. Nap., 475.).

400. Indépendamment des hypothèques légales qui peuvent exister du chef de l'emprunteur lui-même, on doit prévoir celles qui grèveraient l'immeuble du chef des précédents propriétaires; s'assurer qu'à la suite de son acquisition l'emprunteur a rempli, pour en effectuer la purge, les formalités prescrites par les articles 2193 et suivants du Code Napoléon et par l'avis du Conseil d'État du 9 mai 1807, et vérifier la régularité de cette procédure.

CHAPITRE IV.

Des moyens d'assurer à l'hypothèque du prêteur le premier rang, à l'égard des créanciers ayant déjà un privilége ou une hypothèque au moment du prêt.

401. Ces moyens sont :

1° Le consentement d'antériorité ou la cession du rang hypothécaire conférée par le créancier dont le privilége ou l'hypothèque primerait le prêteur ;

2° La subrogation qui lui transmet le privilége et le rang hypothécaire du premier créancier.

§ 1er. — CONSENTEMENT D'ANTÉRIORITÉ.

402. Le consentement d'antériorité ne peut être valablement donné que par un créancier ayant la capacité suffisante pour aliéner (V. suprà, nos 81 et suiv.).

Il n'y a pas de difficulté possible s'il n'y a pas d'autre inscription au moment du prêt que celle du créancier qui consent l'antériorité. Mais lors même qu'il existerait un ou plusieurs créanciers intermédiaires et qu'aucune stipulation ne serait faite avec ces créanciers, le consentement d'antériorité du premier créancier n'en aurait pas moins pour effet d'assurer le premier rang au prêteur jusqu'à concurrence de la somme due à ce créancier. Cette convention constitue entre ce créancier et le prêteur un échange dans l'ordre de leurs collocations respectives, par suite duquel ce dernier prend le rang de ce créancier qui, à son tour, ne sera plus colloqué qu'au rang qu'aurait donné au prêteur la date de son inscription, après les créanciers intermédiaires, dont la position restera toujours la même, et qui ne sauraient conséquemment critiquer une combinaison qui ne leur porte aucun préjudice (1).

---

(1) Ainsi un premier créancier, inscrit pour 20,000 francs, consent une an-

2. — PRÊT PAR SUBROGATION. — SUBROGATION AU PRIVILÉGE DU VENDEUR. — SUBROGATION A L'HYPOTHÈQUE LÉGALE DE LA FEMME.

I. *Prêt par subrogation.*

403. Lorsqu'un emprunteur destine le montant du prêt au payement de sa dette et que la somme empruntée est suffisante pour désintéresser tous les créanciers antérieurs, la position est très-simple. Mais une hypothèse très-fréquente est celle où le remboursement fait aux créanciers qui viennent en première ligne, avec le montant de l'emprunt, laisserait subsister encore des hypothèques inscrites antérieurement au prêteur.

Il est indispensable, dans ce dernier cas, que le prêteur soit substitué, à l'aide de la subrogation, au rang des premiers créanciers qui reçoivent les deniers empruntés. De cette manière, on peut prêter malgré l'existence d'hypothèques intermédiaires.

Précautions à prendre.

404. Toutes les fois que le montant du prêt sera destiné à un payement par subrogation, on devra veiller à l'accomplissement rigoureux des formalités substantielles prescrites par l'article 1250-2° du Code Napoléon (1). Il ne faut pas oublier que la subrogation est de

---

tériorité au profit d'un autre créancier qui figure en troisième ligne pour 15,000 francs, après un second créancier de 20,000 francs. Le créancier inscrit au troisième rang sera colloqué au premier pour 15,000 francs. Il ne restera plus à prendre au même rang que 5,000 francs pour le premier créancier, et il sera lui-même colloqué pour les 15,000 francs de surplus, en troisième ligne, après les 20,000 francs dus au second créancier. Il est bien entendu qu'il est indispensable, pour que le prêteur se trouve ainsi placé au premier rang pour la totalité de sa créance, que le premier créancier qui consent une antériorité soit inscrit pour une somme au moins égale à cette créance.

(1) Code Napoléon, article 1250 : « Cette subrogation est conventionnelle :
« 1°.............................; 2° lorsque le débiteur emprunte une somme à
« l'effet de payer sa dette et de subroger le prêteur dans les droits du créan-
« cier. Il faut, pour que cette subrogation soit valable, que l'acte d'emprunt et la
« quittance soient passés devant notaire; que, dans l'acte d'emprunt, il soit
« déclaré que la somme a été empruntée pour faire le payement et que, dans la
« quittance, il soit déclaré que le payement a été fait des deniers fournis à cet

droit étroit, et que la moindre infraction aux conditions auxquelles la loi l'a subordonnée entraînerait la nullité de la quittance subrogative. On devra étudier avec le plus grand soin la position réciproque du débiteur qui demande l'emprunt et du créancier qui doit être payé avec les fonds empruntés, et s'assurer notamment que le payement par subrogation n'est pas un moyen frauduleux concerté entre le débiteur et le prétendu créancier pour faire revivre, au préjudice des créanciers postérieurs, une créance éteinte par un payement dont on aurait fait disparaître les traces.

On ne doit pas perdre de vue l'article 1252 du Code Napoléon, aux termes duquel le créancier qui n'a reçu qu'un payement partiel conserve un droit de préférence sur le subrogé à raison de ce qui lui reste dû; qu'en conséquence, le remboursement à faire au créancier doit être intégral pour faire obtenir le premier rang au prêteur.

405. Il faut observer enfin que le droit de préférence appartenant au créancier qui n'a reçu qu'un payement partiel est, d'après l'opinion la plus générale, un droit tout personnel à ce créancier, droit que le payement par subrogation ne transmettrait pas à celui qui le désintéresserait (1). Le dernier subrogé viendrait, dans cette hypothèse, en concurrence avec le premier, à la différence du cas où le créancier ferait un transport du reliquat de sa créance; les motifs qui doivent faire prévaloir le principe de la concurrence entre ceux qui sont également subrogés dans l'hypothèque résultant du même titre cessent d'être applicables quand c'est le créancier lui-même qui transmet ses droits à un cessionnaire (2).

Ce droit est personnel au créancier.

« effet par le nouveau créancier. Cette subrogation s'opère sans le concours de « la volonté du créancier. »

On peut encore recourir au mode de subrogation conventionnelle qui peut, aux termes du même article, être conférée directement par le créancier qui reçoit son payement d'une tierce personne. Dans ce cas, la subrogation a, en grande partie, les effets du transport.

(1) Dijon, 10 juillet 1848, P. t. 1, 1849, p. 15. Cette jurisprudence est conforme à deux arrêts du Parlement de Paris, du 1er mars 1681 et du 16 juillet 1694. V., conf. Renusson, *Traité de la Subrogation*, chapitre 16, nos 1 et suivants.

(2) Paris, 18 mars 1837, P. t. 1, 1838, p. 97.

406. Ajoutons ici qu'alors même qu'il n'existe pas d'autres créanciers inscrits sur l'emprunteur, après celui qui est remboursé avec les fonds empruntés, le payement par subrogation peut encore être une précaution utile pour le cas, par exemple, où ce payement ayant été fait à un créancier privilégié, tel qu'un vendeur, il surviendrait plus tard un privilége d'un rang inférieur, ou une hypothèque légale qui n'aurait pas été purgée et qui serait primée par le privilége que la subrogation aurait fait acquérir au prêteur.

II. *Subrogation au privilége du vendeur.*

407. La subrogation au privilége du vendeur a l'avantage de donner au subrogé un rang antérieur à tous les créanciers qui n'ont d'hypothèque que du chef de l'acquéreur.

408. Mais il serait primé par ceux qui auraient une hypothèque du chef du vendeur ou des précédents propriétaires.

409. Il en serait ainsi alors même que la somme empruntée par l'acquéreur, avec promesse d'emploi, servirait à payer l'un des créanciers du vendeur, si celui-ci restait encore créancier d'une partie du prix. Dans ce cas, la subrogation n'aurait pas pour effet de faire passer au prêteur les droits de ce créancier contre le vendeur, elle ne lui transmettrait d'autres droits que ceux du vendeur lui-même ; car, en payant le créancier du vendeur, l'acquéreur ne fait que payer sa propre dette envers ce dernier. D'où il suit que, si le prix n'était pas entièrement payé par le remboursement fait à ce créancier en l'acquit du vendeur, celui-ci conserverait toujours, pour ce qui lui resterait dû, son droit d'antériorité, conformément à l'article 1252 Code Napoléon (1).

---

(1) Cette doctrine est controversée; mais elle a pour elle l'opinion de la majorité des auteurs et a été consacrée par plusieurs arrêts. — V. Renusson, *Traité de la Subrogation*, chapitre 15, n⁰ˢ 9-18; Poulain-Duparc, *Principes du droit français*, t. 7, p. 249, t.⁰ 12; Toullier, t. 7, n⁰ 171; M. Grenier, *Hypothèques*, t. 2, n⁰ 391; M. Persil, *Régime hypothécaire*, t. 1, p. 201; Merlin, *Répertoire de jurisprudence*, V⁰ *Subrogation de personnes*, section 2, § 8; — Paris, 18 janvier 1813; Cassation, 5 mai 1814; Toulouse, 29 février 1844, P. t. 2,

On ne peut donc consentir à faire un prêt par subrogation à un acquéreur qu'autant que la somme empruntée suffirait à payer tout ce qui resterait dû sur le prix, alors même que le payement devrait être effectué entre les mains du premier créancier inscrit sur le vendeur, et qu'on stipulerait la subrogation aux droits de ce créancier.

III. *Subrogation à l'hypothèque légale de la femme; renonciation à cette hypothèque; transport des droits matrimoniaux.*

410. La femme, pour subroger dans son hypothèque légale ou pour y renoncer (1), doit avoir la capacité nécessaire pour aliéner les droits que cette hypothèque conserve.

Subrogation à l'hy-
pothèque de la
femme. Capacité
de la femme.

411. Ainsi la femme mineure n'a pas cette capacité (V. *suprà*, nos 99 et suivants, 100 et la note).

Femme mineure.

412. La femme mariée sous le régime dotal ne peut ni renoncer à son hypothèque légale, ni subroger dans cette hypothèque, et la nullité de cette subrogation serait absolue, lors même qu'il s'agirait de sa dot mobilière, suivant de nombreux arrêts et l'opinion de la majorité des auteurs qui se sont prononcés pour l'inaliénabilité de la dot mobilière, tout aussi bien que des immeubles (2). Si les époux

Femme dotale.

1844, p. 47. — V. aussi, *Anal.*, Cassation, 24 février 1846, P. t. 1, 1846, p. 588.

V. en sens contraire, M. Troplong, *Priviléges et hypothèques*, t. 1, no 234.

1) La renonciation de la femme au bénéfice de son hypothèque légale en faveur d'un créancier du mari, même sans aucune espèce d'engagement de sa part au profit de ce créancier, produit son effet par elle-même, conformément à l'article 2180 du Code Napoléon, et, comme au cas de toute autre renonciation, soit à une succession, soit à une communauté, soit à un usufruit, sans qu'aucune disposition de la loi impose au créancier l'obligation d'une acceptation ou d'une déclaration quelconque pour en rendre les effets irrévocables à son égard. Cassation, 19 novembre 1855, P. 1857, p. 27.

(2) Il est inutile de rappeler ici les nombreux arrêts qui ont consacré la doctrine de l'inaliénabilité de la dot mobilière. V. notamment, Cassation, 1er février 1819; 26 mai 1836; 23 décembre 1839, P. t. 1. 1840, p. 63; 16 août 1842, P. t. 1, 1813. p. 372; 14 novembre 1846, P. t. 1, 1817, p. 168; Paris, 13 février

mariés sous le régime dotal avaient stipu'é une société d'acquêts,
l'hypothèque légale de la femme frapperait l'immeuble acquis en commun tout aussi bien que les biens propres du mari, et la renonciation
qu'elle ferait à cette hypothèque, soit directement, soit indirectement,
serait frappée de la même nullité.

413. Toutefois l'opinion contraire est professée par M. Troplong,
qui soutient que la femme peut valablement renoncer à son hypothèque légale, en tant qu'elle porte sur les biens de la société d'acquêts. « Elle est commune, dit-il, quant à ces acquêts, elle a donc
« tous les droits d'une femme commune; il faut oublier qu'elle a
« une dot..... ; sans quoi ce serait une étrange position que celle
« de la femme qui serait commune pour acquérir et dotale pour
« conserver (1). »

1845, P. t. 1, 1845, p. 298; Rennes, 26 janvier 1849, P. t. 2, 1850, p. 123;
Orléans, 16 mars 1850, P. t. 1, 1850, p. 299; Lyon, 11 décembre 1851, P. t. 2,
1852, p. 525; — M. Grenier, *Hypothèques*, t. 1, n° 34; Delvincourt, t. 2, n° 110;
Rolland de Villargues, *Répertoire du notariat*, V° *Régime dotal*, n° 101;
M. Bellot des Minières, *Régime dotal*, t. 4, p. 38; M. Tessier, *de la Dot*, t. 1,
p. 88; M. Benoît, *de la Dot*, n° 206; MM. Rodière et Pont, *Contrat de mariage*,
t. 2, n° 494.

V. en sens contraire, Toullier, t. 14, n°s 167 et suivants; M. Duranton, t. 15,
n°s 541 et suivants; Zachariæ, t. 3, § 537, notes 64 et 69; M. Vazeille, *du Mariage*, t. 2, n° 320; M. Troplong, *Priviléges et hypothèques*, t. 4, n° 923, et
Contrat de mariage, t. 4, n° 3225; Marcadé, sur l'article 1534, n° 2, et *Revue
critique*, t. 1, p. 602 et 622, et t. 2, p. 206 et 458; M. Odier, *Contrat de mariage*,
t. 3, n°s 329 et suivants; M. Seriziat, *Régime dotal*, n° 128.

Mais ce qu'il importe de remarquer c'est que, d'après le dernier état de la jurisprudence, le mari a le droit de disposer à son gré des objets et créances mobilières qui font partie de la dot de la femme; si la dot mobilière est inaliénable,
c'est seulement en ce sens que la femme ne peut aliéner ni directement ni indirectement le droit de recours qu'elle a contre son mari, à raison de l'administration de ce dernier, non plus que l'hypothèque légale qui sert de garantie à
ce recours. Lyon, 2 août 1845, P. t. 2, 1846, p. 531; Cassation, 12 août 1846,
P. t. 2, 1846, p. 379; Caen, 13 juillet 1848, P. t. 1, 1850, p. 423; Cassation,
18 février et 26 août 1851, P. t. 1, 1852, p. 12; Cassation, 1er décembre 1851,
P. t. 2, 1852, p. 513, et 4 août 1856, P. t. 2, 1856, p. 561. — Dans tous les
cas, c'en est assez pour qu'on refuse à la femme dotale le droit de consentir la
subrogation.

(1) *Contrat de mariage*, t. 3, n°s 1911 et suivants.

Il nous semble qu'il y a ici une confusion : sans aucun doute, la femme dotale qui aura garanti l'aliénation faite par le mari des biens de la société d'acquêts ou qui les aura hypothéqués avec lui, ne pourra, pas plus que la femme commune, contester l'aliénation ou l'hypothèque à laquelle elle aura concouru ; mais il n'en résulte pas nécessairement qu'elle ait pu renoncer à son hypothèque légale sur les biens personnels du mari. Il est bien vrai que l'acquéreur ou le créancier avec lequel elle aura contracté aura contre elle l'exception de garantie ; mais quelle sera la conséquence de cette garantie ? — Que la femme ne pourra rien prendre dans la société d'acquêts, à titre d'associée, au préjudice de son engagement, parce qu'elle aura pu valablement aliéner ses droits dans cette société ; mais non pas qu'elle aura pu renoncer à exercer sur ces biens, comme sur les biens propres du mari, l'hypothèque de sa dot, puisqu'elle ne pouvait engager cette dot.

414. Si cependant la femme avait des biens paraphernaux et qu'elle s'engageât sur ces biens pour son mari, elle pourrait valablement consentir une subrogation dans l'hypothèque légale qui garantirait l'indemnité qui lui serait due à raison de cet engagement.

Biens paraphernaux.

415. De même, à l'égard des sommes qui ne font pas partie de la constitution dotale (1), elle peut très-bien renoncer, en faveur d'un créancier de son mari, à l'hypothèque légale qui les conserve.

416. Mais la faculté qu'elle stipule, dans le contrat de mariage, d'aliéner ses biens dotaux, n'emporte pas le droit de céder son hypothèque légale ou de consentir à un tiers une antériorité (2).

Faculté d'aliéner les biens dotaux insuffisante pour la subrogation.

En est-il de même si la clause du contrat de mariage donne à la femme, indépendamment du droit d'aliéner, celui d'hypothéquer ses

---

(1) Il ne faut pas l'oublier : il ne suffit pas que la femme soit mariée sous le régime dotal pour que ses biens soient dotaux ; il faut une constitution expresse de dot dans le contrat de mariage (C. Nap., art. 1541 et 1542). La dotalité n'est pas le droit commun, elle n'est que l'exception.

(2) Cassation, 2 janvier 1837, P. t. 1, 1837, p. 587 Amiens, 19 avril 1837, P. t. 2, 1837, p. 505; Riom, 22 décembre 1846, P. t. 2, 1847, p. 126.

immeubles dotaux? La Cour de Lyon a décidé, à plusieurs reprises, que cette clause autorisait la femme à s'obliger sur sa dot mobilière et, par suite, à se désister, au profit d'un tiers, de son hypothèque légale (1), et la Cour de cassation a rejeté deux fois les pourvois formés contre ces décisions par ses arrêts du 9 juin 1847 et du 1er juin 1853 (2). Mais elle a également rejeté les pourvois formés contre un arrêt en sens contraire de la Cour de Rennes (3).

Il faut même observer que, dans les trois premiers arrêts, la Cour de cassation a motivé le rejet sur le droit qu'avaient les juges d'appel d'apprécier, comme ils l'avaient fait, la clause du contrat de mariage, tandis que l'arrêt de 1856, en s'appropriant la doctrine de la Cour de Rennes et en interprétant lui-même le contrat, décide la question en principe.

417. Dans tous les cas, en présence de ces variations de la jurisprudence, il peut être dangereux d'accepter une hypothèque d'un emprunteur marié sous le régime dotal, à moins que l'hypothèque de la femme n'ait été restreinte par le contrat de mariage à d'autres immeubles, ou qu'il n'ait fait opérer cette restriction, avec le consentement de la femme, dans les termes des articles 2144 et 2145 du Code Napoléon. Le prêt pourrait encore avoir lieu si la somme prêtée devait servir à rembourser, par subrogation, des priviléges régulièrement conservés ou des hypothèques inscrites antérieurement au mariage.

418. La subrogation à l'hypothèque légale de la femme est expresse ou tacite.

419. La subrogation, même lorsqu'elle est expresse, même lorsqu'elle est accompagnée du transport des droits matrimoniaux de la femme, selon le style adopté en pareille circonstance, ne constitue

---

(1) Lyon, 3 juin 1829; 5 janvier et 16 juillet 1840. P. t. 2, 1840, p. 631 et 670; 2 août 1845, P. t. 2, 1846, p. 551; et 2 décembre 1852, P. sous cassation, 1er juin 1853, ci-après.

(2) P. t. 2, 1847, p. 202 et t. 2, 1854, p. 521. — V. dans le même sens, M. Pont, *Priviléges et hypothèques*, n° 459.

(3) Cassation, 16 décembre 1856, P. 1857, p. 328. — V. *Anal.*, Cassation, 3 avril 1849, P. t. 1, 1849, p. 631.

ni une cession véritable de ses créances, ni une subrogation proprement dite, c'est-à-dire celle qui résulte du payement de la créance, dans les termes des articles 1249, 1250 et 1251 du Code Napoléon; elle n'opère, en réalité, qu'une cession du rang hypothécaire de la femme (1). Celle-ci, en effet, est si peu dessaisie de ses créances, qu'elles survivent, ainsi que son hypothèque elle-même, au payement que le mari a fait au créancier subrogé. C'est pour cette raison que l'effet de la subrogation est limité aux immeubles hypothéqués dans l'obligation à laquelle la femme a concouru, et que l'exercice de cette hypothèque, par le créancier subrogé, sur le prix des immeubles qui lui sont hypothéqués, n'éteint pas, pour la femme, le droit de la faire valoir sur le prix des autres immeubles du mari, pour la totalité de ses reprises et créances (2).

420. La subrogation à l'hypothèque légale est tacite toutes les fois que la femme s'oblige solidairement avec son mari qui confère hypothèque sur ses biens, ou qu'elle garantit l'obligation hypothécaire par lui consentie (3).

(1) Si l'on doit demander la subrogation dans l'hypothèque légale de la femme, c'est plutôt pour se mettre à l'abri de l'exercice des droits de la femme et pour s'assurer une antériorité de rang vis-à-vis d'elle, que comme moyen de primer des créanciers qui auraient une inscription antérieure à celle prise pour sûreté du prêt. En effet, d'un côté, les créances conservées par cette hypothèque légale ont toujours quelque chose d'éventuel et sont subordonnées à la liquidation à faire; d'un autre côté, s'il s'agit d'un immeuble de communauté, et qu'après la dissolution de cette communauté il soit abandonné à la femme, soit pour la remplir de sa part, soit à titre de prélèvement, en payement de ses reprises, cette hypothèque s'évanouirait, et avec elle la subrogation que la femme aurait consentie, puisque celle-ci ne saurait avoir d'hypothèque sur elle-même. Cassation, 1er août 1848, P. t. 2, 1848, p. 19.

(2) Paris, 3 décembre 1838, P. t. 2, 1839, p. 617, et 27 mai 1848, P. t. 2, 1848, p. 258.

(3) Cassation, 15 juin 1825; 2 avril 1829; 4 février 1839, P. t. 1, 1839, p. 343; 8 août 1854, P. t. 2, 1855, p. 457; 26 juin 1855, P. t. 1, 1856, p. 593; 25 février et 26 août 1862, P. 1862, p. 669, et 1863, p. 62; Paris, 26 janvier 1819, 29 août et 20 décembre 1822; Amiens, 17 mars 1823; Angers, 19 juin 1823; Orléans, 26 juillet 1826; Bourges, 4 mai 1831; Lyon, 24 mai 1850, P. t. 1, 1852, p. 255; Caen, 3 mai 1852, P. t. 1, 1854, p. 152; Metz, 22 janvier 1856, P. t. 1, 1856, p. 377; — M. Grenier, *Hypothèques*, t. 1, p. 550; M. Troplong, *Priviléges et hypothèques*, t. 2, n° 605.

421. Mais l'obligation souscrite par la femme, même solidairement avec son mari, sans aucune affectation hypothécaire, n'emporte pas subrogation dans son hypothèque légale (1). C'est surtout lorsque la subrogation ne résulte que de l'obligation solidaire de la femme que l'effet de cette subrogation doit être limité aux immeubles hypothéqués dans l'obligation à laquelle la femme a concouru, et que le créancier ne serait pas recevable à demander sa collocation sur d'autres immeubles (2). En effet si, dans cette hypothèse, la femme est réputée avoir cédé son droit au créancier, c'est par cette raison qu'elle ne peut rien faire qui puisse nuire aux droits dont elle est tenue de lui assurer l'exercice, c'est-à-dire à l'hypothèque qu'elle a consentie avec son mari, et que si elle venait, au détriment de ce créancier, exercer l'hypothèque légale qui lui est propre, elle serait repoussée par l'exception de garantie (3).

Il doit en être de même du cas où la subrogation résulte de la renonciation de la femme à exercer son hypothèque au préjudice de celle conférée au créancier; car, si la renonciation *in favorem* est translative, ce ne peut être qu'à l'égard des droits auxquels la femme a renoncé, c'est-à-dire de ses droits sur l'immeuble hypothéqué.

Renonciation de la femme.

422. La renonciation de la femme intervenant au contrat de prêt souscrit par le mari équivaut également à une subrogation; elle est translative de son rang d'hypothèque (4).

---

(1) Paris, 2 janvier 1836; Orléans, 24 mai 1848, P. t. 2, 1848. p. 57; Paris, 8 avril 1851. P. t. 2, 1851, p. 231, et 8 avril 1853, P. t. 1, 1856, p. 181; M. Persil, *Régime hypothécaire*, art. 2121, n° 20; Proudhon, *Usufruit*, t. 4, n° 2334; M. Duranton, t. 12, n° 143; Rolland de Villargues, *Répertoire du notariat*, V° *Hypothèque*, n° 42; M. Troplong, *Priviléges et hypothèques*, t. 2, n° 603.

(2) Amiens, 11 novembre 1858, P. 1860, p. 252.

(3) M. Troplong, *Priviléges et hypothèques*, t. 1, n° 599; — Lyon, 24 mai 1850, P. t. 1, 1852, p. 255; Caen, 3 mai 1852, P. t. 1, 1854, p. 152; Cassation, 8 août 1854 et 26 juin 1855, précités; Lyon, 28 août 1857. P. 1858, p. 181.

(4) Sur les effets translatifs de la renonciation *in favorem*, V. notamment: Cassation, 2 avril 1829 et 26 juin 1855, P. t. 1, 1856, p. 593; M. Grenier, *Hypothèques*, t. 1, p. 550; M. Troplong, *Priviléges et hypothèques*, t. 2, n°s 600 et suivants; M. Pont, *Priviléges et hypothèques*, n°s 476 et suivants. La jurispru-

423. La femme ne peut renoncer à son hypothèque légale d'une manière générale et absolue ; elle ne peut même en affranchir un ou plusieurs immeubles déterminés, sans les formalités prescrites par les articles 2144 et 2145 Code Napoléon, toutes les fois que cette restriction est consentie au profit du mari et dans l'intérêt exclusif de celui-ci. Mais quand elle a lieu au profit d'un tiers, lors même que la femme n'y aurait personnellement aucun intérêt, celle-ci peut valablement la consentir sans autre autorisation que celle de son mari (1).

424. Si la femme, en concourant à l'affectation hypothécaire consentie par le mari, a renoncé en faveur de plusieurs créanciers à son hypothèque légale ou les a successivement subrogés, ils ne viendront pas en concurrence sur le montant de sa collocation. Sous l'empire du Code, on décidait qu'ils devaient être colloqués d'après les dates de ces renonciations ou des subrogations. Cette règle était motivée sur ce que la femme, en se dessaisissant en faveur du premier subrogé de son droit d'antériorité, s'était interdit de l'exercer au pré-

Ordre de colloca-
tion entre les
créanciers su-
brogés.

---

dence est bien fixée sur ce point. Aujourd'hui l'effet translatif de la renonciation de la femme à son hypothèque légale en faveur d'un créancier de son mari est virtuellement consacré par l'article 5 de la loi du 23 mars 1855 sur la transcription. En effet, après avoir relaté la *cession* et la *renonciation* comme nécessitant également, soit l'inscription de l'hypothèque de la femme au profit du créancier, soit la mention de la subrogation en marge de l'inscription préexistante, l'article confond, dans son second paragraphe, ceux qui ont obtenu des cessions et ceux qui ont obtenu des renonciations, en disposant que, pour les uns comme pour les autres, les dates des inscriptions ou des mentions détermineront l'ordre dans lequel ils exerceront les droits de la femme.

(1) Cassation, 28 juillet 1823 et 30 juillet 1845, P. t. 2, 1845, p. 666 ; Metz, 13 juillet 1829 ; Lyon. 13 avril 1832 ; Bordeaux, 7 avril 1834 ; Orléans, 28 février 1844. P. t. 1, 1844, p. 456, Douai. 20 mars 1851, P. t. 1, 1852, p. 198 ; — M. Duranton. t. 20, n° 72 ; Zachariæ, t. 2, § 221, note 19 ; M. Troplong, *Privilèges et hypothèques*, t. 2, n° 643 *bis*.

Il faut que le consentement de la femme soit donné en connaissance de cause et en vue d'une affaire déterminée. Toute renonciation que le mari aurait consentie au nom de sa femme, en vertu d'une procuration générale. manquerait du caractère de spécialité exigé pour sa validité. Cassation, 18 mars et 19 mai 1840, P. t. 1, 1840, p. 424, et t. 2, 1840, p. 483, et 19 juin 1844, P. t. 2, 1844, p. 349. — M. Pont, *Privilèges et hypothèques*, n° 454.

judice de celui-ci, d'où l'on concluait avec raison qu'elle ne pouvait plus transmettre son hypothèque à un tiers que telle qu'elle existait encore dans ses mains et avec toutes les modifications qu'elle avait éprouvées (1). Ces règles doivent continuer à régir les contrats passés avant la loi nouvelle.

425. L'article 9 de la loi sur la transcription introduit une règle différente; cet article est ainsi conçu : « Dans le cas où les femmes « peuvent céder leur hypothèque légale ou y renoncer, cette cession « ou cette renonciation doit être faite par acte authentique (2), et « les cessionnaires n'en sont saisis à l'égard des tiers que par l'ins- « cription de cette hypothèque prise à leur profit, ou par la mention « de la subrogation en marge de l'inscription préexistante. Les « dates des inscriptions ou mentions déterminent l'ordre dans le- « quel ceux qui ont obtenu des cessions ou renonciations exercent « les droits hypothécaires de la femme. »

Mais cette loi n'est devenue exécutoire que le 1er janvier 1856, et la disposition qui vient d'être rapportée n'est pas applicable aux actes qui ont acquis date certaine antérieurement à cette époque; or, comme dans l'état précédent de la jurisprudence, il n'était pas né- cessaire, comme on vient de le voir, que la subrogation consentie par la femme, pas plus que celle qui était la conséquence de sa re- nonciation ou de son obligation, fût rendue publique par une inscrip- tion sur les registres du conservateur pour produire son effet vis- à-vis des autres créanciers subrogés, on devra, toutes les fois que le mariage sera antérieur au 1er janvier 1856, prévoir le cas où la

---

(1) Cassation, 15 juin 1825; 2 avril 1829; 4 février 1839, P. t. 1, 1839, p. 343, 8 août 1854, P. t. 2, 1855, p. 457 ; 26 juin 1855, P. t. 1, 1856, p. 593; Or- léans, 8 août 1850, P. t. 2, 1850, p. 168 ; Rennes, 21 juillet 1858, P. 1859, p. 142; Paris, 23 mars 1859, P. 1859, p. 367; M. Troplong, *Priviléges et hy- pothèques*, t. 2, n° 599; M. Pont, *Priviléges et hypothèques*, n° 464.

(2) Du moment où la loi exige une constatation authentique, on doit en in- duire que la procuration de la femme, à l'effet de consentir la cession ou la re- nonciation, doit être donnée dans la forme authentique. Il y a la même raison de décider, dans ce cas, que lorsqu'il s'agit de conférer une hypothèque. Dans l'état actuel de la jurisprudence, le mandat pour conférer hypothèque doit être donné par acte notarié, V. *infra*, n° 429.

femme aurait consenti une semblable subrogation avant la loi nouvelle (1).

On prend souvent la précaution de faire affirmer au mari et à la femme, dans le contrat, que celle-ci n'a consenti antérieurement aucune subrogation, renonciation ou obligation solidaire envers personne. Mais il est essentiel, en pareil cas, que la sincérité de cette déclaration ait pour garantie la moralité de ceux dont elle émane.

---

(1) La Cour de Paris a même jugé, le 8 janvier 1859 (P. 1859, p. 113), que le créancier subrogé n'était pas même tenu, pour exercer l'hypothèque légale de la femme, d'avoir fait inscrire cette hypothèque dans le délai fixé par l'article 8 de la loi du 23 mars 1855, et qu'il était expressément dispensé de cette formalité par l'article 11 de cette même loi. Il y a là une confusion évidente. Si l'article 9 qui impose au créancier subrogé l'obligation de faire inscrire à son profit le droit d'hypothèque légale de la femme ou de faire mentionner sa subrogation en marge de l'inscription préexistante, n'est pas applicable, aux termes de l'article 11, aux actes ayant une date certaine antérieure à la loi nouvelle, il n'en résulte pas qu'il puisse exercer l'hypothèque légale de la femme, si cette hypothèque elle-même n'a pas été conservée dans le délai imparti à la femme ou à ses héritiers ou ayants cause par l'article 8.

Le but de l'inscription prescrite par cet article et le but des inscriptions ou mentions exigées par l'article 9 sont entièrement différents. Dans l'article 8, il s'agit de l'exercice de l'hypothèque légale de la femme par elle ou ses ayants cause, en ce qui concerne le subrogé, à l'encontre des autres créanciers hypothécaires du mari. Dans l'article 9, au contraire, il s'agit du rang à établir entre les créanciers appelés, par des subrogations successives, à recueillir le bénéfice de cette hypothèque légale. Mais pour qu'il y ait lieu à l'application de l'article 9, il faut, avant tout, que le droit de la femme ait été conservé conformément à l'article 8. Les subrogés ne peuvent avoir plus de droits que la femme, dont, encore une fois, ils sont les ayants cause. Il faut observer d'ailleurs que dans l'espèce de l'arrêt de la Cour de Paris, le créancier subrogé avait fait mentionner cette subrogation à l'hypothèque légale de la femme dans l'inscription prise contre le mari pour sûreté de sa créance, et qu'on soutenait, en invoquant une jurisprudence qui a longtemps prévalu, que cette mention valait inscription de l'hypothèque légale.

M. Pont (*Priviléges et hypothèques*, n° 837) impose même au subrogé dont le titre est antérieur à l'époque où la loi nouvelle est devenue exécutoire, l'obligation de prendre l'inscription exigée par l'article 8, même dans le cas où la femme aurait elle-même fait inscrire son hypothèque légale en temps utile. On a critiqué, avec raison, cette doctrine comme allant au-delà des exigences de la loi qui n'assujettit les créanciers subrogés qu'à la formalité de l'article 9, et seulement lorsque la subrogation est postérieure à la loi actuelle.

Effets
de la subrogation
de la femme.

426. Cette précaution est d'autant plus utile que, contrairement au principe rappelé plus haut, d'après lequel la subrogation consentie par la femme, en faveur d'un créancier du mari, ne constituerait autre chose qu'une cession d'antériorité, plusieurs arrêts ont décidé que l'effet de cette subrogation n'était pas limitée aux biens hypothéqués spécialement à ce créancier et s'étendait à tous les biens du mari. Il ne suffirait donc pas de vérifier quels sont, parmi les créanciers inscrits spécialement sur l'immeuble offert en garantie, ceux qui ont obtenu le concours de la femme, si, conformément à cette jurisprudence, des créanciers inscrits sur d'autres biens et l'ayant pour obligée, pouvaient exercer son hypothèque légale sur cet immeuble (1).

La procuration de
la femme pour
renoncer ou su-
broger doit être
spéciale.

427. Enfin, si la femme, soit pour s'obliger, soit pour consentir une subrogation à son hypothèque légale ou y renoncer, est représentée au contrat par son mari ou tout autre mandataire, on ne doit accepter sa procuration qu'autant qu'elle serait spéciale et que la somme formant le montant de l'emprunt y serait bien déterminée. Une procuration donnée par la femme, à l'effet de s'obliger, conjointement avec son mari, au payement des sommes que celui-ci pourrait devoir, sans limitation, et de subroger les créanciers dans son hypothèque légale, n'aurait pas ce caractère de spécialité exigé pour la validité d'un pareil engagement (2).

---

(1) Cassation, 18 décembre 1854, P. t, 1, 1856. p. 11; Bourges, 11 juin 1855, P. t. 2, 1856, p 195.

(2) V. *suprà*, n° 423, note et *infrà*, n° 429.

CHAPITRE V.

Rédaction du contrat de prêt. — Formalités hypothécaires.

§ 1er. — CONTRAT DE PRÊT.

428. Quand on a réuni tous les titres et documents nécessaires pour établir d'une manière complète la propriété des biens qui doivent être hypothéqués, le contrat de prêt peut être rédigé.

429. Si l'emprunteur y figure par mandataire, on doit exiger que sa procuration soit dans la forme authentique. C'est en effet une question controversée que celle de savoir si l'hypothèque ne pouvant être constituée que par acte authentique, elle est valablement conférée en vertu d'un pouvoir sous seing privé. La Cour de cassation s'est prononcée, en dernier lieu, pour la nécessité d'une procuration notariée, par arrêts des 7 février 1854 et 12 novembre 1855 (1), en refusant même, par son arrêt de 1854, un effet rétroactif à la ratification donnée ultérieurement par le mandant, qui n'avait été représenté au contrat qu'en vertu d'une procuration sous seing privé.

430. Nous n'avons pas à donner ici toutes les clauses du contrat de prêt ; nous nous contenterons d'appeler l'attention sur les points suivants.

I. *Obligation solidaire du mari et de la femme.*

431. Si l'emprunt est contracté par un homme marié, on doit insister pour obtenir, autant que possible, le concours solidaire de la femme à l'emprunt et à la constitution de l'hypothèque, toutes les fois que le régime du mariage ne la prive pas de la capacité nécessaire pour s'obliger. Cet engagement solidaire fortifie d'autant mieux la subrogation qu'elle vient consentir au profit du prêteur, dans l'effet de son hypothèque légale.

---

(1) P. t. 1. 1854, p. 152 et t. 2, 1856, p. 213.

432. Si c'est la femme qui emprunte personnellement sur ses biens propres, le prêteur ne se contentera pas de l'autorisation du mari, et devra toujours exiger son engagement solidaire. On ne peut admettre d'exception à cette règle qu'autant que la position réciproque des deux époux justifierait le refus du mari, par exemple, en cas de séparation. (Voir, au surplus, ce qui a été dit plus haut n° 104.)

II. *Désignation des biens hypothéqués.*

Désignation des biens hypothéqués.

433. On ne saurait trop recommander au rédacteur de l'acte d'apporter le plus grand soin à la désignation des biens hypothéqués.

Aux termes de l'article 2129 du Code Napoléon, « il n'y a d'hypo-« thèque conventionnelle valable que celle qui, soit dans le titre « authentique constitutif de la créance, soit dans un acte authentique « postérieur, déclare *spécialement la nature et la situation de chacun* « *des immeubles* appartenant au débiteur et sur lesquels il consent « l'hypothèque de la créance. »

Ces prescriptions sont la conséquence de la spécialité qui forme l'une des conditions essentielles de la constitution de l'hypothèque conventionnelle, et ont pour but de faire connaître aux tiers, d'une manière précise, chacun des biens hypothéqués. Dans le doute, à l'égard de certaines parties du gage, l'affectation devrait être interprétée dans le sens qui tend à restreindre l'hypothèque plutôt qu'à l'étendre.

Nature des biens.

434. On devra donc, en premier lieu, désigner *individuellement* chacun des immeubles hypothéqués par sa nature de bâtiment, pré, vigne, bois, etc., en indiquant également sa contenance. Cette désignation devra, autant que possible, s'appliquer distinctement aux différentes parcelles, en donnant pour chacune d'elles le numéro de la matrice cadastrale. Il ne suffirait pas d'hypothéquer d'une manière générale, comme on le fait souvent, tous les biens que le débiteur possède dans telle commune ou tel arrondissement hypothécaire (1).

-----

(1) Cassation, 26 avril 1822.

Il ne peut être suppléé à l'insuffisance de la désignation dans l'acte constitutif

435. Pour satisfaire à la seconde condition de l'article 2129, l'indication de la situation, l'acte constitutif d'hypothèque doit énoncer dans quelle commune se trouvent les immeubles hypothéqués. Il est même à désirer, pour que cette situation soit bien déterminée, qu'on puisse mentionner les confins de chacun de ceux qui forment un objet distinct et séparé, et la dénomination du terroir où ils se trouvent et de ce qu'on appelle vulgairement les *lieux dits*. Il pourrait arriver, en effet, que le débiteur possédât, dans la même commune, d'autres biens de même nature non compris dans l'hypothèque, et qu'il y eût impossibilité, sans ces indications, de les distinguer de ceux hypothéqués.

436. Si cependant l'hypothèque portait sur un seul corps de domaine, il suffirait, en le désignant par le nom sous lequel il est connu, d'indiquer la situation, la contenance totale, la nature des différents immeubles qui le composent en terres labourables, prairies, bruyères, futaies, taillis, etc., et, autant que possible, la contenance applicable à chaque espèce ou nature de biens.

III. *Établissement de propriété.*

437. La propriété des biens hypothéqués devra être établie en remontant à trente ans au moins. Le travail du notaire contiendra l'analyse des titres des différentes acquisitions successives, énoncera l'accomplissement des formalités de purge remplies sur ces acquisitions, ou du moins sur la dernière, et les quittances de tous les prix.

IV. *Assurance, transport de l'indemnité.*

438. Le prêteur devra exiger que toutes les propriétés affectées à la garantie des prêts, qui seraient susceptibles de périr par le feu, soient assurées contre l'incendie aux frais de l'emprunteur. Le contrat doit contenir le transport au prêteur de l'indemnité qui serait due en cas de sinistre. Ce transport, fait à titre de garantie, constitue un

---

de l'hypothèque, par les énonciations qui seraient faites ultérieurement dans l'inscription. (Même arrêt.)

véritable nantissement, pour la validité duquel on doit se conformer aux formalités prescrites par les articles 2074, 2075 et 2076 du Code Napoléon. Il est donc indispensable : 1° que la police d'assurance, après avoir été enregistrée, soit annexée à la minute du contrat ou qu'il soit constaté qu'elle a été remise au prêteur qui devra la conserver en sa possession ; 2° qu'un extrait de l'acte contenant la copie entière et littérale de la clause relative au transport de l'indemnité soit signifié à la compagnie d'assurance, au siége social.

On devra également exiger que l'assurance soit faite par une compagnie qui offre la solidité désirable.

Renouvellement de l'assurance expirée. 439. Si l'assurance est faite pour un temps moins long que le prêt, et qu'il y ait lieu de la renouveler ou d'en faire une autre à l'expiration de celle en cours d'exécution au moment du contrat, un nouveau transport et une nouvelle signification sont-ils nécessaires? Il faut distinguer : si l'assurance s'est renouvelée par tacite reconduction, conformément à la stipulation insérée dans certaines polices, dans ce cas, l'indemnité éventuelle étant toujours due en vertu de la même convention, la chose transportée est toujours la même, et le transport fait lors du contrat de prêt suffit pour en saisir le prêteur.

Il en est autrement si le renouvellement, bien que fait avec la même compagnie, a été fait au moyen d'une nouvelle police, à moins qu'elle ne se réfère purement et simplement à la précédente et n'en soit que la prorogation ; et, à plus forte raison, si l'emprunteur s'est assuré à une nouvelle compagnie, car le transport fait dans l'origine n'a pu comprendre valablement une créance dont le principe résulte d'un contrat qui n'existait pas alors. Dans ces deux dernières hypothèses, il y aura donc nécessité de faire un nouveau transport et de le faire signifier à la compagnie d'assurance.

§ 2. — FORMALITÉS HYPOTHÉCAIRES.

Inscription à prendre. 440. Après la signature du contrat, il doit être pris immédiatement inscription, au profit du prêteur, au bureau du conservateur des hypothèques de la situation des biens.

Cette inscription doit contenir toutes les énonciations prescrites par l'article 2148 du Code Napoléon ; elle doit reproduire la désignation des biens hypothéqués telle qu'elle a été insérée au contrat. Les observations qui ont été faites plus haut, à l'occasion de cette désignation, s'appliquent également à l'inscription.

441. Si le contrat contient subrogation du prêteur à l'hypothèque légale de la femme, on a vu (*suprà*, n° 425) que, d'après la loi sur la transcription, le créancier subrogé doit, pour être saisi à l'égard des tiers, faire inscrire *à son profit* cette hypothèque légale, dans le cas où elle n'aurait pas été inscrite au nom de la femme (1), ou faire mentionner la subrogation en marge de l'inscription préexistante. Si la femme, au lieu de subroger, a employé la forme d'une renonciation à son hypothèque en faveur du créancier, ou si la subrogation résulte implicitement de son obligation solidaire (V. *suprà*, n°s 421 et 423), l'acte d'où l'on fait résulter la renonciation ou la subrogation implicite devra être rendu public dans la même forme.

Inscription du créancier subrogé à l'hypothèque légale de la femme.

Dans tous les cas où l'hypothèque légale n'a pas déjà été inscrite au nom de la femme, il importe que l'inscription soit prise, ainsi qu'on vient de le dire, au nom du créancier *seul*, comme subrogé aux droits de la femme et jusqu'à concurrence seulement de sa créance, et qu'il soit même exprimé qu'elle ne doit profiter qu'à lui et non à la femme. Cette précaution a pour but d'empêcher que cette inscription puisse profiter à un autre créancier qui aurait été subrogé, soit expressément, soit tacitement, aux droits de la femme avant la loi nouvelle, sans que cette subrogation ait été rendue publique, et qui pourrait ainsi primer l'inscription du prêteur (*Infrà*, n° 446) (2).

442. On a voulu induire d'un arrêt de la Cour de cassation du

---

(1) Voir la note de la page 201, *suprà*.

(2) La Cour de cassation a jugé, en effet, que l'inscription prise au profit d'une femme mariée, pour raison de ses reprises, profite à tous les créanciers qu'elle a antérieurement subrogés dans son hypothèque légale, alors même que cette inscription a été requise par l'un d'eux, si rien, dans son contexte, n'indique qu'elle n'a pas été prise par la femme elle-même, mais par des créanciers subrogés, dans leur intérêt spécial. Cassation, 25 février 1862, P. 1862, p. 669. — Jugé, *à contrario*, qu'elle ne profite qu'au créancier subrogé qui l'a fait inscrire, lorsqu'il résulte des termes dans lesquels elle est conçue qu'elle a été prise dans l'intérêt exclusif de ce subrogé. Cassation, 1er juin 1859 et 5 fév. 1861, P. 1860, p. 936, et 1861, p. 310.

Selon **M. Pont** (*Privilèges et hypothèques*, n° 800), l'inscription prise par un

4 février 1856 (1), que deux inscriptions séparées étaient nécessaires, l'une pour l'hypothèque légale de la femme, soit au nom de celle-ci, soit au nom du créancier subrogé, l'autre pour l'hypothèque directe conférée par le mari au créancier ; mais que cette hypothèque légale ne pouvait être inscrite accessoirement à l'inscription de l'hypothèque conventionnelle et comprise dans le même bordereau. Mais c'est mal comprendre la décision de la Cour de cassation. Tout ce qu'a jugé l'arrêt de 1856, c'est que l'inscription, pour conserver l'hypothèque légale de la femme au profit du créancier, doit contenir toutes les énonciations substantielles exigées par l'article 2153. Mais il n'y a rien là qui s'oppose à ce qu'une seule inscription, au nom de ce créancier, fasse connaître à la fois ses créances contre le débiteur, soit de son chef, soit du chef de la femme, pourvu qu'elle contienne ces énonciations (2). C'est, au surplus, ce qui a été jugé par d'assez nombreux arrêts (3).

---

créancier subrogé, dans son intérêt, ne profite pas plus à la femme elle-même qu'aux autres subrogés.

(1) P. t. 1, 1856, p. 449.

(2) L'une de ces énonciations est relative à la nature des droits à conserver et au montant de leur valeur, quant aux objets déterminés, sans qu'il soit nécessaire de la fixer quant aux droits conditionnels, éventuels ou indéterminés. — Faut-il que l'inscrivant énonce toujours le montant et la cause des reprises qui peuvent se traduire en chiffres au moment où l'inscription est requise, par exemple, le montant de la dot, des indemnités dues à la femme, etc.? Il paraît raisonnable de décider avec M. Pont (*Priviléges et hypothèques*, n° 997), que cette énonciation est inutile, au moins toutes les fois qu'il n'y a pas eu liquidation des reprises de la femme, à la suite de la dissolution de la communauté par la séparation de biens ou autrement, puisque, tant que cette liquidation n'est pas faite, les reprises, à l'exception de celles qui doivent être exercées en nature, sont toutes éventuelles, conditionnelles et indéterminées (Rouen, 13 juin 1850, P. t. 2, 1850, p. 629). — Néanmoins cette doctrine a été contestée, et l'on fera bien, pour prévenir toute difficulté à cet égard, d'exprimer, autant que possible, la somme formant le montant des apports constatés par le contrat de mariage, dont l'inscription contiendra également l'énonciation ; celles recueillies dans les successions échues à la femme, en faisant connaître, s'il y a lieu, les actes de liquidation et de partage, et enfin de prendre l'inscription pour l'indemnité résultant de l'obligation même pour sûreté de laquelle l'obligation a été consentie, etc.

(3) Voir notamment, Cassation, 17 décembre 1845, P. t. 1, 1846, p. 50; Or-

443. Un état d'inscription requis tant sur l'emprunteur que sur ses auteurs, s'il est propriétaire à titre d'héritier, et sur les précédents propriétaires s'il n'a pas été produit d'états délivrés sur les transcriptions faites à la suite des acquisitions successives, constate que l'inscription prise par le prêteur n'est primée par aucune autre inscription, ou qu'il n'en existe pas d'autres que celles dont les causes doivent être remboursées avec le montant du prêt. Cet état doit contenir : 1º la mention des transcriptions de saisies ou le certificat qu'il n'en existe pas ; 2º la mention des transcriptions de ventes ou donations qui auraient été faites par l'emprunteur ou ses auteurs dénommés dans la réquisition, ou un certificat négatif ; 3º la mention des transcriptions de tous actes de substitution, conformément aux article 1069 et 1070 du Code Napoléon, ou un certificat négatif (1). Jusqu'à la délivrance de ces états ou certificats, il est d'usage que les fonds restent déposés entre les mains du notaire de l'emprunteur, aux risques et périls de ce dernier.

444. Quelquefois ces états comprennent des inscriptions qui ne s'appliquent pas à l'emprunteur ou aux précédents propriétaires, ou qui ne doivent pas frapper sur les biens hypothéqués. Ces erreurs, qui peuvent provenir d'une similitude de noms ou de désignations vagues ou incomplètes dans les titres des créanciers, doivent être rectifiées avant la réalisation du prêt. Quelles que soient les raisons données par l'emprunteur pour établir que ces inscriptions ne sau-

---

léans, 20 février et Paris, 27 février 1857, P. 1857, p. 1093 et 1094, et Dijon, 13 juillet 1858, P. 1860, p. 482.

(1) Les conservateurs des hypothèques doivent délivrer les états d'inscription tels qu'ils sont requis. Jugé, par exemple, que si un état sur transcription est demandé d'une manière limitative, c'est-à-dire comme ne devant comprendre, outre l'inscription d'office, que celles prises sur le vendeur et contre le précédent propriétaire, le conservateur ne peut refuser de le délivrer avec cette restriction. Cassation, 26 juillet 1859, P. 1859, p. 1089.

Mais toutes les fois qu'il y a des doutes sérieux qui ne peuvent se résoudre que par l'appréciation d'un point de droit ou par une interprétation d'acte, il doit mentionner toutes les inscriptions qui s'appliquent aux personnes désignées aux contrats qui lui sont remis ; il ne doit pas omettre, par exemple, les inscriptions prises contre l'une d'elles, par le motif qu'elles seraient sans effet par application de l'article 883 du Code Napoléon. Paris, 22 février 1859, P. 1859, p. 1095.

raient grever la propriété soumise à l'hypothèque, on ne peut s'en rendre juge. C'est au conservateur des hypothèques qu'il faut s'adresser pour faire décharger l'état délivré, et même pour l'y contraindre dans le cas où sa résistance ne serait pas fondée.

Mainlevée. Capacité des créanciers. 445. Si le montant du prêt doit servir à rembourser des créances inscrites, le notaire doit s'assurer de la capacité des créanciers qui doivent recevoir et donner des mainlevées, et, s'ils sont représentés par des mandataires, s'assurer que ceux-ci ont des pouvoirs régu-. liers et suffisants, de manière à ce que les radiations à faire par le conservateur ne puissent donner lieu à aucune difficulté. Dans tous les cas douteux, il exigera, avant toute remise de fonds, la production des radiations.

Mainlevée du créancier subrogé à l'hypothèque légale de la femme. 446. Au nombre des inscriptions, on trouve souvent celle de l'hypothèque légale de la femme, qu'a fait inscrire un créancier subrogé à cette hypothèque, quelquefois même l'un des créanciers qui doivent être remboursés avec le montant du prêt. Il ne suffirait pas d'en faire donner la mainlevée par ce créancier au moment de la remise des fonds, car les conservateurs des hypothèques ont pris pour règle, depuis quelque temps, de n'opérer la radiation qu'à l'égard du créancier et de réserver l'effet de l'inscription au profit de la femme. Ils motivent leur refus, toutes les fois que le créancier a requis l'inscription au profit et au nom de la femme, car alors on peut dire qu'il a agi tant comme le *negotiorum gestor* de la femme, que pour lui-même et dans son propre intérêt (V. *suprà*, n° 441), V., dans ce sens, un arrêt de la Cour d'Amiens du 31 mars 1857 (1). Le pourvoi formé contre cet arrêt a été rejeté par la Cour de cassation, le 2 juin 1858 (2). La Cour d'Orléans est allée plus loin encore, en refusant la radiation à l'égard de la femme, alors même qu'il était déclaré, dans le bordereau, que l'inscription était prise au profit exclusif du créancier subrogé, et *qu'elle pourrait être rayée sur sa simple mainlevée, comme devant profiter à lui seul et non à la femme* (3).

---

(1) P. 1859, p. 449.

(2) P. 1859, p. 449.

(3) 4 août 1859, P. 1859, p. 667. La Cour suprême a, par un arrêt du 5 fé-

On devra donc, en pareil cas, indépendamment de la mainlevée du créancier, exiger celle de la femme, si celle-ci a la capacité suffisante pour la donner et qu'elle y consente. A défaut de cette mainlevée, le prêteur, en payant par subrogation le créancier auquel la femme a cédé son hypothèque légale, se trouverait, vis-à-vis d'elle, au lieu et place du créancier qui, dans ce cas, ne devrait pas donner mainlevée de sa propre inscription. De cette manière, la réserve de l'inscription, au profit de la femme, pourrait ne pas être un obstacle au prêt.

447. Lorsque l'inscription de l'hypothèque légale de la femme n'a été requise que sur certains immeubles déterminés, le conservateur ne doit pas, sous peine de dommages-intérêts, comprendre cette inscription dans les états relatifs aux autres immeubles du mari, alors même que le bordereau énoncerait l'hypothèque légale à laquelle la femme a droit sur les biens de son mari, en vertu de son contrat de mariage et de l'article 2035 du Code Napoléon (1).

---

vrier 1861 P. 1861, p. 540), cassé cet arrêt et décidé que, dans le cas prévu, le créancier avait qualité pour donner seul mainlevée pure et simple de cette inscription, sans l'intervention de la femme.

(1) Paris, 15 février 1858, P. 1858, p. 576.

TABLE DES CHAPITRES.

PREMIÈRE PARTIE.

ACQUISITIONS D'IMMEUBLES.

SECONDE PARTIE.

PRÊTS HYPOTHÉCAIRES.

TABLE

ALPHABÉTIQUE ET ANALYTIQUE

DES MATIÈRES.

Nota. Le chiffre renvoie au numéro d'ordre.

A

Absence (déclaration d'). — Les biens de l'absent ne peuvent être aliénés par les envoyés en possession provisoire, 108; ils peuvent être vendus après l'envoi en possession définitive, *ibid.*; ils ne peuvent être hypothéqués par les envoyés en possession provisoire qu'en vertu d'un jugement, 313.

Achat et vente. — Quand le droit du vendeur dérive d'un contrat de vente, on doit vérifier si l'acquisition a été faite d'une personne capable, 241 et suivants; si la vente ne contient pas une donation déguisée faite à un incapable ou qui excède la portion disponible, *ibid.*; si les rapports qui existaient entre le vendeur et l'acheteur ne produisaient pas une incapacité relative, *ibid.*; si l'immeuble vendu était susceptible d'être aliéné, *ibid*; V. Régime dotal, Incapacités relatives, Communautés et congrégations religieuses.

Action résolutoire du vendeur, 242 et suivants, 373; la résolution fait évanouir les aliénations consenties par l'acquéreur, 242; elle peut être exercée tant qu'il n'y a pas eu de revente transcrite, *ibid.*; sous le Code Napoléon, elle était indépendante du privilége du vendeur, 243 et suivants; loi sur la transcription, 245; aujourd'hui l'action résolutoire est subordonnée à l'existence du privilége, *ibid.* et 373; ventes antérieures au 1er janvier 1856, *ibid.*; — V. Privilége du vendeur.

Désistement, par le vendeur, de son privilége et de son action résolutoire, 249, 373.

Folle enchère, 250.

Acheteur. — La chose vendue doit lui être délivrée dans l'état où elle se trouve au moment de la vente, 29; il profite des accroissements qu'elle a reçus naturellement, *ibid.*; il doit souffrir les détériorations accidentelles qui y sont survenues, *ibid.*; il a droit aux fruits à partir du jour de la vente, 30; si une autre époque n'a pas été fixée pour l'entrée en jouissance, *ibid.*; cas où il peut se désister du contrat, 33, 41; nécessité pour l'acquéreur d'examiner le droit de propriété du vendeur, 47; obligations de l'acheteur, 59 et suivants; payement du prix, 59; cas où il peut être suspendu, 60; frais du contrat et autres accessoires à la vente à la charge de l'acheteur, 63. V. Capacité de l'acheteur et du vendeur, Vente.

Actes confirmatifs. — V. Ratifications.

Actes de notoriété. — Ils établissent les qualités d'héritiers, à défaut d'inventaire, 194, 240; leur insuffisance dans les autres cas, 265.

Action résolutoire. — V. Achat et vente, Privilége du vendeur.

Adoption. — Vérification à faire si le droit de propriété résulte d'une adoption, 198.

Antichrèse. — L'acquéreur est-il tenu de respecter l'antichrèse? Peut-on lui opposer le droit de l'antichrèsiste? 135; précautions à prendre avant de se rendre acquéreur d'un immeuble donné en antichrèse, *ibid.*; peut-on prêter sur une propriété grevée d'antichrèse? 338.

Apport social. — V. Société.

Assurance. — Les propriétés hypothéquées qui seraient susceptibles de périr par le feu doivent être assurées, 438; le contrat de prêt doit contenir transport de l'indemnité qui serait due en cas de sinistre, *ibid.*; formalités à remplir à cet égard, *ibid.*; renouvellement de l'assurance qui expire, cas où un nouveau transport est nécessaire, 439.

B

Bail a colonage ou métairie perpétuelle, 348.

Bail a complant, 350.

Bail a culture ou locatairie perpétuelle, 347.

Bail emphytéotique. — Constitue-t-il un droit réel immobilier susceptible d'hypothèque? 343 ; emphytéose perpétuelle, 344.

Bail héréditaire d'Alsace, 349.

Biens offerts en garantie. — Quels sont les biens susceptibles d'hypothèques,
325 et suivants ; biens qui ne peuvent être hypothéqués : immeubles
dépendant du domaine public, 326 ; immeubles formant la dotation
de la couronne, *ibid.* ; biens affectés à des majorats , *ibid.* ; biens grevés
de substitution, 327 ; *quid* des biens saisis immobilièrement, 328 ;
biens qui ne peuvent être hypothéqués que dans certains cas et sous
certaines conditions ; biens des mineurs et des interdits, 330 ; biens
des absents, *ibid.* ; biens dotaux, V. Régime dotal ; biens des communes, des établissements publics, des hospices, des congrégations et
communautés religieuses, des fabriques, des cures, des consistoires,
V. Communes et communautés religieuses ; *quid* de la défense d'hypothéquer les biens donnés ou légués, 329 ; nue propriété, usufruit, 331 ;
immeubles indivis, 332 et suivants ; biens de commnauté , V. Communauté ; droit de réméré, 335 ; biens acquis à réméré, 336 et suivants ;
biens donnés en antichrèse , 338 ; bail emphytéotique, V. ce mot ; biens
détenus à titre précaire, à titre de tenure, etc., 345 ; distinction à faire à
cet égard, 346 ; bail à culture ou locatairie perpétuelle, 347 : bail à colonage ou métairie perpétuelle , 348 ; bail héréditaire d'Alsace , 349 ;
champart, bail à complant, 350 ; bail à convenant ou à domaine congéable , 351 ; mort-gage , 352 ; biens grevés de servitudes , 354 ; réserve domaniale, *ibid* ; théâtres, usines, fabriques, *ibid*, 356.; mines
et carrières, 354 ; immeubles par destination, 355 ; vignes, bois ,
plantations, 356; les biens ont-ils une valeur suffisante pour garantir
le prêt ? 356 et suivants.

Biens offerts en vente. — Il faut que la chose vendue soit dans le commerce ,
7 et 22 ; qu'elle soit certaine et bien définie, 8 ; biens qui ne peuvent
être aliénés : immeubles dépendant du domaine public , 131 ; immeubles formant la dotation de la couronne, *ibid* ; biens affectés à des
majorats , *ibid.* ; biens grevés de substitution, *ibid.* ; biens saisis immobilièrement, *ibid.* ; *quid* de la défense d'aliéner les biens donnés ou
légués, 132 ; biens qui ne peuvent être aliénés que dans certains cas
et sous certaines conditions : biens des mineurs et des interdits, 133 ;
biens des absents, *ibid* ; biens dotaux, V. Régime dotal ; biens des
communes, des établissements publics, des hospices, congrégations et
communautés religieuses, fabriques, cures, consistoires, V. Communes
et communautés religieuses ; biens acquis à réméré, 134 ; biens
donnés en antichrèse, 135 ; biens de communauté, V. Communauté
immeuble appartenant par indivis à la femme acquis par le mari, 140 ;

Faillite. — Effets du jugement de déclaration de faillite, 105 et suivants; tous actes, même à titre onéreux, postérieurs à la cessation de payements peuvent être annulés dans certains cas, 107 ; incapacité du failli à l'égard des emprunts hypothécaires, 312; nullité des hypothèques qu'il aurait consenties, *ibid.*

Femme. — La femme mariée ne peut aliéner ou acquérir sans une autorisation spéciale de son mari ou de la justice, 99, 100, 101, 102 ; même lorsqu'elle est séparée de corps ou de biens, 99 ; elle ne peut consentir une hypothèque sans une semblable autorisation, 299 ; *secus* si elle est marchande publique, *ibid.* ; femme d'un commerçant : les immeubles acquis par elle pendant le mariage sont, en cas de faillite du mari, réputés payés par lui, sauf la preuve contraire, 104, 311 ; femme dotale, V. Régime dotal ; propres de la femme, V. Communauté; immeubles appartenant par indivis à la femme, acquis par le mari, 140 ; femme mineure, note 1 de la page 33 ; 391 et note 3 de la page 180; 411, V., en outre, Hypothèque légale et subrogation.

Femme étrangère, V. Hypothèque légale.

Folle enchère, 250; elle est indépendante du privilége, *ibid.* ; le cohéritier adjudicataire sur licitation est-il soumis à la folle enchère? 207.

H

Héritier apparent. — Si les ventes ou les hypothèques consenties par l'héritier apparent sont valables, 195.

Hospices, Établissements publics, Établissements de bienfaisance, Chapitres, Fabriques, Cures, Consistoires. — Dans quelles conditions ils peuvent acquérir ou aliéner, 118 ; emprunter, 320.

Hypothèque. — L'hypothèque ne peut être consentie que par celui qui a le droit d'aliéner, 295; distinction entre le droit d'aliéner qui résulte de la capacité légale et celui qui résulte de la convention, 296 ; quels sont ceux qui ne peuvent valablement emprunter et conférer hypothèque, 297 et suiv. ; biens qui ne peuvent être hypothéqués ou qui ne peuvent l'être que dans certains cas ou sous certaines conditions, 326 et suiv. V. Biens offerts en garantie; défense d'aliéner ou d'hypothéquer les biens donnés ou légués, 132.

Moyens d'assurer à l'hypothèque du prêteur le premier rang, à l'égard des créanciers ayant déjà un privilége ou une hypothèque, 401, V. Consentement d'antériorité, Subrogation.

Prescription de l'hypothèque, 369. V. Prescription.

I

sont frappés de ce privilége; délai pour le faire inscrire, 376, 377 et 378; licitation, adjudication à un cohéritier, folle-enchère, 207. V. Cession de droits successifs.

Plantations, 356.

Pourvoi en cassation. — S'il s'agit d'un arrêt sur une question de propriété ou d'autres droits réels, on doit s'assurer qu'aucun pourvoi n'a été formé, 268.

Précaire (biens détenus a titre). — A titre de tenure, 345.

Possession. — Elle ne peut suppléer à l'absence d'un titre de propriété que s'il est bien établi qu'elle a eu lieu à titre de propriétaire et non pas à titre précaire, et qu'elle n'est pas le ré ultat d'une jouissance commune avec d'autres, 253, 254; les faits de jouissance exclusive sont presque impossibles à établir entre cohéritiers et communistes, 255; la possession ne peut tenir lieu d'un titre de propriété, quelque longue qu'elle soit, si on n'en connaît pas l'origine, 353. V. Prescription.

Prescription. — Conditions nécessaires pour qu'elle soit acquise, 253 et suiv.; suspension ou interruption de la prescription, 256; on ne peut prescrire les choses qui sont hors du commerce, 257: cas où la prescription est suspendue pendant le mariage, 256; imprescriptibilité des immeubles dotaux, *ibid.*; prescription de dix et vingt ans, 258. V. Possession.
Prescription de l'hypothèque, 369; elle ne court pas contre l'hypothèque légale de la femme ou du mineur pendant le mariage ou la minorité, *ibid.*

Priviléges dispensés de l'inscription. — Ces priviléges sont les priviléges généraux énoncés dans l'article 2101 du Code Napoléon, 370.

Priviléges assujettis a l'inscription, 371 et suivants.
Privilége du vendeur. Il est conservé par la transcription, 246, 372; même quand l'inscription d'office n'a pas été prise, 246; *quid* si l'inscription d'office est périmée, 247; dans quel délai doit avoir lieu la transcription ou l'inscription, loi du 23 mars 1855, législation antérieure, 372; on peut toujours transcrire ou prendre l'inscription du privilége tant que l'immeuble est encore entre les mains de l'acquéreur, *ibid.*; il conserve tous les intérêts dus, *ibid.*; action résolutoire du vendeur, 245 et suivants, 373. V. Achat et vente.
Privilége des bailleurs de fonds. 374.
Privilége du copartageant. V. Partage de succession.
Privilége de séparation des patrimoines. V. Séparation des patrimoines.

R

remploi, 159 ; cas où cette condition n'a pas été stipulée, 159 et 160 ; quels biens peuvent servir de remploi ; immeubles fictifs, 161 ; dans quels cas le remploi pourrait être contesté, 162, 164 ; acquisition sur licitation par le cohéritier d'une femme dotale, 163 ; l'acquéreur doit surveiller le remploi, 165 ; même après avoir consigné son prix, *ibid.;* dans quel délai le remploi peut-il être effectué, 166 ; remploi par anticipation, 167 et 168 ; l'acceptation de la femme est nécessaire, 169 ; condition de *reconnaître et assurer*, 170.

Les immeubles dotaux sont imprescriptibles pendant le mariage, 256.

La femme dotale ne peut consentir de subrogation ni de renonciation à son hypothèque légale, 412 ; lors même qu'il s'agirait de son hypothèque légale sur les biens de la société d'acquêts, 412 et 413 ; *secus* à l'égard des créances relatives à ses biens paraphernaux et des sommes qui ne font pas partie de la dot, 414, 415 ; la faculté stipulée d'aliéner les biens dotaux n'emporte pas, pour la femme, le droit de céder son hypothèque légale, 416 ; *quid* de la faculté d'hypothéquer ? variations de la jurisprudence, *ibid.*

RÉMÉRÉ. — Clause de réméré, 71 ; la faculté de réméré ne peut être stipulée pour un terme excédant cinq ans, 72 ; le vendeur à réméré peut vendre son droit de rachat, 134 ; peut-il hypothéquer l'immeuble sur lequel il a ce droit de rachat ? 335 ; l'acquéreur à réméré n'a qu'un droit résoluble ; l'exercice du droit de réméré ferait évanouir la vente et l'hypothèque qu'il aurait consenties, 134 et 336 ; danger auquel on peut être exposé en achetant ou en prêtant par hypothèque sur un immeuble acquis à réméré, 134 et 337.

REMPLOI. — V. RÉGIME DOTAL.

RENONCIATION A SUCCESSION. — V. SUCCESSION.

REQUÊTE CIVILE, 269.

RÉSERVE DOMANIALE, 187 ; ses effets varient suivant sa rédaction, *ibid.*, note.

S

SÉPARATION DES PATRIMOINES, — Comment se conserve le droit accordé aux créanciers et légataires de la succession de demander la séparation du patrimoine du défunt d'avec celui de l'héritier, 380 ; délai pour faire inscrire leur privilége, *ibid;* la séparation des patrimoines est de droit si la succession a été acceptée sous bénéfice d'inventaire 381.

son mari, *ibid.;* ordre de collocation entre les créanciers subrogés, 424 et suivants; d'après le Code Napoléon, 424 ; d'après la loi sur la transcription, 425; publicité des subrogations, *ibid;* cette loi n'est pas applicable aux actes antérieurs au 1er janvier 1856, *ibid.* ; la subrogation consentie par la femme s'applique-t-elle à tous les biens du mari? 426 ; précaution à prendre, 425 et 426; la procuration de la femme pour renoncer ou subroger doit être spéciale, 427 ; elle doit être authentique, note 2 de la page 200.

Substitution (biens grevés de). — Ils ne peuvent être aliénés, 131; ni hypothéqués, 327.

Succession. — La qualité d'héritier doit être justifiée par un intitulé d'inventaire ou un acte de notoriété, 194; renonciation; elle peut être at-\ taquée par les créanciers de l'héritier, 196; elle peut être annulée si le renonçant avait fait acte d'héritier, *ibid.* ; elle est quelquefois une cession déguisée faite aux cohéritiers du renonçant, *ibid.*; cas où le renonçant reçoit le prix de sa renonciation, *ibid.* V. Héritier apparent, Partage de succession et séparation des patrimoines.

Succession irrégulière. — Formalités prescrites à l'héritier irrégulier, 197.

T

Tenure (biens détenus a titre de), 345.

Testament, 237; legs à titre particulier, legs à titre universel, legs universel, justifications à faire par le vendeur ou l'emprunteur qui possède comme légataire, 238 et suiv.

Théatres, 354.

Tierce opposition, 269.

Titres de propriété. — Examen des titres, 261; nécessité de vérifier tous les actes analysés dans un contrat, 262; dans quelle forme doivent être constatés les ventes, échanges et quittances, 263; cas où la solennité de l'acte est une condition substantielle de sa validité, *ibid.* ; vérification des pièces, des qualités et de la capacité des parties, notamment dans les quittances, *ibid.;* V. Ratifications, Actes de notoriété, Jugements et arrêts, Procuration.

Transcription. — Loi sur la transcription, 190; elle a fait de la publicité la base de l'établissement de la propriété, *ibid.*

U

V

de la femme du vendeur, 64, 65; vente sous condition suspensive, 66 et 67; vente sous condition résolutoire; pacte commissoire, 66, 68 et 69; effet de la résolution, 70; clause de réméré, 71 et 72; de quelques stipulations qui peuvent être insérées dans le contrat de vente, 73, 74; faculté d'élire, 75, 76 et 77. V. ACHETEUR, CAPACITÉ DE L'ACHETEUR ET DU VENDEUR, LÉSION, VENDEUR.

VIGNES, 356.

Paris, imprimerie Paul Dupont, rue de Grenelle-Saint-Honoré, 45.